La charca

Manuel Zeno Gandía

Índice

Capítulo I

En el borde del barranco, asida a dos árboles para no caer, Silvina se inclinaba sobre la vertiente y miraba con impaciencia allá abajo, al cauce del río, gritando con todas sus fuerzas:

-¡Leandra!... ¡Leandra!...

Era en la montaña, en el seno de las selvas, entre laberintos de brava naturaleza, que parecen peldaños para oficiar en el altar del cielo.

-¡Leandra!... ¡Leandra!... Sube, Pequeñín está hambriento... Sube, sube...

La voz sacudía el aire y, reflejándose en las laderas, bajaba hasta el lecho del río, en donde se apagaba entre rumores de cascadas y remolinos. En la ribera, en cuclillas sobre una piedra lisa y plana, Leandra lavaba afanosa. Tenía el traje recogido y sujeto por detrás de las rodillas, dejando al descubierto las piernas, que el agua jabonosa salpicaba. Al fin, oyó las voces, miró hacia arriba y descubrió a Silvina.

-¿Qué quieres? -preguntó a un tiempo con el ademán y con los labios.

La otra insistía: Pequeñín, el último hijo de Leandra, de bruces en el suelo de la casucha, lloraba hambriento.

-Mira -bocineó Leandra, ahuecando las manos junto a la boca-, procura callarlo.

-Es que no quiere.

-Entretenlo, mujer; aún me queda faena...

-Tienes que subir... Le he metido un dedo en la boca y, en vez de chupar, muerde... ¡Anda, sube pronto!

Levantándose Leandra de mal talante, dejando que el vestido le cayera sobre las piernas mojadas, hizo apresuradamente un lío de la ropa húmeda y comenzó a repechar una vereda caprina que, muy pendiente, se internaba entre los cafetos de la ladera.

Silvina, desoyendo los gritos de Pequeñín, recorrió con mirada lánguida el paisaje. El ambiente, fresco ya con los aires de la cercana vesperada, se encendía en los últimos ardores del sol poniente.

Desde aquel sitio se divisaba un mundo de verdura. Por detrás, un campo extenso de selva virgen rematando en una cima abrupta; por delante, al otro lado del río, una montaña de tonos grises, aplanándose poco a poco en dirección al mar, deprimiéndose lentamente de derecha a izquierda y determinando la formación de vallecillos y hondonada de feraz aspecto. Los colores bullían como chispas de luz, confundiéndose en tintas intermedias, interrumpiéndose con alegres contrastes. Diríase que con aquel reguero de colores eran los campos la inmensa paleta en donde había de humedecer sus pinceles el supremo artista. Un azul inimitable descendía del cielo como regalo nupcial, y un verde suave parpadeaba en las campiñas como ofrenda esclava. De esos dos matices resultaban el apagado gris de las lejanías y la tibia gualda de los contornos. Los árboles, en eterna gemación, ostentaban vestiduras rosadas y galas rojas, y así mostrábanse los paisajes como proyectados al mundo de los sueños por la mano de la primavera.

Silvina miraba sin ver. Aquel exterior poético, que le era familiar, no le abstraía; aquel sosegado atardecer no interesaba a sus catorce años. Pensaba en sus intimidades, en sus secretos, en sus anhelos, y el regio panorama de los montes palpitaba delante de ella como una bandada de golondrinas ante una estatua. Cuando miraba al frente descubría, en lo alto de la montaña, la mancha oscura formada por el opulento cafetal de Galante, y un sentimiento de repulsión, de reprimido rencor, se le revolcaba en el pecho al recordar la dolorosa historia de sus amores contrariados y del camino de sus ideales, bruscamente cortados por la intercepción de aquel hombre odioso, a quien ella, todavía tan joven, debía la imposición de un marido, de aquel Gaspar, cuya presencia le hacía temblar y cuya imagen la amedrentaba. Debajo, y también a la distancia, contemplaba el valle en donde se escondía el caserío de Andújar. Veía la casa tienda con su mostrador mugriento y umbrales negruzcos; el ranchón que cobijaba la máquina trilladora, las tres o cuatro casitas dedicadas a depósito de provisiones y vivienda de obreros; y le veía a él, a Andújar, con los brazos desnudos, con la camiseta manchada de pringue, defender detrás del mostrador el importe de una judía, escatimar el peso de un grano de arroz, poniendo en práctica las fórmulas de la libra incompleta y de la vara encogida. A un nivel más bajo todavía lograba descubrir otra colina salpicada de chozas: eran hacenduelas de míseros propietarios que merodeaban descalzos por los montes, contratándose para trabajar en las grandes fincas, rindiéndose tributarios de la tienda de Andújar, la gran ventosa del barrio, y para los cuales el tiempo pasaba sin que tuvieran ni recursos, ni ánimo, ni voluntad para mejorar los propios terrenos en donde, gracias al esfuerzo fecundado de la Naturaleza, crecían abandonados algunos cafetos y bananos, y se veían ondear, en días de viento, prados de forrajes o de estériles malezas. Después, el nivel descendía más. Las montañas se extendían en aventino hasta el llano, y como gigante que se arrodilla para besar la base que le sustenta, la forma montuosa de la tierra se humillaba hasta aplanarse en la llanura para alcanzar el límite geológico en donde todo remata en la tierra: el mar.

Silvina, siempre sujeta a los árboles, recorrió con la mirada el panorama. En el fondo del barranco, el río escandalizaba con saltos de agua, con atropellado caudal, y a la izquierda, en el mismo lado en donde estaba Silvina, mecíase el bosquecillo de la vieja Marta: una campesina arrugada, añosa, con fama y hechos de miserable avara, residiendo en la umbría de un cerezal, en una choza pordiosera, sin más compañía que un nieto flaco, emaciado, casi esquelético, imagen viva de la miseria y del hambre. Después, a la derecha, vio otro campo de plantaciones, otra finca grande: la propiedad de Juan del Salto. Y al fijarse en aquellos lugares pensó en Ciro, en el hombre que amaba, en el único que en el fondo de su corazón y su pensamiento la poseía. Allá, en aquella finca, trabajaba Ciro, un joven campesino, apenas de veinte años, pero nervioso y forzudo, lo bastante para ser un buen obrero, útil en el transporte de maderas o en el manubrio de la descortezadora, o en el aserradero de los altos árboles. De ese modo, mirando sin fijeza los objetos, Silvina pensaba en los seres y las cosas ausentes. En su cavilación desfilaban viejas memorias; impresiones recientes. Galante, Gaspar, Andújar, Juan del Salto, Leandra, la vieja Marta; la sumisión a un hombre que odiaba y temía; la pasión ardorosa, nunca dormida, por otro que la habían hecho imposible; la monótona esclavitud de su vida al lado de Leandra; las imposiciones de la vida diaria, llena de labores y de esfuerzos ante los cuales desmayaba su alma perezosa; el bienestar de Galante, de Juan del Salto, de Andújar, causáronle envidia; todo, todo, pasaba ante su pensamiento como cinta de luz llena de imágenes palpitantes.

Al fin, del seno arborescente de la ladera surgió Leandra. Llegaba fatigosa después del repechar, descalza, con el cuerpo inclinado a la izquierda a causa del lío de ropas que cargaba en el derecho, en mangas de camisa, y ésta tan descotada, que casi dejaba el pecho desnudo.

Leandra entró en la casucha seguida de Silvina, y arrojó en un rincón el lío, mientras Pequeñín asordaba el ámbito con su lloro sin lágrimas.

-Me tienes harta -dijo, poniendo un pecho en la boca del niño-, me tienes aburrida con tu haraganería... ¡Holgazana!...

-Eso me faltaba: que me comas ahora. ¿Tengo yo la culpa de que no des leche, de que el muchacho esté siempre vacío?

-¡Inútil!

-Antes de bajar al río le diste de mamar, y mira...

-Vagabunda y haragana: eso eres tú. No me ayudas, no te importan mis faenas. Todo el día mano sobre mano, pensando en las...

-Vamos, madre, ¿me vas a insultar?

-Bien se ve que no sabes lo que son trabajos, que no sabes lo que es un hijo...

-Dilo en buena hora. ¡Dios me libre! ¿Para qué quiero yo hijos? Bastante tengo con soportar a ese bruto...

-Ése que llamas bruto es tu marido. El hombre que te mantiene.

-¡Gran cosa! Una peseta semanal. Lo que él mantiene es la baraja y las botellas de Andújar. A mí me da lo que le sobra del juego... cuando pierde. Y además, leña. Y, además, me da... me da asco.

No seas bestia, Silvina. Tu marido es hombre de respeto, que nos atiende y nos cuida. Las mujeres solas no sirven más que para dar tropezones, para sufrir abusos...

-¿Qué más abusos de los que yo he sufrido y sufro?

-Porque no eres mujer de tu casa, porque no te gusta otra cosa que andar realenga. Mientras tanto, desde que te casaste con Gaspar, vives panza arriba, sin necesitar nada y con el pico mantenido. En la pasada cosecha no tuviste necesidad de tomar calle en la cogida de café. Gaspar no quiso, porque te cuida mucho. Pero no lo agradeces. ¡Ah, si tú tuvieras la formalidad y la vergüenza de tu madre!

-¿Vergüenza?... -y Silvina soltó una carcajada-. Mira, Leandra, me haces perder la paciencia. Yo seré una tusa, pero me parezco a ti. Entre Gaspar, tú y tu cortejo...

-Mi marido, debes decir.

-Es... que no lo es.

-Bien; no es mi marido, pero como si lo fuera.

-Pues bien; entre los tres acabaréis por volverme loca.

Y, malhumorada, se confinó en el colgadizo en donde estaba la cocina.

Era la escena de siempre, Leandra y su hija vivían en perpetua discordia, arrojándose a la cara defectos y maldiciones. No cabían juntas en la estrecha casucha en donde el hábito y la miseria las retenían. Leandra, aún fresca en sus cuarenta años, había hecho su campaña. Nueve hijos concebidos bajo la ruda labor de los campos. Siete de ellos separados ya del hogar, unos porque habían muerto, otros porque se habían ausentado, ignorándose su paradero, y otras que habían sido robadas..., eso es, arrebatadas a muy temprana edad del calor materno para formar mancebía aparte. Hijos de distintos padres, cada cual seguía su destino. Quedaban Silvina y Pequeñín.

El padre de Pequeñín era Galante, el rico propietario que en cada estribación del monte ocultaba una hembra y era por entonces el hombre de Leandra. Silvina no conoció a su padre, un patán acaso, que en la libre poligamia de los bosques aprovechó una hora de ocasión...

Mas el secreto de la familia, lo que apesadumbraba a Silvina, era una historia sombría. Cuando los primeros encantos de la adolescencia embellecieron a Silvina, ya Galante era el hombre de la casa. Galante, con amenazas de abandono, obligó a Leandra a un tráfico inicuo. Por entonces, Silvina y Ciro eran novios, se amaban, acariciando proyectos de feliz unión; y Silvina, reposando en sus ilusiones, esperaba lo porvenir. Y ese porvenir llegó... Una noche en que llovía torrencialmente, la casucha se anegó. La familia tuvo que reunirse toda en uno de los dos únicos cuartuchos de la casa. El sueño en común acortó las distancias, y Silvina, sorprendida, cuando, no bien despierta, quiso luchar, oyó la voz de Leandra que le decía al oído: «Hija, no seas tonta..., no seas tú causa de que nos muramos de hambre.» Y Galante, bajo las sombras, al fulgor de los relámpagos, derribó a la virgen.

Después, Silvina se mordía los puños de rabia. ¿Qué pensaría Ciro? Galante, de otro lado, había prometido a Leandra casar a Silvina, y entonces apareció en escena Gaspar. La joven resistió unos días; pero Leandra logró resolverla al cabo y llevarla al templo. Silvina, con la hebetud de la ignorancia, sucumbió al marido, como antes a Galante. La voluntad, el sacudimiento del deseo, el criterio propio, despertaron en ella luego, cuando ya era tarde. Y despertaron para sucumbir de nuevo. Gaspar, de cincuenta años, facciones repulsivas, mala catadura, pelo enmarañado y aliento aguardentoso, no era un marido manso. La niña cayó en manos del hombre avieso, del marido grosero, del compañero bestial, siempre con mano dispuesta a descargar el bofetón, siempre con labios abiertos para arrojar la blasfemia. Cuando Silvina consideró su desgracia pensó en manejar el timón de la nueva vida. Vano empeño, porque la voluntad de Gaspar la hizo más esclava, y el despotismo de su temperamento la dominó por completo. Muy pronto, Gaspar dominó la situación y

Silvina quedó sugestionada por aquella voluntad imperiosa, por la fuerza de una superioridad irresistible. Le odiaba, le maldecía, lo hubiera desgarrado como a un harapo inmundo; mas cuando le veía frente a frente, cuando escuchaba la concisión acre de sus palabras, bajaba tímida los ojos, obedecía encogida y, a veces, temblaba como la ovejuela ante el ave de rapiña. Gaspar entró en el matrimonio como hubiera entrado en la taberna. Trabajando en la finca de Galante cuando quería, cuando podía, cuando la laxitud alcohólica le permitía alguna reacción de actividad, un día llamole Galante y le dijo:

-¿Qué opinas de Silvina, la chica de Leandra?

-¡Caray!... Buena muchacha..., ¡un merengue!

-¿La quieres para ti?

-¡Cómo! ¿Cree usted que pueda quererme?

-¿La quieres?

-¡Si me la dieran!...

-Oye: ya sabes que la Leandra y yo llevamos amistad; esa chica cualquier día alza el vuelo. Pues bien; cógela, cásate con ella. Yo arreglo eso.

-Bien; pero yo estoy limpio de fichas, y las mujeres comen como llagas...

-No importa: vivirás en la casa, y así cuidarás a la vieja. Además, aquí estoy yo... Arreglaré tu cuestión en el Juzgado; pagaré la multa que te impongan; no irás a la cárcel, y en la cosecha te regalaré cien pesos.

-Listo, listo -contestó Gaspar deslumbrado-. No hay más que hablar.

Y como si idea súbita le ocurriera, preguntó con acento malicioso.

-¿Y Leandra ha cuidado bien a esa chica?

-Tú no tienes que meterte en vidas ajenas. Resuelve.

-Está bien; de todos modos convenido.

El pacto quedó cerrado, y a poco, en la iglesia de la población, cabeza de partido, se anudó el lazo. Gaspar, como si hubiera apurado una copa, apuró a Silvina, empañándola con su aliento brutal.

Vivía ella infeliz, contrariada. Unas veces irascible, presa de ímpetus; otras, lamentosa, suspirando, derramando lágrimas furtivas. En lo acerbo de su existencia no tuvo más consuelo que la soledad de las selvas, el correr por veredas solitarias, el extasiarse contemplando, sin sentirlo ni comprenderlo, el bravío panorama de la comarca; el forjarse quimeras irrealizables, pensando en Ciro y huyendo de él.

Cuando Pequeñín se cansó de chupar en vano el seno de Leandra, quedose dormido. Ésta le acostó en un camastro lleno de trapos sucios y bajó el escalón del colgadizo en donde Silvina, con una cuchara de madera, agitaba taciturna un guiso inodoro, un salcocho de bananas, en el que, de vez en cuando, el hervor hacía aparecer espinosas piltrafas.

Los nublados entre la madre y la hija pasaban pronto. Pocos minutos después de la última contienda, departían pacíficamente. Leandra aludió a lo sucedido allá abajo, cerca de la tienda de Andújar. Habíanse oído gritos e imprecaciones, sin que pudieran enterarse de la causa. Alguna borrachera, sin duda. Como era sábado y se habían cobrado los jornales, los hombres sólo pensaban en beber. Iban a casa de Andújar a pagar las deudas de la semana, y, copa va y copa viene, se les pasaba el tiempo y se les iba el dinero.

Leandra fulminó contra aquel tropel de gandules. ¡Qué asco! Las mujeres moviendo al rescoldo un caldo sin sustancia, los hijos exánimes y color de cera, y ellos dilapidando el sudor de la semana y exponiéndose a ir a la cárcel por cualquier tontería. Por eso estaba contenta con su suerte: su amistad era hombre rico, que le pasaba diario, que no andaba en trapisondas. Es verdad que tenía que tolerarle la promiscuidad, la insaciable promiscuidad del macho robusto, consintiéndole, resignada, que tuviera otras campesinas en el mismo predicamento de amigas íntimas; pero, ¡qué remedio!, mejor era ser tolerante que exponerse a las tropelías de algún bárbaro como muchos que ella conocía. Silvina lamentábase de su mala estrella: ¡mujer de un viejo tan feo, tan grosero! ¿Había habido cuestión en la tienda de Andújar? Pues indudablemente estaba allí Gaspar. Con colores expresivos pintaba a su tirano: como hombre, viejo y feo; como marido, renegado y feroz. Luego, un desvergonzado: si hubiera tenido un ápice de dignidad, no se hubiera casado con ella. Y concediendo que se vendiera por dinero para recoger despojos de otro, lo que le parecía infame era la condescendencia con que toleraba las exigencias de Galante. En este punto, Leandra discutía: ella, Silvina, no tenía razón. Si Galante, de vez en cuando, tenía antojos, la cosa carecía de importancia. De ese modo estaba contento, la protegía.

-A los hombres hay que saberles amarrar. Demasiado sé yo que tú le gustas a Galante más que yo; pero me conformo, porque si me opongo a su gusto, me abandona, y perderíamos la soga y la cabra.

Silvina insistía: aquello era una atrocidad. ¡En la misma casa, con el pretexto de querer a la madre, perseguir a la hija; a una muchacha que lo detestaba, que no era libre, que era mujer de otro más canalla aún, que consentía tales bajezas! Y tal contubernio, en contra de la voluntad de la muchacha, contra todas sus tendencias y sus gustos.

La plática terminó como siempre. No había más remedio: mejor era aquello que morir de hambre.

Oyéronse rumores, y en la pequeña explanada, frente a la casa, apareció un hombre. Era Gaspar. Al llegar, blandió un largo machete y asestando una cuchillada a un árbol, lo dejó allí clavado.

-¿No se come? -dijo, sentándose en la piedra que servía de escalón, junto al umbral.

Las mujeres apresuraron el aderezo del potaje, y diéronle un plato colmado.

Gaspar comenzó a engullir, hablando mientras comía:

-Si no me lo quitan de las manos, mato esta tarde a ese cochino de Montesa. ¡Entrometío! Estábamos en la cuesta del río algunos amigos, distrayéndonos con una jugadita... Yo estaba ganando, y se había presentado una sota que si llega a jugarse arranca al banquero. Deblás barajaba, y ya iba a virarse cuando acierta a pasar Montesa. Se para, nos mira, y dice:

«-Bandidos, ¿qué hacéis ahí?

»-Lo que nos da la gana.

»-Estáis jugando a los prohibidos; ¿y si el comisario viene?...

»-¡Figúrese usted! El comisario es Andújar, y siempre que jugamos nos cobra un chavo por cada as...

»-Y a usted, ¿quién le mete en lo que no le importa?

»-¡Calla, truhán! -esto se lo decía a Deblás-. Si meneas la lengua te la retuerzo; un desertor como tú no es persona para mí.

» Me dio ira su altanería. Claro; Montesa hablaba así porque sabe que Deblás anda huido, que no puede tener cuestiones porque, si le echan mano, lo hunden otra vez en el presidio. ¡Cobarde! Yo quise ver si Montesa se atrevía conmigo. Me levanté de un brinco y halé por el machete. Anduvo listo: cuando iba a rajarlo me dio una patada feroz en la barriga y me tumbó. ¡Qué alboroto! La partida se deshizo. Cada cual corrió por su lado, y todavía tuvo Montesa la cobardía de llamarme sinvergüenza, estando yo en el suelo, impedido de defenderme. ¡Ah!, yo lo cogeré, ¡yo lo cogeré!... Hay más días que longanizas. Cuando me levanté, me sujetó Andújar y me pidió por favor que no me metiera con ese macaco de Montesa... Luego, como convenía ocultar lo de la jugada, y yo ya estoy hasta el cogote de cuestiones que me han costado caras, me contuve. Hay tiempo; cualquier día lo hiendo...»

Y Gaspar, asiendo de nuevo el machete, asestó otra cuchillada al árbol, que, herido en la corteza, dejó manar por la herida un líquido resinoso y oscuro.

Silvina, en cuclillas en un rincón, había oído el relato. Seguía con mirada tímida los violentos ademanes de Gaspar, como temiendo que las amenazas y las agresiones se volvieran contra ella.

-Toma -continuó Gaspar alargando a Silvina unas monedas-, esta semana no se ha hecho nada, y luego, en la jarana, perdí la ganancia. Quizás me la robó el mismo Montesa. Pero hay, ahí tienes treinta y dos chavos. Si te faltase en la semana, a mamá Leandra que te dé, y si ella no tiene, avísame para fajar a Galante. O fájale tú, que a ti te servirá de mejor gana.

Leandra empezó a dar consejos a Gaspar. Prudencia, mucha prudencia. Lo mejor era salir del trabajo y meterse en casa. Y mientras Gaspar, reacio, discutía, Silvina, entregada de nuevo al éxtasis, veía cómo en el cielo íbase apagando el día y cómo las sombras iban lentamente arropando los contornos.

Gaspar entonces hizo reír a Leandra. Contó que en la jugada estaba la vieja Marta con un paquete de ochavos atados en la punta de un pañuelo. Cuando surgió la contienda y vinieron a las manos, Marta alcanzó un pescozón que le arrancó el pañuelo de la cabeza, dejando las greñas al aire.

-Pero -dijo Gaspar- es tal la suerte de ese diablo de vieja, que, a pesar de todo, con seguridad esconde esta noche en el monte medio peso. ¡Ah, si yo pudiera descubrirla el escondrijo!...

La noche avanzaba. Gaspar desperezó, dando un gran bostezo. Todavía charló algunos minutos. Participó a las mujeres que se preparaba para muy pronto un baile en Vegaplana. Todos irían: era menester echar una cana al aire. Convenía, de vez en cuando, sacudir la morriña y divertirse, bebiendo unas copitas, bailando una contradanza.

En Vegaplana, barrio cercano, siempre hubo divertidos bailes. Nada, animarse: al salir de casa se quitarían los zapatos para no deteriorarlos, y al llegar a la casa de la fiesta se los pondrían para entrar al salón como era debido.

Leandra bajó al cobertizo, y Gaspar, como si hubiera estado esperando la ocasión, llamó a Silvina con la mano. Ella acercose.

-Lo dicho -dijo Gaspar entre dientes-. Deblás está impaciente, y yo no retrocedo: conque prepárate.

-Pero, Gaspar -contestó Silvina palideciendo-, eso es horrible...

-¡Qué horrible ni qué niño muerto! Ése es un negocio como otro cualquiera.

-¡Dios mío!... ¡Dios mío!

-Y tienes que ayudamos; no hay remedio.

-¿Por qué no se las arreglan ustedes solos, ya que quieren meterse en eso? ¿Por qué me obligas, si yo me muero de miedo?

-Porque de las mujeres nadie sospecha. Nada, quiero que vengas. Vendrás, y tres más, nueve.

Como Leandra volviera, Gaspar disimuló. Un negocio secreto no debe divulgarse; miró fijamente a Silvina y se llevó un dedo a los labios. Estaba bien seguro del silencio de Silvina. Luego entrose en uno de los cuartos de la casa y se acostó sobre un lecho formado, en el suelo, con ropas extendidas sobre una estera especial y sacos doblados a guisa de almohadas.

Algunos instantes después roncaba. Leandra acostose en el camastro, el lujo de la casa, en el otro cuarto, y quedaron frente a frente la noche estrellada y Silvina, contemplándola absorta desde la rústica vivienda. Adentro, sueño labriego narcotizando las gentes; afuera, el clamor estridente de los insectos nocturnos: el coro de grillos, el treno de los sapos, el roce de los violines alados, cantando a coro el salmo de la noche en la selvática anchura de los bosques.

Capítulo II

Juan del Salto, caballero en una mula, llegó al plantío, en donde la brigada de campesinos se aplicaba al deshierbo y limpieza de terrenos. Con afán de amo entendido iba a vigilar los trabajos para que no le engañasen limpiando las orillas del plantío dejando malezas en el centro. Dejó la cabalgadura en la vereda y penetró en el monte. Un grupo de obreros, escalonado en la vertiente, manejaba el machete talando hierbajos y enredaderas. Juan, con mirada práctica, abarcó el conjunto. De los trabajadores, algunos cantaban coplas monótonas; otros esgrimían la hoz silenciosos, y otros, los más próximos, sostenían animados diálogos.

-Aquí hace falta gente, don Juan -dijo uno de ellos arrancando de un tirón una campánula-. La cosecha está al caer, y si no se activa la limpieza va a perderse mucho grano.

-¡Ya estás tú bueno! -repuso Juan con acento benévolo-. ¿Crees que los propietarios disponemos del personal a nuestro gusto? Eso dilo a tus compañeros; a los que no trabajan los lunes, cansados con las huelgas del domingo; a los que escandalizan el barrio con tropelías, como la del sábado último en la tienda de Andújar; a los que pasan la semana mascando tabaco y tendidos en la hamaca.

-¡Ah, yo no soy de ésos!

-Tú no eres de ésos, convenido; no te aludo. Esta vez incurres en el vicio lógico que suele seros peculiar: prescindir del sentido de lo que se habla, y ateniéndose sólo al valor de las palabras duras, darse por aludidos.

-Es que yo...

-Sí, sé lo que vas a decir. Que eres laborioso y honrado, ¿no es eso? Me consta. Pero no es menos cierto que hay entre vosotros disipados con los cuales no puede contarse. Sin ese contingente de inútiles estaríamos siempre sobrados de personal. Eso es lo que te quise decir.

Y Juan, después de la corrección, hecha en nombre del sentido común al campesino, le volvió la espalda. Se daba cuenta de la inutilidad de sus esfuerzos para mejorar las clases de la montaña; pero como su sistema nervioso no resistía transgresiones de lo bueno y de lo justo, incurría con frecuencia en las mismas tentativas. Era para él un ideal: rehacer aquel conjunto de seres; prepararlos para risueño porvenir; hacer hombres para que se defendieran del látigo; dar ciudadanía a la plebe; hacer hombres fuertes, capaces de resistir en lo físico y en lo moral, en el individuo y en la especie, la acción deprimente de las causas mórbidas. Todo un sistema que llevaba como un fardo en la cabeza y que estaba constantemente en pugna con la realidad. Donde veía el mal, movíase a la protesta; donde descubría el error, necesitaba desvanecerlo, como quien, anegándose, necesita sacar la cabeza del agua y respirar aire ambiente.

Subiendo por la escarpa, fue inspeccionando la labor del día. Unas veces recomendaba que el tajo fuese dado a flor de tierra, porque si no los renuevos, los feroces brotes de la hierba, harían pronto inútil la limpieza. Como los terrenos eran exuberantes, la vida forestal era enérgica, y allí en donde un deshierbo se había dado, en breve volvía a levantarse el prado. Otras veces detenía el brazo de algún obrero: en el atolondramiento de una actividad sin método había herido el tallo de un cafeto. ¿Adónde se iría a parar por tal camino? Cada uno de aquellos arbustos significaba un esfuerzo, un sacrificio impuesto al bolsillo, tal vez a la salud. Herir una planta mutilándola era también mutilar las esperanzas. Debíanse poner los ojos en el filo del machete, porque, si no, en breve se daría buena cuenta de los arbustos que sonreían en la montaña. Deteníase el obrero, rectificaba la posición del cuerpo y continuaba el talado con más precauciones.

Juan recorría la vertiente, subiendo con el auxilio de los troncos o descendiendo con cuidado en previsión de caídas. No era raro que en determinado lugar se arrodillara, cuando veía surgiendo a flor de tierra la raíz de un cafeto. Entonces se echaba de bruces y emprendía él mismo la faena de aterrarla, mientras explicaba a los campesinos la importancia de aquel detalle. Sí; las raíces debían profundizar para beber en lo hondo los jugos de la tierra. En la superficie reptan como serpientes, y, disminuido el caudal nutricio, la planta, cuando no muere, se aniquila. Él no tenía paciencia para tolerar torpezas de los sembradores. Y así, viéndolo todo por sí mismo, interviniendo en todo con una viva mirada para cada detalle, con una reflexión o un consejo para cada obrero, atento a sus intereses, entusiasta con sus esperanzas, sabio en sus procedimientos, visitaba las plantaciones que constituían su riqueza en el acendrado cariño del padre que acaricia las cabecitas rubias de la prole. Los trabajadores le amaban y le respetaban. Sabían que podía ser el bienhechor que llevara dinero y bálsamos hasta la choza que les albergara enfermos, y sabían también que en momentos de indignación levantaba arrogante su autoridad de amo inexorable. Los buenos buscaban amparo a su lado, habitación en el caserío de su finca; disputaban el honor de servirle de manera inmediata en los quehaceres de la casa o en las labores de las máquinas. Los malos, los sospechosos, le temían como se teme a un ser más fuerte ante el cual no queda otro recurso que sucumbir.

En su merodeo llegó en la parte baja a un lugar en donde departían varios campesinos, y encarándose con uno de ellos preguntó:

-¿Dónde está tu hijo?

-Mi hijo -contestó el aludido con acento vacilante-, pues... medio enclenque...

-Enclenque, ¿eh?

-Sí, señor...; como se dio... una caída...

-¡Todavía la caída! Pues oye: que tu hijo, que es un perezoso, se embriague y caiga en las zanjas, estropeándose: que luego no venga a los trabajos, siendo o no cierto que aún le duela el golpe; que se regodee en la holganza de tu rancho, comiéndote los plátanos sin serte útil..., pase: es un mal, es una desgracia de que sufrís las consecuencias; pero lo que no pasa es que tú, su padre, seas su cómplice; que le permitas los excesos del rebelde carácter; que le consientas la mala vida y, finalmente, que mientas, tratando de paliar los extravíos de un hijo que no es más que un correcalles.

-¡Ay, Dios mío!... Yo...

-Sí, ésa es la verdad. ¿Cuándo acabaréis de comprender que el consentimiento y los exagerados mimos son estímulos que malean los hijos? Si desde muy pichón le hubieras manejado bien, tu hijo no sería hoy un perdido. No supiste, no quisiste cumplir con esa obligación; calculaste que con el producto de tu trabajo bastaba para mantener a toda la familia, y hoy te encuentras con un hombretón indócil, que te mata a disgustos, que se pasa la vida entre la guitarra y los licores, entre la baraja y las mujeres que se lleva...

-Don Juan... ¡Qué quiere usted! ¡Si he hecho lo indecible por sacar de ese condenado un hombre de trabajo!

-No has hecho nada, aunque así lo creas. Al contrario, has favorecido sus malos instintos dejando pasar sus borracheras sin castigo, acaso riéndole los chistes; has favorecido el mal consintiéndole los desórdenes...; pero ¿qué más?, ha llevado a tu casa, a tu propia casa, junto a su madre y sus hermanas, una querida, y se lo has tolerado.

-Para ver si lo aquietaba.

-No; por condescendencia, por esa condescendencia que, si tiene mucho de ignorante, tiene más de perezosa. Se os cae el mundo encima, y nada... Sois estoicos. Tú no comprendes lo que significa eso de estoicos; te lo diré de otro modo: sois indiferentes lo mismo para el bien que para el mal; sois apáticos, sois desver...

Juan se contuvo. Los testigos de la escena sonreían, y el campesino sufría encogido el chubasco, tratando de envolver excusas en monosílabos incoherentes.

-Y lo imperdonable -continuó Juan- es que no titubeas en decir mentiras para ocultar las faltas de ese hijo. Dilo claro: mi hijo se emborrachó ayer domingo en el ventorrillo de Andújar; mi hijo estaba esta mañana imposible para el trabajo. De ese modo no te haces cómplice de su perversión. ¡Bah!, ya sé yo que pierdo mi tiempo; no entendéis la salud de mis palabras... ¡Cómplices! Sí, la eterna, la eterna complicidad del silencio envolviendo al conjunto social en que os agitáis. Allá vais todos, en un haz apretado, los buenos y los malos, los dignos y los infames. ¿Han robado una mula?... Pues sabiendo quién fue el ladrón, calláis. ¿Han producido un daño intencional en los cultivos?... Sabéis quién fue el autor, y... silencio. No hay forma de que contribuyáis al esclarecimiento de la verdad. Si se comete un crimen, un asesinato, por ejemplo, sois capaces de presenciarlo y callar después, negándoos a favorecer la acción reparadora de la justicia...

Cuando estas palabras fueron dichas, un labrador como de veinticinco años, enjuto y de semblante enfermizo, palideció intensamente, dejó caer el machete y se irguió con aire azorado. Fue un movimiento rápido, indomable, como la sacudida de un sistema nervioso sorprendido. Juan observó el ademán, y aunque el joven trató de sonreír disimulando la turbación al punto de ocultarla a los otros trabajadores, el propietario pudo notar el efecto causado por sus palabras. Todavía comentó algunos minutos el tema de la complicidad, y a poco, próximo ya el crepúsculo, cuando la brigada se disponía a suspender los trabajos, acercose al joven y le dijo entre dientes:

-¿Qué tienes, Marcelo?

-Yo...

-Hace un momento, cuando me referí al crimen, palideciste. Estás frío, tus manos tiemblan, ¿qué te sucede?

-No tengo nada... nada.

-No mientas -insistió Juan con energía-, no mientas. Esta noche, después que todos duerman, sube a mi cuarto. Te necesito y te espero. Te lo mando...

-Iré...

Y el joven confundiose en el grupo de trabajadores que regresaban a las chozas.

A las diez de la noche, cuando todos dormían, Juan del Salto meditaba en su alcoba.

Sentado junto a una mesa en donde ardía un quinqué, con la frente apoyada en las manos y los codos en la mesa, permanecía abstraído, como si las alas del pensamiento, llevándole lejos, hubiéranle dejado allí inerte la estatua del cuerpo. En aquella actitud inmóvil descubríansele la estatura esbelta, el cuerpo delgado sin flaqueza, la frente espaciosa, la cabeza sufriendo ya la depilación de los años, la piel curtida por la acción solar, las manos forzudas y recias, desarrolladas en el ejercicio de las fuerzas, y los ojos, grandes, de penetrante mirada, velados con frecuencia por la melancolía. El semblante simpático, el ademán sereno, el carácter benévolo, el genial condescendiente y cariñoso no borraban aquella tristeza. Su mundo interno le enviaba al semblante reflejos de nostalgia, y como si las ideas dominantes hubieran hecho a su modo los rasgos exteriores, discurríanle por la faz secretos pesares y preocupaciones.

Aquella noche, cuando en todas las habitaciones del caserío se habían apagado las luces, él meditaba.

En el paisaje, la noche repartía sus misterios. Las estrellas curioseaban los secretos de la tierra. Las brisas de suave frescor daban al contorno el ambiente de una terma, cristalizando en menudas gotas las nocturnas humedades, fecundizando con granería brillante las recatadas nupcias de las plantas.

Era la hora del misterio: del descanso para unos seres, de la agitación y del amor para otros. El genio de las soledades recorría las frondas, besando la virgen florescencia y bañándose en perfumes. Los lepidópteros bullían en los campos, felices en las horas sin sol. Algunos penetraban por la ventana, y revolando sin tacto chocaban rudamente con el cristal de la bombilla, mientras otros, deslumbrados, morían quemándose las alas. Los rumores del exterior flotaban en el ambiente con monotonía inacabable y disonancia casi melodiosa, dominando en el haz de ruidos la crepitación de las aguas despeñándose en el lecho del río.

Juan esperaba a Marcelo entregándose a memorias amargas, a recuerdos gratos. Pensaba en el destino que cubría a sus esperanzas en el discurrir de los años, cuando ya los sufrimientos y el trabajo le encanecían. Recordaba los días juveniles, el opulento hogar de la infancia, deshecho por la adversidad. Entreveía el rico ingenio de cañas dulces en que nació, sus primeros años, los paternos esfuerzos por cultivar su inteligencia, la residencia en Europa por algún tiempo, dedicada al estudio; su carrera, interrumpida más tarde, cuando la desgracia, empobreciéndoles, hizo necesario el regreso. Pensaba en aquel triste regreso, efemérides de tantos males íntimos, en el acervo conjunto de desventuras que la ruina arrojó sobre la honrada familia; en la pobreza que vino luego y en la muerte, nunca bastante llorada de sus padres. Luego, otra etapa: una serie de incesantes luchas para vencer la desgracia; los esfuerzos realizados en especulaciones comerciales; el día en que el amor llamó a su pecho; la dulce esposa que eligió por compañera; la inolvidable felicidad del primer hijo, las alegrías del hogar ante la primera suma de dinero economizada; y después, en gradación metódica, la compra de una selva para el fomento del cafeto; las fatigosas tareas del cultivo; la muerte inopinada de la amable compañera; la partida del hijo, ya hombre, para emprender estudios profesionales en la capital de España; la devoción del trabajo a que se entregaba con fanatismo para elaborar un patrimonio que asegurara lo porvenir de aquel hijo, y, al presente, su dolorosa soledad en espera paciente de lo porvenir, en espera de la realización de tantos ideales, en espera del ausente, a cuyo calor anhelaba tranquilo y cómodo bienestar. Toda la vida le desfilaba por la memoria en aquellas horas meditabundas. Era una obligación impuesta a su fantasía: todas las noches, al acostarse, levantaba el vuelo ideal y recorría retrospectivos espacios. Ya en él las pasiones estaban frías, heridas por los sufrimientos, muertas por el predominio intelectual. Vivía para el trabajo, para espigar recuerdos, para alentar esperanzas, para amar al hijo ausente.

Aquellas abstracciones formaban para él una segunda vida, y, en ella, con frecuencia, una lucha formidable se entablaba. Los viajes y el estudio le habían enseñado a pensar, y su cultivada inteligencia le había elevado sobre el montón social que veía en torno. Tuvo ojos y corazón, protestando cien veces de las torcidas corrientes que arrastraban hombres y cosas, sentimientos y aspiraciones. ¡Cómo! ¿Era aquello un conjunto social? ¿Estaban aquellas clases reguladas por las leyes generales de la moral, de la justicia y del deber? ¿Las gentes que veía agrupadas en las estribaciones del monte eran seres humanos o jirones de vida lanzados al acaso? ¿Eran gentes, eran muchedumbres, eran piara, eran rebaños? ¿Qué les movía? ¿Adónde iban? ¿Eran cuerpos rodando o almas muriendo?

De este modo penetraba en honduras metafísicas, en problemas sociales. El pasado, el presente, el porvenir del suelo nativo; las generaciones venideras, engendradas en los remolinos del presente; la lucha de una raza inerme, impotente para levantar la cabeza y respirar ambientes de cultura, teniendo que hundirla en el pantano, bajo la pesadumbre infinita de la ignorancia y de la enfermedad; y sobre la balumba de inmensas desventuras, la ley natural empujando brutalmente el conjunto y amasando con lágrimas, para esa raza, un porvenir enfermizo y una degeneración más honda todavía.

En las gentes de la montaña estudiaba Juan las convulsiones evolutivas de una raza. Su prehistoria, su oscuro origen, sus migraciones, y luego, al contacto de los europeos, sus mezclas y sus transformaciones.

Se daba cuenta exacta de la situación que aquellas clases ocupaban en la colonia. Las veía descender por línea recta de mezclas étnicas cuyo producto nacía contaminado de morbosa debilidad, de una debilidad invencible, de una debilidad que, apoderándose de la especie, le había dejado exangüe las arterias, sin fluido nervioso el cerebro, sin vigor el brazo, arrojándola como masa orgánica imposible para la plasmación de la vida, en el plano inclinado de la miseria, de la desmoralización y de la muerte.

Pensando en tales asuntos, era pesimista. ¡Hermosos campos, brillante flora, soberbia fauna! ¿Y qué? Hollando tantos primores con el pie descalzo de un anémico incapaz de reacciones enérgicas e imposibilitado por falta de fuerzas vitales para ponderar lo que la Naturaleza, con tanta opulencia y generosidad, creara. A veces, pensaba en el alma..., era que el dormido espíritu no agitaba a las gentes. Era cultura, mucha cultura, lo que faltaba; mover el manubrio de la ciencia, derramar semillas de la inteligencia; levantar sobre eriales de ignorancia templos de saber. ¡Escuelas..., escuelas! Entonces pensaba que el problema era exclusivamente sociológico, y considerándolo a través de ese prisma removía en la imaginación leyes y procedimientos con los cuales pudiera levantarse la infortunada plebe.

Otras veces, sus ideas tomaban distinto rumbo. No, no era el espíritu... El contaminado, el raquítico, el deformado era el cuerpo. Se trataba de un asunto simplemente físico.

Jamás sobre la piedra nació el rosal y jamás sobre el organismo degenerado y enfermo de un pueblo se produjo con todo su esplendor la civilización. Sobre cuerpo agobiado no reacciona vida lozana.

El estómago enfermo reparte mal las fuerzas; la irregularidad distributiva desequilibra el cuerpo organizado; el desequilibrio pasa incólume del individuo a la prole, de ésta a las generaciones futuras y de éstas a la raza. Sí, ¡el estómago desviado en su función primaria engendra la enfermedad y la muerte de un pueblo!...

Y así, de hipótesis en hipótesis, a veces optimista, pesimista a veces, pasaba Juan largas horas hojeando las páginas de aquel libro viviente. Recorría la historia de la colonia; determinaba las causas iniciales; analizaba los paralelismos del estado político, del estado social, del estado económico; buscaba remedios para los daños, medios para preparar lo porvenir, recursos para conservar lo bueno, hoces para cercenar lo malo; y en toda aquella labor de su cerebro había un fondo de infinito amor filial, de cariño profundo por la bendita tierra nativa, por el providente suelo en que vivía, cuya felicidad era la suya y cuyo infortunio consideraba propio.

Más otras veces la lucha tomaba distinto aspecto. No eran entonces dos tesis las que chocaban en la abstracción de ideas: eran dos procedimientos, dos sistemas personales los que pugnaban por escalar el pedestal de lo justo. Ante los males colectivos, ¿qué debían hacer los hombres de espíritu cultivado?, ¿qué debían hacer aquellos que con claridad de juicio reconocían la existencia del mal? Y entonces los dos sistemas forcejeaban en brutal pugilato. De un lado, el ideal: suprimir la propia personalidad; entregarse al análisis; buscar los bálsamos; clamar por el bien de todos; impulsar la ola política para escalar la orilla filosófica y fecundar la margen social; producir el campaneo de la publicidad, vociferar el dolor sentido para que lo conozca la sabiduría del siglo; llegar, si fuese necesario, al sacrificio personal ante el ara santa del bien de todos, ante el altar de la madre tierra en que se nace. De otro lado, lo práctico: pasar indiferentes; mirar o no mirar; volver la cara siempre: aplicarse al bien propio; ser epicúreo; puesto que la vida necesita de pan, cuidar con esmero que las inclemencias externas no apaguen la hornada; puesto que el espíritu tiene aspiraciones, entregarse al águila que a ellas con más rapidez conduzca; puesto que el sacrificio por lo demás lleva consigo el suplicio propio, el abandono en el dolor, el hambre para los hijos, el olvido del bien realizado y es, a la vez, viento huracanado que desparrama simientes de ingratitud y perfidia; puesto que tan profunda perturbación de la vida íntima viene como corolario del redentorismo... impere norabuena el adusto dios del egoísmo; guárdese silencio y déjese al miasma que trabaje incansable, aumentando con venenosos sedimentos la inmensa charca de la podredumbre social, y véndanse las almas y las conciencias.

Juan iba como una pelota de uno a otro sistema. ¡Qué inquietud, qué impaciencia por el bien en horas de idealismo; qué encogimiento, qué pesimismo, qué cobardía en horas de acción! Razonamientos y buen corazón indicaban los altos deberes del patriotismo; egoísmo y codicia desviaban los instintos y los echaban de bruces en el retraimiento o en la bajeza.

En algunas ocasiones, el ideal poseía a Juan y era presa de una convulsión momentánea traducida por esfuerzos de propaganda, por consejos a los proletarios, por metodismos impuestos a su vida campesina. Pero en otros días caía en el desaliento: él solo no conseguiría nada, y luego su misión en la montaña era exclusivamente práctica... Su hijo, su hijo amado, debía llenar su corazón y su cabeza. ¿Qué le importaban a él las especulaciones filosóficas? Café, mucho café, para convertirlo en oro, y después, el oro acumulado sembrarlo a manos llenas en los senderos por donde había de transitar aquel hijo, imagen pura en el altar de su cariño.

Tantas veces rebotó la pelota entre lo práctico y lo ideal, y volvió de lo ideal a lo práctico, que al fin llegó Juan a reírse de sí mismo, haciéndose su propia crítica como si hubiera tenido por dentro un Voltaire burlándose de sus dudas. ¡Bah!..., todo aquel mundo humano que desde el balcón de su casa de campo descubría, no era más que un inmenso hospital. Los individuos y las familias arrastraban por las cuestas la cadena de las dolencias físicas. No había en ellos ritmo fisiológico, y así como en el febricitante que delira se desarrollan el ímpetu y la fuerza, en ellos, de su vida sin nutrición, relampagueaba la relativa fuerza que los conducía al trabajo. El hambre imperaba y la vida apenas si alentaba de la misérrima limosna de un banano. Sí, aquello era una tumba de vivos. El glóbulo rojo, combatido por la sangre blanca, había huido para siempre de aquella gran masa de pálidos. Era una muchedumbre de contornos inciertos, borrosos, indecisos... Un haz de retorcidos sarmientos en que vicios y virtudes se enredaban, se enmarañaban de tal suerte, que siguiendo el sarmiento de una noble cualidad se llegaba al vicio, y sacudiendo el de un defecto se llegaba a la virtud. ¡Ah!...,

¿cómo definirlos? En sus chozas les azotaba la intemperie; en la blandura ambiente ocultábase traicionera la cálida humedad de las noches; en el ardor diurno, el ascua solar carbonizando con fuego sordo los organismos. Todo parecía empujarles, destruirles... Sí, a muerte; condenados a la extinción y a la muerte; raza inerme que sucumbe bajo la acción selectiva de la especie; gigantesco estómago que perece exhausto, atónito, sin nutrición, sin vida... Juan encogíase de hombros fingiendo indiferencia... ¿Qué le importaban a él tantos dolores? Aquel mal era la cordillera, él era el átomo. Nadie le escuchaba, nadie le entendía y el hondo infortunio que le rodeaba parecía amenazarle con su contacto, para destruir a su fortaleza y borrar de su espíritu la noción del bien.

Y él, el mismo Juan del Salto, que se nutría, que se rodeaba de holguras y tenía presentes en sus metodismos los consejos de la higiene, acababa con frecuencia por creerse también enfermo; considerándose atacado de una neuropatía reflexiva que en materias filosófico-sociales no le dejaba atinar con las soluciones justas.

Entregado a meditaciones de tal linaje, esperaba a Marcelo. La noche deslizaba lentamente con la precisión de su eterno cielo, a compás de sus rumores peculiares e iluminada por indecisa luz descendida desde el azul con la tenuidad de un beso tímido y con el misterio de un amor furtivo. Algunas luciérnagas trazaban en el vacío los zigzags de su vuelo luminoso o determinaban, deteniéndose en los arbustos, puntos brillantes que parecían ojuelos de hadas o lentejuelas adornando las vestiduras de la tierra. La naturaleza dormitaba entregada a sí misma sin que el volteo de sus horas recibiera impulso de la mano del hombre y sola, moviéndose bajo el empuje de divino soplo, reinaba magnífica, sorprendente, como soberana del mundo, como hija de la eternidad, como madre bienhechora de los humanos destinos. En tanto, Juan esperaba...

Al fin, la puerta crujió y apareció entre los batientes la figura macilenta de Marcelo.

-Siéntate -dijo Juan-, y prepárate a ser franco.

En el semblante del joven duraba todavía la emoción de la tarde. Su color mate habitual y sus anchas ojeras eran más intensas, como si susto no desvanecido o pánico insensato le dominaran.

-Sí, sé franco; no debes ocultarme la verdad -continuó el propietario-. Esta tarde, hablando de generalidades, aludí al crimen; tú palideciste y temblaste. Yo decía que prestáis frecuentemente con vuestro silencio complicidad a las malas acciones, y al indicar que seríais acaso capaces de presenciar un crimen y no ayudar después a la justicia en su pesquisa, temblaste. Mira: ahora mismo tiemblas. ¿Por qué te produjeron tan honda impresión mis palabras?

-Es que...

-Marcelo, tú has presenciado un crimen.

-¡Yo!...

-Tú has sido testigo de un crimen y has callado...

-Pero...

-Te he dicho que es inútil el disimulo. Soy hombre experto; sé leer en el semblante de los demás. Tú sabes, tú tienes noticias de un crimen y no debes ocultármelo. Mi objeto, al indagarlo, no es otro que salvarte, si aún es tiempo, desviándote de la mala senda. No presumas que trate de venderte o de entregarte a la justicia...

-No..., yo no soy un criminal, don Juan...

-... mi intento es caritativo para ti mismo. No soy juez, ni policía; puedo ser tu amigo, como lo soy siempre de mis buenos obreros. El interés que la situación de tu ánimo me inspira obedece a que siempre te he considerado hombre honrado, trabajador sin vicios, elemento utilísimo en mi finca. Sí, más útil y más formal que tu hermano Ciro...

-¡Oh!, gracias, gracias.

-Habla, pues. Hay en tu corazón un peso que debes aligerar. Sé franco; anda, sé franco.

-Pues bien, don Juan: es cierto. Yo he presenciado una cosa horrible. Sí..., yo soy muy cobarde, lo reconozco. Me infunde miedo la soledad, me asusta caminar por lugares solitarios y la idea del crimen me aterroriza.

-¿Has pensado en él?

-Sí; he soñado muchas veces que me mataban o que yo mataba a otro; y tanto miedo me han infundido esos sueños, que cuando veo un arma de fuego, siento frío y experimento un mareo inexplicable al contemplar un cuchillo de monte o un puñal.

-¡Vamos..., los nervios: eres pusilánime y no estás hecho para el mal!

-Pero desde que vi... lo que vi, casi no duermo, y cuando al fin me rindo, me asaltan pesadillas atroces.

-Sepamos lo que viste. Refiéremelo todo, sin omitir un detalle.

-Escuche usted.

Y Marcelo, con acento emocionado, refirió una historia lúgubre. Tiempo atrás, residía en la finca de Galante y le habían designado como habitación, para él y su hermano Ciro, una choza situada en lo alto de un cerro. Para llegar a ella era necesario descender una vertiente, vadear, saltando de piedra en piedra el río y subir después el empinado cerro. El camino era estrecho, y con frecuencia interrumpido por escalones formados por el pie de los caminantes en el terreno barroso del monte. Espesos bosques cubrían las veredas y casi podía afirmarse que el sol no bañaba nunca con rayos directos aquellos lugares.

En otra choza, aún más elevada que la de Marcelo, vivía Ginés: un modesto propietario cuyos terrenos colindaban con los de Galante. Ginés, que era joven, vivía con Aurelia, su esposa, una de las campesinas más bellas de la comarca. Marcelo, cuando terminaba la labor del día, acostumbraba comer en la choza de algún amigo, puesto que en la suya no había mujer que se encargase de las faenas domésticas; y Ciro, por su parte, hacía lo mismo. Entrada la noche se reunían los hermanos en la vivienda del cerro, en donde dormían.

Una noche, que siguió a un día muy lluvioso, regresaba Marcelo a su casita. La humedad de la vereda le hacía resbalar a cada instante, y al chocar con los arbustos caían sobre él gotas de agua retenidas durante la lluvia en el follaje.

Llegó al río, y cuando lo vadeaba oyó rumor de pasos. Se detuvo, y llevado de su natural pusilanimidad se escondió acurrucándose detrás de un arbusto. La noche era muy oscura, pero el fulgor de las estrellas filtraba a través del follaje algunos rayos tenues. Entonces, por la vereda de la vertiente, Marcelo vio aparecer un hombre. A pesar de la tenuidad de la luz, le reconoció: era Galante y llevaba una cuerda muy delgada en la mano. El joven tuvo miedo y tembló en su escondite. Había oído decir que Galante era hombre temible y le rodeaba la fama de hechos sospechosos. ¿Qué hacía Galante en aquel lugar y en hora tan desusada? ¿Por qué dejaba la comodidad de su vivienda para rondar en noche tan oscura por los montes?

Marcelo esperó receloso mientras Galante, pasando el río por la calzada en pocos saltos, comenzó a repechar por la vereda del lado opuesto. No bien hubo dado algunos pasos, se detuvo. Palpó en el suelo como quien busca algún objeto y levantose luego con una piedra angulosa y grande en las manos. Entonces hizo algo que Marcelo no pudo distinguir, y el joven vio que Galante, dejando de nuevo en el suelo la piedra, trepó a un árbol de poca elevación, pero muy copudo, por debajo del cual pasaba la vereda.

La escena sobrecogía a Marcelo. ¡Galante, el rico propietario, subido a un árbol en una noche oscura y medrosa! ¿Qué significaba aquello? Galante cabalgó en una de las ramas de árbol y Marcelo pudo ver que desde el suelo elevaba la piedra como por arte de magia. Era indudable que Galante la había atado fuertemente a uno de los extremos de la cuerda, y que en aquel momento la izaba hasta él.

Después pasó mucho tiempo: Galante en el árbol y Marcelo tiritando de miedo en su escondite. De pronto oyose un rumor como de pasos que huellan malezas y escuchose una voz fresca y armoniosa que entonaba una canción. Era Ginés, que habiendo terminado tarde su faena en las máquinas de Juan del Salto regresaba a su hogar.

En lo alto del cerro estaba su casita, y en ella esperaba Aurelia, humeante ya la cena, la vuelta del esposo. La canción de Ginés se desdoblaba en el monte en cien resonancias: brotaba alegre, festiva, sonora, y la repetían las concavidades de la montaña, melancólica, triste, indecisa...

Marcelo vio que Ginés pasó el río y comenzó a subir a saltos el repecho. En uno de los saltos, llegó en donde estaba Galante, lugar por donde forzosamente debía pasar. Entonces, desde las ramas del árbol, Galante soltó la piedra... Ginés, horriblemente herido, lanzó un grito y cayó atravesado en la vereda.

Estaba muerto. Galante descendió del árbol, reconoció el cadáver, lo arrastró por los pies y llevándolo al borde de un barranco lo precipitó en la sima. Marcelo, atónito de horror, vio luego que Galante desanudó la piedra homicida y, retrocediendo por el mismo camino por donde había llegado, se perdió en la oscuridad del bosque.

Durante el relato, Juan del Salto dominó cien veces su indignación. Ginés fue un obrero modelo. En sus máquinas, en los establecimientos de su finca, trabajó mucho tiempo con inteligencia y honradez inolvidables. El día en que se encontró muerto en un barranco, todo el mundo supuso la muerte debida a un accidente casual. No pudo estar ebrio porque no bebía, pero no era imposible que en noches oscuras y caminos resbaladizos el más experimentado diera un traspié.

Aurelia, aquella noche, había oído su voz y distinguido su canción; y Aurelia nada sospechó. El cadáver fue conducido al cercano pueblo y la autopsia fue practicada por el doctor Pintado, resultando de ella que una monstruosa fractura de los huesos de la bóveda craneana, con pérdida de sustancia cerebral y conmoción y contusión del gran centro, había producido la muerte. Se tuvo por seguro que al declive cayó de cabeza sobre un montón pedregoso. Después, nadie se acordó de Ginés.

Juan reaccionaba después del relato, irritado ante tanta infamia. Se asomó a la ventana y buscó en la sombra el lampo en donde estaba emplazada la finca de Galante. Enfrente, en la vecina montaña, se desvanecía aquel predio en las negruras de la noche. Allí estaba, amplio, riquísimo, cuajados ya los suculentos granos productores de opima riqueza. Todos los años, en la época de la recolección, manaba de allí un río de oro.

-¡Miserable! -exclamó Juan, cerrando los puños y amenazando el vacío-. ¡Vas a tu fin sin detenerte en los medios! Quisiste riqueza y la has logrado, llegaste pordiosero a la comarca, pusiste en ella tu pie de tigre, y sobre la trampa y el despojo has edificado una fortuna. ¡Miserable..., miserable! Jamás tuviste conciencia; jamás un impulso honrado guió tus pasos. Oro, siempre oro fue tu religión, y en cambio sólo diste perversidad e ingratitud. Por ahí, por esos montes que para ti florecen, rueda el odioso ejemplo de tu disposición, contaminando las gentes que te rodean. Por ahí rueda, insaciable, el ansia concupiscente que te devora, la ambición desatentada que te esclaviza, el cínico descaro que te alienta y la astuta hipocresía que te encubre. ¡Gran hombre eres tú, gran hombre! Todas las haciendas peligran ante tus cálculos; todas las vidas, ante tus caprichos; todas las honras, ante tus apetitos. ¡Qué ejemplo, qué horrible ejemplo! ¡Regular las clases, mejorar el estado social, desviar las tendencias de la degeneración y la enfermedad..., todo imposible ante los corruptores fomentos de esos envenenadores de la raza, de esos maestros mudos que con el ejemplo esculpen el mal en el corazón de un pueblo y matan en flor los intereses del bien!

Después, quedó silencioso. En aquellos apóstrofes había relampagueado una tempestad de ideas. De ideas redentoras, que al chocar con la realidad se resolvían desesperadas, impotentes. Regenerar, redimir..., tal el supremo fin de sus ensueños de filósofo. Y cuando trataban las ideas de corporizarse para ejercer en la práctica su influencia, sentía ira y dolor al considerar la cuantía del empeño, al reconocer la derrota de sus ideales.

En tanto, en la noche, apenas si se distinguía el contorno de los montes. Un brochazo negruzco dado sobre el fondo pardo del cielo: así aparecían en sus agrias cumbres, en sus fértiles valles y en sus interminables encadenamientos, de los cuales, como gusano anillado, resulta ese monstruo que se llama cordillera. La muerte negra del paisaje encerraba la hermosa albura del próximo amanecer y la quietud del sueño, que todo lo aletargaba; prometía la risueña vida del cercano albor; una vida llena de aleteos, de perfumes, de floridas nupcias; un renacimiento celebrado por las puras alegrías de la naturaleza.

Marcelo, con la mirada extraviada y las manos frías, continuaba temblando. En su limitada inteligencia no surgía un raciocinio tranquilizador. Temía, con irreflexivo pavor, sin saber, a veces, por qué temía, agigantando los fantasmas de enfermizo papiro.

En aquella horrible escena de que fue testigo, la emoción le había herido sin piedad y cada vez que el recuerdo le dibujaba el cuadro del drama, la herida volvía a enconarse y la emoción, mal dormida, despertaba en él con sacudimiento de nervio electrizado y con palpitaciones de corazón desbocado. La tensión nerviosa le poseía por completo desde el más diminuto músculo hasta la cuenca sagrada donde, rey orgánico, señorea el cerebro. El músculo temblaba y el cerebro, sin la reacción enérgica del raciocinio, se rendía con desvanecimientos de beodo y debilidades de moribundo. Marcelo, empujado por la emoción sobre la enfermedad, se tambaleaba en desequilibrio: era un haz de nervios retorcidos por la neurosis, era amoldable levadura, fácil lo mismo para el bien que para el mal. Alma sin rumbo, dispuesta a ceder ante el soplo impulsor.

Juan, dominando el enojo, volvió a Marcelo.

-Bien -dijo-, Galante mató a Ginés. ¿Por qué lo mató? ¿Nunca pudiste saber el móvil de ese crimen?

-Nunca. Aunque lo que pasó luego...

-¿Qué pasó?

-Que poco tiempo después Aurelia se fue con Galante.

-¿Dejó la casa?

-No, al contrario: Galante la visitaba y la mantenía. Después oí decir que había comprado sus terrenos.

-Sí; eso lo sé con seguridad.

-... y que se los pagó en provisiones y mercancías que le daban, por cuenta de Galante, en una tienda de Vegaplana.

-¿Y después?

-Después, riñeron. Como Galante era dueño de la finca, echó al camino a Aurelia. Ella se fue en busca de unos parientes, llevándose un niño, hijo de Galante, que éste no quiso reconocer. Aurelia ahora vive por ahí, casi de limosna.

-¿Y el importe de la finca vendida?

-Todo se hizo humo: ella está en la miseria...

Quedaron silenciosos: Juan meditaba, sondando abismos; Marcelo le miraba temblando.

-Marcelo -dijo al fin Juan, tranquilizándolo-, lo que acabas de referir es terrible. Presenciaste un crimen, pero tú no fuiste criminal. Si pudieras probar la verdad de esa infamia yo te aconsejaría que no callaras, que acudieras a la justicia, que denunciaras el hecho: ése es el deber de todo hombre honrado. Pero no tienes pruebas. La escena pasó tan escondida y solitaria, que tus esfuerzos para probar la verdad serían inútiles. Calla, pues, y no temas. Procura dominarte y vive tranquilo, evitando que una culpa que no es tuya te quite el sueño. Trabaja, trabaja siempre: nada distrae y reporta tanto como el trabajo. ¿Eres casado?

-No.

-Pero vive contigo una mujer, ¿verdad?

-Tampoco. Una vivió a mi lado algunos meses, pero me separé de ella. Ahora vivo con Ciro, que la mayor parte de las noches me deja solo.

-¿No se portó bien contigo esa mujer?

-Al principio sí. Después me armaba quimeras porque le gustaba beber y yo se lo impedía.

-¿Tú no bebes?

-Nunca. Un día, por complacer a aquella mujer, bebí y quedé escarmentado.

-Vamos, tomaste una borrachera que te duró una semana.

-No. Yo no sé lo que me pasó. Me puse como fuera de mí. Me contaron que pasé un día provocando riñas con el vecindario. El ron me quema la garganta, me produce ganas atroces de saltar y de morder. Aquella vez que bebí, recuerdo que sentía odio por todo el mundo.

-Haces bien: no bebas. Es una mengua. El licor es veneno lento, ¿entiendes? Es gota de fuego que cae lentamente en el estómago del bebedor. Quien se deja dominar por la bebida, es hombre perdido.

-¡Ah! ¡Líbreme Dios! Yo odio ese vicio.

-Lo que debes hacer es trabajar, y para tener fuerzas, comer. ¿Oyes? Tú eres solo; para ti es todo lo que ganas. Estás flaco, pálido; procura alimentarte bien: come carne. El domingo, al amanecer, ve al pueblo y consulta al doctor Pintado. Te daré una carta para que te reconozca y te recete. Necesitas medicinas que te fortalezcan, que te curen las pesadillas y la palidez. Anda, ve a dormir. Hasta mañana.

Marcelo salió, y Juan quedó solo con sus pensamientos.

Capítulo III

Al día siguiente, con los primeros albores, renació en la finca de Juan la actividad de los trabajos.

La mañana humedecía la tierra con gotas trémulas y preparaba en el cielo, con variedad de colores, la imperial recepción del sol. La temperatura era fresca, y las humedades del alba, fecundando bosques, les daban alientos para la nueva jornada, encendiendo el color de las flores, vigorizando el verdor de las hojas, irguiendo la esbeltez de los tallos, invitando a la magnífica cloralia de los campos a lucir al sol las opulentas galas, a entregarse al fraternal comensalismo de las plantas. La navidad serena, siempre serena del día, sonriendo sobre las colinas y los valles. El eterno impulso volteando la rueda de la vida con la constancia aviterna del infinito.

Los trabajos de la granja se reanudaban. Las brigadas de obreros movíanse con cierta prisa que estimulaba el mayordomo, como si la interrupción de la noche hubiera perjudicado los cultivos, como si la intercepción de las horas dedicadas al sueño hubiera atrasado la fructificación de los cafetos. Montesa, el mayordomo, les empujaba: a los de la sierra les hablaba fuerte, porque era preciso que las tablas desgajadas de los gruesos troncos fueran homogéneas, sin remates deformes y de la longitud exigida; y ellos, protestando y prometiendo, se perdían por los repechos en busca de los despeñaderos en donde se levantaban los árboles condenados al hacha; a los de la recua que conducía semillas de bananos y espiguillas de café les recomendaba premura para que llegaran en breve al terreno ahoyado en donde debían sembrarse, pero esa prisa sin apurar las pacientes mulas con latigazos inútiles y sin abusar del hercúleo burdégano, capaz él solo de sustentar la carga de tres bestias; a los camineros les increpaba la torpeza con que hicieron el trabajo anterior, y soltando cuatro ternos les lanzaba al rostro la brutalidad cometida al arrojar pedruscos arrancados para hacer caminos sobre los cafetos de la margen, tronchando tallos preciosos que por esa causa tenían que ser resembrados; luego tocaba a los carpinteros, a quienes reñía por la pobre tarea de la anterior semana. Sí, allí todos eran para Montesa unos zánganos, unos perezosos, que no tenían ni ojos ni trino y, muchas veces, ni buena intención.

Aquel Montesa era criollo, compatriota de la turba de pálidos que preocupaba a Juan del Salto; pero tenía historia de hombre que anduvo el mundo. Cuando chico, bajaba con frecuencia al llano, en donde estaba situada la población cabeza de partido. Desde las cumbres había visto muchas veces, allá, hacia el sur, un lampo marino, una franja de plata en donde el sol producía los incendios del mediodía. Pudo con frecuencia contemplar aquella superficie extensa, distinta de la tierra, que se perdía a lo lejos, en el país de los misterios, en los horizontes de lo desconocido. Mas el día en que, bajando al llano, contempló el mar desde la orilla, quedó suspenso, mudo de asombro, embargado por la emoción inesperada, como aquel que formándose determinada idea de algo palpa en la realidad cosa distinta. Contempló por primera vez el océano echando la cabeza hacia atrás, irguiéndose para alcanzar más lejos, respirando con ansia la marina brisa. Montesa quedó aquel día esclavo del infinito. El espectáculo del mar fue desde entonces el deseo de sus horas de asueto, el pretexto para sus fugas de muchacho, el tema de sus ponderaciones y de sus cuentos, relatados en cuclillas a los demás flacuchos del monte. El mar le parecía grande, hermoso... A su imaginación sin cultura le faltaban puntos de comparación en la tierra, y los buscaba en el cielo, pensando que la enorme superficie de agua era tan grande como la techumbre celeste. El mar fue para Montesa algo que se desea, algo que sugestiona, algo que se sueña. Un día bajó al llano conduciendo, con otros campesinos, una recua cargada de frutos, y no volvió al monte. Su familia supo que había resuelto dedicarse a las labores de otra especie, y con indiferencia musulmana le olvidó pronto.

El chico, en tanto, recorrió una gama: sirvió de palafrén, de mozo de caballería, de criado de tienda, y en mil oficios más.

Al fin, ya más mozo, logró que le dieran trabajo como cargador de muelle, y desde aquel día, en la carga y descarga de los barcos, en la estiba de los almacenes y de las bodegas o en el remo de los botes y la percha de las lanchas, ya no pensó en tierra adentro, ya no se acordó de la selva nativa; el mar, su amo, estaba allí, cautivándole con sus murmullos y embriagándole con sus espumas.

Otro día, el capitán de un barco anclado en el puerto fue conducido a tierra gravemente enfermo. Se necesitó un enfermero, un criado a prueba de sueño, y Montesa fue elegido.

Algunas semanas después, el capitán, ya curado, experimentó esa generosidad expansiva que se apodera de todos los que escapan de un gran peligro. ¡Ah..., bueno era aquel muchacho! El marino propuso a Montesa pidiese el premio de sus servicios, y el enfermero planteó el problema que le ocupaba el pensamiento: partir, ser marinero, navegar, arrojar la punta del cigarro en alta mar.

Y a poco, el reconocido capitán llevose al criollo a tierras lejanas. El primer viaje fue penoso: pusiéronle a prueba la horrible enfermedad del mar en el Canadá: un frío espantoso estuvo a punto de helarle la sangre en las venas.

Este noviciado fue breve; al poco tiempo, sobre su juventud, que empezaba, reaccionaron las fuerzas, y fue curioso verle crecer y redondearse, adaptándose al nuevo medio, amoldándose a la nueva vida y transformando la pobreza fisiológica de sus primeros años en gallarda robustez, caldeada por lozana ebullición de glóbulos rojos, que, como si hallasen estrechas las arterias, parecían quererle saltar por el semblante.

El criollo, a fácil precio, cambió de temperamento. El privilegio climatérico grabó en él su signo sonrosado y el ser condenado a la enfermedad quedó convertido en tipo apto para el cruce selectivo de su especie. Luego, en su nueva vida, vinieron otros vaivenes. Viajes a la zona tórrida, largas navegaciones a Australia, travesía al África: una vida marinera que le saturó del oxígeno de las cinco partes del mundo. Del primitivo barco pasó a un vapor mercante;

de éste, a otro; luego, cambiando con frecuencia, navegó sobre cien quillas.

En tanto, pasaron años y Montesa cumplió cuarenta. Entonces una idea fija, que desde hacía tiempo le preocupaba, tomó cuerpo en su imaginación: el suelo nativo. Era como un ansia secreta: ni hambre, ni sed, ni dolor; una sensación especial, muy honda, con sabor de pena íntima, con vaguedad de melancolía. Era que el recuerdo encendía lucecillas para que pudiera contemplar los días de la infancia; y Montesa, dominado por la intensidad de aquel anhelo, no pensó en otra cosa que en retornar a la colonia. Contó sus ahorros, que le cupieron en la petaca; combinó el regreso, y, al fin, volvió a su montaña.

Cuando sus antiguos camaradas le vieron, le consideraron un ser extraño. Un hombretón fornido, tostado, rollizo, con la cara llena de pelos, y de tan recia musculatura que podía derribar de una puñada a cualquiera. Los campesinos se extasiaban contemplándole y, sobre todo, oyendo sus relatos. Al fin llegaron a respetarle como a un ser superior, y se regocijaban cada vez que le oían decir palabrejas de extraños idiomas, rogándole que repitiese aquel yes, aquel sapristi y aquel contundente god damn, que les hacía desternillar de risa.

Después de su regreso, Montesa construyó una casita... Una casa con techumbre de cinc, con pavimento de madera, con paredes herméticas, con aldabas, con picaportes y con llaves. Todo en pequeño y humilde, pero todo lo racionalmente necesario para hospedar seres humanos.

Con la modestia que le permitió la escasez de su erario, puso casa, halagándole con una cama, la ropa necesaria, media docena de sillas, otra media de platos, y la vajilla imprescindible para salcochar con decencia los alimentos.

Terminado el nido se casó: una moza del valle le abrió los brazos, y santamente les unió el cura en la vecina parroquia. Desde aquel día, a trabajar: ella, al hormiguero doméstico; él al monte. A sus buenas condiciones debió el puesto que ocupaba; Juan del Salto le atrajo, le encaminó en el aprendizaje del nuevo oficio, y muy pronto llegó a ser en la finca el hombre de confianza. En tanto, allá, en la casita, cada año nacía otro Montesa...

Más de una vez, Juan había reñido a Montesa por su dureza al tratar a los campesinos. No; era preciso ser condescendiente, ser amable. Más él no entendía de pamplinas. Buena hubiera ido la cosa si a bordo de los barcos hubiera el capitán guardado el rebenque en la gaveta. No, señor; palo, mucho palo. Así se impulsa a la gentuza.

Juan le advertía que aquel rigor era inhumano, que nadie tenía derecho a atropellar al prójimo atacando los derechos del ciudadano libre, intentando convencerle, además, de que una cosa era la cubierta de un barco y otra las vertientes de los montes. Pero Montesa no entraba en vías de convicción: era rudo, agrio, dado a blasfemar y a considerar a los obreros como bestias sólo obedientes y sumisos bajo el estímulo del castigo.

A los obreros, más de una vez, ocurrió la idea de darle un manteo. Pero ¿cómo? Aquel diablo tenía en cada bíceps un yunque, en cada puño un martillo y en cada pierna un batán muy capaz de dar a probar, en momentos dados, el rey de los puntapiés. Se resignaban, pues, ante la fuerza física, ante el despotismo de una voluntad más fuerte. Si alguien pensó enconado en la traición, tembló ante la posibilidad de un descalabro en que, descubierta aquélla, le apretasen con estranguladora rabia aquellas manazas...

En su hogar, Montesa era otro hombre. Su mujer le parecía la mejor de la comarca; sus hijos recibían mimos de nodriza. Allí todo el mundo andaba vestido, calzado. ¿Qué es eso?... ¿Andar desnudos los chiquillos? ¡Valiente cochinada! En ninguna parte del mundo había visto él tales miserias. Era menester que los chiquillos tuvieran zapatos o alpargatas, y acudieran a la escuela rural, y aprendieran a leer, para que no les pasara lo que a él, que aprendió el abecedario ya viejo y cuando le era más difícil que anudar un cable o recoger una driza. En casa de Montesa había orden, método, horas fijas, ropas en los lechos, lumbre en la cocina. Una casa, en fin, pobre, humilde, pero que tenía cabeza y pies, y donde podía el anfitrión asegurar sin mentir: «ésta es mi casa».

Tales circunstancias afirmaban la superioridad de Montesa sobre las gentes de la montaña, y éstas gustaban de congraciarse con él, mientras en las alternativas y dificultades surgidas en los trabajos le oían decir con frecuencia:

-¡Arre allá!... ¡Gaznápiros!... Sois unos hueleflores...

Aquella mañana, con su acritud habitual, repartió los trabajos, y cuando todos los campesinos desfilaron, montó en un caballejo escuálido y fuese tras ellos.

Algunas mujeres de las que vivían en las casitas cercanas a la granja comenzaron a discurrir por la explanada en donde estaban situados los establecimientos. Algunas bajaban al río llevando en la cadera una hoja de palma seca y acanalada, y en ella montones de ropa sucia que debían enjabonar en la corriente. Otras buscaban astillas de leña para avivar los hogares: tres piedras ahumadas bajo un cobertizo de paja abierto a todos los vientos, y sobre las piedras un caldero orinoso y quemado.

Otras mujeres regresaban de la tienda de Andújar con las vituallas para la colación del día: cuatro piltrafas compradas por algunos centavos o nada, a cuenta de los trabajos que los maridos y los hijos debían hacer en la semana. Otras, sentadas en los umbrales, lactaban niños pálidos, o desgranaban maíz, o apilaban judías, o, en grandes morteros, trituraban café hasta convertirse en polvo grosero; y todo aquel conjunto de seres tenía impreso en el semblante un extraño tinte de pesadumbre que hacía más ostensible el contraste de las sonrisas.

De pronto, una viejecita muy menuda, de facciones afiladas y extraordinaria flaquencia, apareció en la explanada.

-Vieja Marta -gritó una mujer que mondaba patatas sentada sobre un trozo de madera-, vieja Marta, venga usted a contarnos la historia del domingo...

¡Aquí lo hemos sabido todo!

-Cállate tú, indina -repuso la viejecita-; buscan reírse a mi costa..., ¿verdad? Lo que deben hacer es prestarme un machete y dejarme cortar unas rajitas de leña.

-Aquí hay un machete -dijo otra-, pero venga el cuento. ¿Quién le pegó a usted el pescozón?

-Algún... siniquitate...

-¿Es verdad que le arrancaron el pañuelo del moño?

-Los ojos le hubiera yo arrancado... Pero mira, hija, aquel muchacho, mi nieto, no tiene botones en la camisa. Mira, por vida tuya, si me encuentras uno, aunque sea viejo. Anda, lo necesito.

-Bien, vieja Marta, aquí está el botón; pero vamos al cuento. ¿Es verdad que Montesa barrió a puntapiés la jugada?

-Ésos son abusos... Yo pasaba casualmente por la orilla de la quebrada, y si no ando lista me atropellan... ¡Ah!, también necesito un manojo de tamarindos. Son para una purga, ¿sabes?

-Pero parece imposible que entre tantos hombres no pudieran darle a Montesa una pescozada.

¿Montesa? ¡Pobre del que le busca bulla a Montesa! ¡Y miren que ese Deblás es atrevido!... Pero ¡ca!, se achicó y no hizo frente al otro. ¡Y qué patada me le dieron a Gaspar! Me alegro, para que no sea tan canalla...

-¿Y a usted qué le hicieron, vieja Marta?

-Vamos, no me embromen más: ustedes no respetan a los viejos... Hombre, ahora que me acuerdo; allá dejé en la quebrada una ropilla sucia, si me dieran ustedes un cachito de jabón se lo agradecería...

Las mujeres reían celebrando los visajes de la vieja. Todos los días la misma visita, todos los días la excursión matinal de Marta, recogiendo piltrafas y amontonando menudencias que otros tiraban, para pasar el día lo más económicamente posible. Era la avaricia husmeando el ahorro, removiendo lo inútil para obtener el beneficio barato o gratuito. Pedir, eternamente pedir, presentando como pretexto aquella vejez decrépita y aquellos cabellos blancos, que no inspiraban veneración. En tanto, algunos quintales de café que ella misma, en su pedazo de tierra, cosechaba, y ella misma descortezaba, y ella misma tendía al sol, y ella misma secretamente vendía, desaparecían convertidos en dinero, sin que nadie supiera su paradero y sin que, ni en el vestido ni en la casa, ni en el hambriento aspecto de su nieto, dejaran huellas. Su avaricia era sórdida, anhelosa, capaz de llegar al crimen. El huevo abandonado por una gallina en una umbría del monte, ¡qué fortuna!; el arroz o el azúcar escapado de un saco roto al transitar por el camino las recuas, ¡qué hallazgo!, los bananos regalados en el vecindario, ¡qué ventaja! Era la enfermedad ansiosa del acúmulo, la locura febril del botín.

Vivía cerca del río, en un predio de su propiedad, de algunos metros cuadrados, en una choza miserable y bajo la poética sombra de un cerezal que ella no merecía. En su soledad, sólo un nieto la acompañaba: un niño de catorce años, de atrasado desarrollo, que parecía no rebasar de los seis. La buena abuela le mataba de hambre; cuando se es pobre, es menester acostumbrarse a la necesidad, porque dondequiera está Dios. Con algunas verdurillas y un poco de salazón los domingos, cualquiera vive y engorda. Lo importante era aprender a trabajar y ser económico. Cuando hay sol se quita uno la camisa y los zapatos, que son cosas inútiles que no sirven más que para tropezar. Luego, a los animalitos se les debe cuidar, aunque sea quitándose uno el alimento de la boca y dejándole algunas migajas al pobre cerdito y a las pobrecitas gallinas. De ese modo se aprendía a ser caritativo y no se acostumbraba el estómago a malas mañas.

El escuálido nieto vivía del aire, sujeto a la mísera ración que aquella ancianidad inicua le escatimaba. Las gentes aseguraban que Marta enterraba su dinero: el producto de sus cosechas, de los huevos y gallinas que vendía, de los cerdos que beneficiaba, de los líos de ropa que lavaba... Cien caminos distintos le servían para llegar a la ganancia, y esa ganancia desaparecía como por encanto por algún agujero del bosque. Y así, merodeando siempre, barría los miserables despojos abandonados por la turba campesina.

Un día pasó Marta un gran susto. Había ya anochecido, y todo en la choza se disponía al sueño. Habíanse colocado las gallinas en la más alta rama del árbol más cercano; habíase atado al cerdo a uno de los débiles estantes de la cabaña; habíase apagado el rescoldo del hogar; y, por último, como escudo contra las asechanzas de afuera, habíase colocado la gran hoja seca de palma, que hacía, con impenetrabilidad de criba, el papel de puerta. Todo estaba en silencio, el nieto dormía en un rincón el hambre del día, mientras la abuela, acurrucada en una hamaca, sentíase ya presa de la modorra del sueño.

De pronto oyéronse pasos, y la hoja de palma crujió. Marta levantó asustada la cabeza y husmeó con recelo.

-Buenas noches -dijo una voz desconocida.

-¿Quién está ahí? -contestó ella.

-Soy yo.

-¿Yo?

-Abra usted y déjeme entrar para dormir ahí dentro.

-¿Y quién es usted?

-Un hombre que usted no conoce; un hombre que no le hará daño si usted es caritativa con él.

La vieja estaba desolada. ¡Dios mío! ¡Dar hospitalidad, hospitalidad a un desconocido! ¿Cómo hacerlo cómo hacerlo? Ella tenía en su conciencia la necesidad de rescatarse. Su tesoro estaba en el monte; pero ¿quién podía responder de que, asida por la garganta, no la obligaran a descubrir el escondite? ¿Cómo eludir el peligro? En tanto, la voz continuó:

-Abra usted y no tema. Un rincón me basta para acurrucarme, y con el alba me marcharé.

-Es que yo no le conozco a usted.

-Mejor es que abra y no me obligue a derribar de un puñetazo el tabique -añadió el de afuera, ya impaciente.

-Bien..., bien; ya va.

Y Marta abrió.

Al fulgor de un cielo estrellado vio a un hombre joven aún, pero de mala catadura y haraposo traje. El desconocido penetró de un salto en la casa, que se tambaleó como barca movida por las olas. Después, palpando en la sombra, se acostó junto al nieto, que se revolvía en el pavimento sobre un revuelto montón de trapos viejos. Marta, llena de miedo, procuró congraciarse con su huésped:

-No; yo no niego posada a los infelices; pero como nadie lleva escrita en la frente la hombría de bien...

-De mí no tema usted nada.

-Pero ¿quién es usted? Yo no me acuerdo haberle visto nunca en el barrio, y aquí yo conozco a todo el mundo.

-Hace tres meses vivo en estos lugares. No en los caseríos, ¿oye?, sino en el monte.

-¡En el monte!...

-Sí. Ando con cien ojos, sacándole el cuerpo a la justicia. Yo supongo que es usted una buena mujer y no venderá...

-¡Ah!... Eso no...

-...Yo soy desertor de presidio.

Marta sintió que la mano del miedo la acariciaba el vientre. ¡Un desertor! ¡Un criminal que merodeaba por los cerros, sabe Dios con qué intenciones!

-Pero yo no hago mal a nadie. Sólo en el caso de que quisieran perseguirme y entregarme sería capaz de ofender a otro.

-¿Y por qué le llevaron a presidio?

-Ésa es historia vieja. Un día se me subió la bebida a la cabeza, reñí con otro hombre y lo maté. Fui preso y condenado a doce años de presidio. Primero estuve a punto de morir de rabia; después, me propuse aprovechar una ocasión... Llegó al fin. Nos llevaban a trabajar a las obras de una carretera, y en un momento bien aprovechado le metí la cabeza al monte. He recorrido, huyendo, toda la cordillera hasta que llegué a estos lugares en donde tengo un pariente. Comí frutas del monte y pedazos de bacalao que me daba la caridad de los vecinos que iba encontrando en el camino. No sé adónde voy, ni lo que será de mí. No tengo casa ni me atrevo a bajar al llano: sé que me persiguen. Ya sabe usted mi historia. Hoy me sentí enfermo, mi cuerpo temblaba con las lloviznas y sentí que me desmayaba. Bajé por esa vereda y encontré este bohío. Después, gracias a su caridad, aquí estoy, y ya me siento caliente y repuesto. ¡Dios le pague, buena vieja, el bien que me hace!

Marta escuchó el relato con los ojos muy abiertos. Si aquel hombre abrigaba traidoras intenciones, no la sorprendería dormida.

Conocedora de los rincones de la casa, alcanzó en la sombra el mango de una azada vieja y le atrajo hasta colocarlo previsoramente a su lado. Si el desertor hacía el más ligero movimiento sospechoso, ella se sentía con fuerzas para hundirle el cráneo al primer golpe. Así, sin dormir, pasó la noche, mientras el prófugo roncaba tranquilamente.

Muy temprano cambiáronse algunos cumplidos. Marta agradecida de su huésped, porque había dormido sin malas intenciones, se dignó magnánimamente partir con él el borroso café. Aquella mañana el nieto alcanzó poca dosis del desayuno. El desconocido se despidió dando las gracias.

-Yo no olvidaré su caridad -dijo-. Si alguna vez me necesita usted, puede contar conmigo. ¿Cómo se llama usted?

-Me llamo Marta. ¿Y usted?

-Yo... -contestó el otro receloso y mirando a todos lados-, yo me llamo Deblás.

Y desapareció en el bosque, llevándose el gran peso que su presencia había acumulado sobre el ánimo cobarde de Marta.

En aquella otra mañana, las mujeres de la granja de Juan del Salto rieron mucho tiempo a expensas de la avara, suministrándole, en lo posible, los cachivaches que con voz estudiadamente amable les pedía. Acostumbradas a sus diarias visitas, se la consideraba un ser digno de lástima, aunque a veces le echaban en cara su avaricia y su crueldad con el nietezuelo.

Todavía hubiera continuado por más tiempo la juerga bromista si por la vereda que conducía a la explanada no hubieran aparecido dos jinetes.

Caminaba delante el padre Esteban, cura de la parroquia, que recogidos los hábitos hasta el arzón, mitad cura, mitad seglar, dejaba ver las piernas, forradas por las botas de montar. Seguíale Ciro, montado en una mula aparejada con inmensas albardas que casi ocupaban el ancho de la vereda.

El padre Esteban, en funciones de su ministerio, recorría con frecuencia las montañas. Era un hombre de cincuenta años, de genio muy vivo y complexión enérgica. Cosa corriente era verle aparecer por los cerros inesperadamente, cuando algún campesino, queriendo reconciliarse con la fe, le llamaba a su lado.

En aquella ocasión andaba por el barrio desde la tarde anterior. Hizo noche en una cabaña, y viniéndole de paso, quiso, de regreso, entrar en la granja de Juan.

Juan y él se entendían perfectamente. Ambos amaban la investigación, y con gran facilidad se enmarañaban en arduas y apasionadas discusiones.

El padre Esteban era un carácter abierto, franco. Su condición de sacerdote no había logrado imponerle esa solemnidad amanerada en que a algunos de su ministerio les gusta mostrarse, como si fueran hombres distintos, naturalezas más perfectas, seres óptimos. No; el padre Esteban se pirraba por un buen vinillo; fumaba, si podía, buenos vegueros y comprendía con instinto esencialmente humano que unos ojos negros de mujer hermosa pudieran empujar a ciertos pecadillos. Era, en suma, un carácter alegre, expansivo, al alcance de todo el mundo, sin que esto excluyese alguna que otra exageración genial, con la que probaba en determinadas ocasiones que no era tan oveja como pudiera aparecer, y el natural apegamiento y convicción en asunto de culto. Su amistad con Juan, íntima e igual, venía de viejo, amistad que conoce los rincones de la casa amiga, los secretos de todos los parientes. El padre Esteban llegaba siempre allí con la familiaridad de quien conoce bien el camino.

Ciro, el hermano menor de Marcelo, había sido enviado el día anterior al poblado. Todas las semanas solíase enviar un emisario listo para llenar competencias necesarias al servicio de la granja. De regreso, Ciro, muy de mañana, encontró en el camino al padre Esteban, y siguiendo sus huellas llegaron juntos a la finca.

-Buenos días -decía pocos momentos después Juan al padre cura-, ¡buenos días! Dichosos mis ojos que le pueden ver tan fuerte como siempre y tan diestro en este afanoso repechar de las montañas.

-Hombre, no va mal. Ayer tarde, por ahí, por esas abras, agonizaba un infeliz. Me quiso a su lado (cosa que va siendo rara entre estas ovejas sin ato), y yo cumplí a su cabecera mi divino oficio. Pero anoche no pude regresar: era muy tarde. Dormí allá arriba, ¡qué sé yo dónde! En casa de un saltamontes, a juzgar por lo escabroso de su vivienda. Siempre fue misericordia el darme donde dormir, ¿eh?, pero ¡qué noche, amigo! ¡qué noche! Me chupaba los dedos de frío.

Y el padre Esteban refirió los detalles de la noche en la selva. Tuvo que dormir vestido y con botas para defenderse de los helados hilos de aire que por los intersticios del tabique se filtraban como soplos misteriosos. Juan reía y protestaba. El padre Esteban debió hacer noche allí, en su finca, en donde hay hogar hermético y frazadas capaces de hacer sudar a un carámbano. Mas el sacerdote no era hombre exigente; llegó la noche, le sorprendió entre dos barrancos, y por allá pernoctó tan santamente. Ahora la cosa variaba, hacía buen día y no eran grano de anís las millas que había que correr hasta llegar a la feligresía. Por lo tanto, se le impuso la necesidad de un buen aperitivo como avanzada de un mejor almuerzo.

Juan se dispuso a complacer sus deseos. Bebieron un moscatel que, aunque muy alcoholizado, pasaba por bueno en la comarca. Y así, en cordiales expansiones, esperaron la hora del almuerzo.

Como siempre sucedía, la conversación recayó en el tema predilecto. Las cosas de la vida, el estado social de la colonia, la miseria pública, la nerviosidad de las costumbres, la necesidad de una gran espumadera que depurase el corrompido monstruo de las cordilleras...

-Y la única depuración posible -decía el sacerdote con tono convencido-, lo único que puede sanear este osario de vivos es la fe. Sí, la fe, que llena de salud el gran pulmón del mundo; la sublime fe, que redime a los esclavos del espíritu. Es preciso que este montón de ilotas levante la cabeza y vea detrás de esa bóveda azul la felicidad suprema de otra vida. ¡Que crea en Dios, hombre, que crea en Dios! Porque aquí no se cree en nada, aquí no se espera nada. Esta gente vive muriendo, acabándose poco a poco a cambio de placer, como la piel de zapa de Balzac...

Juan sonreía, haciendo movimientos negativos con la cabeza. Como de costumbre, la gran cuestión estaba planteada. El padre Esteban, empeñado en salvar la sociedad arrastrándola en el carro de las creencias. No; aquello era volver sobre lo mismo: encerrarse en el secular círculo vicioso de todos los escolásticos. Para creer es menester reflejar sobre la materia organizada el haz luminoso de ideas que inspiran las creencias, es menester digerir esas ideas en el admirable estómago perceptivo del cerebro, transformándolas después en juicios justos, serenos, sensatos, razonables. Y el cerebro de aquellas gentes precedía doliente a las enfermizas reacciones de un cuerpo herido de muerte. ¿Cómo, entonces, pedirles aquella soberbia digestión del pensamiento para forrarles el cuerpo de convicciones inconmovibles capaces de resistir las luchas contra el genio del mal?

El padre Esteban escuchaba con impaciencia.

-No -decía-; ¡error! ¡error! y ¡error! La fe no necesita ese flujo de ideas que la filosofía profana exige como condimento irreemplazable de sus manjares. Para creer basta con creer. Que suene la campana de la iglesia, que el ruido se desdoble con vibración mística y abarque los horizontes; que llegue del llano a la cumbre; que suba como onda suave y penetre en todos los hogares y llegue a todos los corazones, y todos los corazones experimenten la emoción del humilde ante el grande: eso es fe. Que se ilumine el altar; que irradien fulgor cariñoso los cirios; que se desprenda el aroma del incienso; que los fieles sientan el poderoso atractivo de la dicha entrevista y lleguen y se prosternen y oren: eso es fe. Que la palabra de Dios acaricie como mano maternal, desde el púlpito, las cabezas dobladas de los devotos; que explique en olas de elocuencia los sagrados misterios de la iglesia; que se desgranen sobre el concurso, como bendita simiente, las leyes religiosas, y ese concurso escuche, y se conmueva, y rece contrito, y aspire al perdón de sus culpas: eso es fe. Y no lo dude usted: eso salva las clases y regulariza el mundo, y en estos montes llenos de parias haría levantar una clase regulada, ennoblecida por el trabajo y la redención. Pero no... Suena la campana, y como quien oye llover; se ilumina el altar y abren con estupidez la boca para seguir las espiras humosas de los cirios; habla el sacerdote desde el púlpito, y por un oído le entran y por otro le salen las palabras. ¡Hay que insistir, hay que luchar! Fe, y sólo fe, puede salvar esta generación de fantasmas, sacándola de la alberca en que se revuelve.

Juan negaba, interrumpía al padre Esteban, trataba de probarle que no era posible tan honda influencia en las prácticas religiosas. Las religiones positivas eran efluvios efusivos del sentimiento, que, cuando no perfección más absoluta, necesitaban, para nacer en el hombre, que éste tuviera organización nerviosa para determinarlas. Además, pueblos enteros exagerando los sentimientos religiosos habían caído en la superstición, estacionándose en la ignorancia. Él consideraba anacrónicas tales filosofías. Decía que los tiempos son hoy de análisis, de amplio examen, de libre crítica; que era menester investigar en los horizontes, porque lo mismo los fenómenos físicos que los morales se encadenan y gravitan entre sí como los astros.

El padre Esteban alzaba la voz, discutiendo con calor. Aquello era la disipación, la crápula del buen sentido. La fe era una potencia como la honda agitada en torno de la mano del hondero. Una vez abierta esa mano, iba la piedra, arrojadiza y veloz, a determinar la amplia trayectoria. La creencia era como la honda: iniciado el sentimiento a través del tiempo y venciendo todos los obstáculos, volaba trazando inmensa trayectoria para ganar las lontananzas de lo porvenir. Y Juan, sintiéndose poseído de entusiasmos analíticos, se enardecía también, se acaloraba, penetrando en ideas de otro orden y en profundidades en que había pensado muchas veces.

-No, Pater -decía-; su natural devoción por el dogma religioso le hace considerar como causa lo que es sencillamente efecto. El descreimiento, la indiferencia que observa usted en estas gentes, no obedece a otra causa que a la ineptitud para pensar. Concedo que en el corazón de otros pueblos obre como causa la propaganda impía que aleja a las multitudes del culto, relajando los vínculos de la fe. Pero aquí, no. Es imposible que haya creencias donde no hay creyentes...

-¿Y por qué no los hay?... Porque no se les ha formado el alma...

-No; porque no se les ha formado el cuerpo... Y para probar a usted la firmeza de este parecer, le diré que aquí las supersticiones dominan tanto como los vicios. Y, al cabo, ¿qué son las supersticiones más que productos morbosos? Desengáñese, mi querido Pater, las causas de este gran infortunio se remontan a lejanos orígenes. Imagine usted un elemento étnico venido a la colonia en días de conquista para sufrir una difícil adaptación a la zona cálida. Aquel elemento inicial no pudo prosperar físicamente: las luchas, los recelos, las campadas a la descubierta, las influencias del nuevo suelo, la dureza del nuevo clima, la diversidad alimenticia...; todo, en fin, desecó aquellas corrientes de vida, empobreciendo la generación trashumante y deprimiendo la estirpe. Después vinieron los cruces. ¡Cuánta mezcla! ¡Qué variedad de círculos tangentes! Un cruce caucásico y aborigen determinó la población de estas selvas. También la hembra del conquistador engendró en la nueva zona a los hijos del recién llegado; pero éstos fueron los menos, porque la hembra europea tardó en venir al paraíso encontrado en los mares. La hembra aborigen fue el pasto; su gentileza bravía, el único manjar genésico, el único fecundo claustro en donde se formó la nueva generación. Esa mezcla fue prolífera, ¡pero a qué precio! El tipo brioso de la selva cedió energía física; el tipo gallardo y lozano que pisó el lampo de occidente cedió robustez y pujanza. De esta suerte, el compuesto nacido, el tipo derivado, resultó físicamente inferior; organización deprimida, que había de ser abandonada al discurrir de los siglos. La raza aborigen fue débil ante el choque y sucumbió, borrándose para siempre del haz de la tierra. Su prole, el tipo hijo de la mezcla, fue engendrado en la desgracia, en el recelo, bajo la sugestión del miedo, en el amplio tálamo de los bosques, bajo la imposición del más fuerte. La hembra fue máquina. El amor, hijo del ensueño, humareda del sentimiento, armonía del espíritu, no tomó parte en la impregnación. Fue un ser caído bajo el ardor epiléptico de otro, en medio de la grandeza de un suelo lleno de esplendores, en la umbría lujuriosa de las selvas, bajo el galvanismo de un sol ardiente. Y allí, de esa caída, se levantó la nueva estirpe; la congénere de la que debía poblar el Canaám del siglo XV, la región más hermosa de la tierra. Después, el tiempo hizo lo demás. Nuevas tangencias de vida continuaron la labor. La marmita generadora continuó produciendo nuevas capas, cada vez menos fuertes, cada vez más deprimidas, cada vez más semejantes a la originaria. ¡Horrible corriente, que va fatalmente a la muerte! ¡Caudal de vida condenado a extinguirse bajo la depresión constante que fermenta en los organismos!

Y así diciendo, Juan se erguía, enardecido, elocuente, formulando los conceptos con profunda convicción, como quien abriga la seguridad de convencer a los demás.

El padre cura, en tanto, movíase impaciente en su asiento o paseábase por la habitación; a veces, poniéndose muy serio; a veces, sonriendo desdeñosamente. ¡Qué tanta fanfarria! ¿Adónde se iría a parar si para saber lo que padece el enfermo hubiera que preguntárselo a los abuelos comidos ya por los gusanos? Aquel modo de discurrir estaba fuera de la realidad. Ni más ni menos que el problema del cuento: ¿quién fue primero, el huevo o la gallina? Vamos, la cosa no era tan ardua. Enseñanza, cultura, prédicas, buen ejemplo: he ahí el modo de domar la fiera.

-Porque tampoco es cosa de abandonarles -decía-. Es forzoso hacerles entrar en cauce, es menester encaminarles de algún modo...

-Sí; pero ese modo debe ser eminentemente humano y eminentemente físico.

-Mucho habrá que rebuscar para descubrir la droga que opere el milagro.

-No tanto..., aunque la redención tiene que ser lenta.

-Pero habrá que iniciarla algún día, supongo.

-Sí, para que se consuma a la larga.

-¡Es terrible tener que aguardar a los siglos futuros para resolver problemas!

-En la vida de los pueblos, un siglo es un minuto. La constancia y el tiempo conquistan el mundo. Si ese problema ha de ser resuelto, vendrán olas de nueva vida, torrentes de extraño vigor, prodigalidad de previsores cruces étnicos, los alientos, la vitalidad que aquí faltan, el medio ambiente de libertad sincera y honrada que no se tiene. Vendrá la savia de una alimentación positiva que en el equilibrio funcional no produzca déficit; vendrá, por todos los medios, la escuela obligada, la vacuna impuesta, la higiene forzosa, la defensa imperiosa contra los agentes atmosféricos y telúricos; el servicio militar, que convierte al débil recluta en robusto veterano; el fomento de la caza, que hace sacudir la molicie y premia la agilidad; la necesidad de indumentaria que despierta rubor por la desnudez; el fomento de cultivos alternantes que permitan sana variedad alimenticia; el estímulo que inicie una urbanización reglamentada, lógica, sana, barata, y, sobre todo, vendrá la mano piadosa que arrebate a estas gentes el veneno lento, el miserable enemigo de la salud, de su paz, de su redención... ¡el alcohol!

-Pero ¿y la Iglesia, hombre? ¿Dónde me deja usted la Iglesia?

-La Iglesia llegará, con la cultura, a los corazones aptos para sentirla. Primero, la salud, luego, la creencia en quien quiera creer.

-¡En lugar secundario! ¡No, y cien veces no! Primero, la creencia; luego, la salud del alma; después, la salvación del cuerpo, la redención de la materia...

-En los grandes fenómenos de la Naturaleza no hay preferencias ni pretericiones.

-Bien; pero...

-Todo es primario, todo es importante, todo es trascendental.

-Mas hay que partir de anchas bases, y la religión es un punto de partida que...

-Nada es primero, nada es último. Tome usted en su mano una esfera absoluta: todo es redondo, ¿verdad? ¿Podría fijarse el punto en que esa esfera empieza y el punto en que acaba? ¡Imposible! Pues bien; nuestra tesis es como aquella esfera: dondequiera que se ponga el dedo puede ser el punto de partida. ¡Todo es primero, nada es último!...

En aquel momento avisaron que el almuerzo estaba servido. Platicando siempre, los dos amigos se dirigieron al comedor, en donde, servida la colación, humeaban los manjares con apetitoso atractivo. Habíanse ya sentado, y todavía el padre Esteban filosofaba:

-Todas esas ideas son bonitamente inmorales. Lo primero es lo primero. La fe, ¡qué gran remedio! ¡Qué medicina tan...!

-Mire usted, Pater -interrumpió Juan, destapando una fuente y descubriendo un gran pedazo de carne-, mire usted: he aquí una de las medicinas que necesita ese pobre enfermo...

Y entregándose al almuerzo, comieron y rieron con la jovialidad de dos amigos de colegio.

Capítulo IV

Junto al río, sentados sobre un prado de musgo, varios campesinos jugaban naipes. Había allí un bosquecillo, un lugar oculto, libre de las miradas de los que transitaban por el camino y situado detrás de la tienda de Andújar. Parecía una cripta; la Naturaleza ofrece asilos floridos para el amor, para el sueño, para el crimen.

Deblás, manoseando una sucia baraja, dirigía la contienda: contienda del azar o de la trampa.

Colocaba las cartas sobre el suelo mullido por prolífica fumaria, metodizaba luego las apuestas, iba luego descubriendo las cartas y, por fin, pagaba a los afortunados y cobraba a los que perdían. Se cruzaban apuestas de ochavos, de una peseta a lo sumo, y en la banca se apiñaba un montón de monedas que el ansia de los jugadores agrandaba.

Deblás, perseguido por la justicia, había encontrado en la comarca un buen escondite. Su primo Andújar le protegía. Éste, más de una vez, desvió a la policía forestal, despistándole y sustrayendo de sus garras la presa.

Para un hombre como Andújar, un primo como Deblás podía ser útil en ciertos momentos. Es verdad que se veía obligado a sostenerle con dinero y vituallas; mas era preferible tal dispendio a tener un pariente en presidio o, tal vez, tenerle suelto por enemigo.

Deblás era ave incierta, de esas que no tienen zona propia y vuelan de un lugar a otro, atisbando las buenas presas. Su irregular situación con la justicia le impedía mostrarse y trabajar en las fincas, a menos que fuera en operaciones de las que no figuran en la lista de la semana; y, de otro lado, los propietarios, conociendo la historia del presidiario, esquivaban darle trabajo por temor a verse envueltos en asuntos de justicia.

De ese modo, Deblás vivía del favor de Andújar, de la amistad de algunos campesinos, de la tolerancia de todos y de las ventajas del juego, que establecía invariablemente los domingos.

Así pues, en la jugada a orillas del río llevaba aquel día el timón. Con su cuerpo flaco, encogido, parecía un sediento sorbiendo poco a poco el dinero de los otros. Sus dedos, anchos y aplastados en la punta, barrían las monedas como escoba de pajuncia que barriera el polvo, y los naipes en sus manos parecían sujetos por un secreto imán, mezclados con la atracción de un unto pegajoso. No podían caer y dispersarse: estaban asidos por aquellas manos flexibles, que a cada contracción muscular les imprimían una forma y una disposición distinta.

En torno estaban los puntos, los que apostaban, y más afuera los que miraban sin jugar. En conjunto, veinte o treinta gañanes, que sudaban ansiosos ante las peripecias del juego.

Entre ellos veíase a Ciro, luciendo su cara maliciosa y su expresión concupiscente. Si perdía, lanzaba palabrotas y reía con risa que ocultaba el enojo, maldiciendo de la mala suerte. A veces cambiaba de postura como cambiando de plan de batalla. Entonces se ponía muy serio, como quien ha encontrado al cabo la clave de un enigma y reúne los cinco sentidos para comprobar la eficacia del descubrimiento.

De vez en cuando, sin embargo, se distraía, dejaba de apostar y miraba fuera del círculo de jugadores y curiosos. Parecía buscar, esperar algo. Sus ojos tropezaban con la maraña de arbolitos, que cerraban el paso a la mirada, y sólo por un lado, levantando la cabeza, conseguían ver, en lo alto del barranco, el tabique posterior de la tienda de Andújar, mostrando la mal unida superficie de la tablazón de cedro, sucia y desteñida por las lluvias y el tiempo.

La cabezota innoble de Gaspar destacábase allí en la primera fila, como figura de relieve amasada en el barro. Veíasele de bruces en la embriaguez de la baraja, mostrando su penacho de pelos grises, espesos y enmarañados; sus senos frontales deprimidos; sus pómulos pronunciados; sus órbitas grandes, huesosas, muy separadas entre sí; su nariz ancha, con una ventana más grande que otra; su bigote hirsuto y escaso; sus orejas, con el lóbulo adherido a la piel de la cara; su maxilar inferior, voluminoso, con aspecto de morro, sobresaliente de las facciones. En suma: un gran feo, de facha repugnante.

Calculaba su juego y husmeaba el de los demás, ora siguiendo en sus apuestas a algún afortunado, ora llevándole la contraria al que estaba de malas. Si ocurría alguna dificultad, apremiaba con despotismo al banquero; si surgía alguna discusión, revolvíase irritado contra los discrepantes que interrumpían la jugada. Entonces lanzaba ternos enormes que parecían pedradas arrojadas por la ira para turbar el silencio de las selvas. Todos, para él, eran unos pendones que no sabían que molestar a los jugadores de cálculo, unos desinquietos..., unos desvanecíos...

Cuando le salía una carta contraria, estallaba... La suerte era una mujer de la vida que se daba o se negaba con irritante volubilidad. ¡Mal rayo la partiera! Y aquel hombre grosero, cruel, vanidoso, embustero, amigo del sufrimiento ajeno, perezoso en el trabajo, vengativo ante la más ligera ofensa, egoísta en los placeres y cobarde en los peligros, se mecía entre el enojo y la risa con exposiciones de mal reprimida violencia, cada vez que los incidentes del juego le llevaban a la ganancia o a la pérdida.

Marcelo, entre los curiosos, paseaba la mirada triste. Aquella mirada tímida que se desprendía de su semblante pálido como una hoja amarilla caída de un árbol seco.

No jugaba: le parecía peligroso. Cualquiera está expuesto a una riña, a un disgusto, por la menor tontería. Marcelo, que huía de los peligros, no hubiera podido arriesgarse en la balumba de impresiones del naipe. Tenía la seguridad de perder, y temía que si ganaba le creyesen ladrón de la ganancia. Se conformaba con mirar, con seguir el vaivén del azar. Sonreía cuando los demás prorrumpían en carcajadas, y si se agriaban los ánimos retrocedía maquinalmente, separándose del corro.

En tanto, en la tienda, Andújar y el dependiente se ocupaban del despacho.

Los campesinos hacían compras y arreglaban cuentas. Como era domingo, las liquidaciones, escritas sobre hojas de papel de estraza, cerraban el cargo y data de cada cual.

La tienda esplendía a la luz meridiana, luciendo el mostrador grasiento y los umbrales llenos de churre. El asco hubiera caído en brazos del síncope si alguien le hubiera empujado allí. Los aparadores estaban llenos de artículos de consumo, de baratijas, de géneros tan ordinarios que parecían tejidos expresamente para cubrir carne de chusma.

En medio del mostrador, una balanza, dispuesta a caer del lado de la trampa al más tenue empujón. En un extremo del mostrador, sinnúmero de botellas conteniendo bebidas, y en el extremo opuesto, pedazos de cecina, de hogazas y galletas. Detrás del tabique del fondo, dos habitaciones: en una, depósito de toneles, de albardas, de instrumentos de labor; en otra, un catre, dos sillas y un gran baúl. Allí dormía Andújar, aquel era el recinto que guardaba de noche al gran pulpo de ávidas ventosas que se le habían pegado del dorso a la comarca.

Andújar había llegado allí algunos años antes. Sin otro capital que la ropa que le cubría y su sed de riquezas a todo trance, apareció un día en el barrio.

En aquel mismo lugar vivían por entonces un anciano de setenta años y una muchacha de veinte: una mancebía extravagante de un viejo que no se resolvía a perder el buen apetito, y una joven ganosa de marido acomodado. El anciano era dueño de algunas hectáreas de terreno que se extendían desde el cerro hasta el río, y poseía, además, una casita campestre con tabiques de palmas y techo de paja: lo suficiente para cosechar quince o veinte fanegas de café y comerse, en hogar estéril, su producto.

Andújar pidió hospitalidad, diéronsela, y pisó aquel umbral de una vez para siempre.

Primero supo inspirar lástima al viejo, que le concedió generoso arrimo; luego desplegó actividad ayudando a su huésped en las labores del campo. Llegó a ser el hombre necesario, y en los días húmedos, cuando el anciano tosía o calmaba en el quietismo la cruel rebeldía de las dolamas, llegó a ser imprescindible.

Cuando el viejo no pudo trabajar, Andújar trabajó para todos. Se hizo cargo del monte, y también, con astuta traición, del tálamo. La muchacha, en su papel de enfermera de un longevo, encontró el premio furtivo del hombre rollizo, y así fueron viviendo hasta que el propietario dio el adiós a la vida.

Andújar entonces desplegó las alas. Allí no había ni testamento ni heredero. La finca quedaba mostrenca. Por aquella época la colonia no tenía catastros ni centros de inscripción: cada cual poseía porque poseía. La costumbre, un papel simple; la tradición, una prueba testifical, bastaban para dar dueño a un pedazo de tierra. La manceba viuda del muerto a nada tenía derecho, y Andújar vio un camino abierto a su ambición.

No convenía alejar a la muchacha... Trató de engañarla: sí, indudablemente la finca era de ella. Mas había que dar impulso a su producción, elementarla trabajándola con ardor para hacerla productiva. Y él siguió siempre siendo el hombre.

Un año después, la labor de Andújar había hecho milagros: la casa era de madera, dos o tres cabañas la rodeaban, y la finca había duplicado su importancia. La viuda estaba encantada viéndose enriquecer, y aquel lazo siguió estrecho por algún tiempo.

Al fin, Andújar cansose de ella y dio el golpe. Un día, con admirable descaro, la despidió, colocándole el baúl en el camino. Ella, en un mar de confusiones y ahogada en otro de terneza, no atinó con mejor desahogo que el llanto. Lloró, pero la casa se cerró para ella. Andújar, en cambio, pagó con generosidad un tropel de testigos y logró iniciar un expediente posesorio. Resultó ante la ley que Andújar era el poseedor de la finca: que la hubo por compra verbal que de ella hiciera a su antiguo poseedor, el longevo, presentándose un recibo otorgado anteriormente por otro dueño, aún más antiguo, que revelaba una compraventa realizada en papel simple, papel casi desteñido y mugriento que encontró Andújar en el arcón del longevo.

No hubo duda: el expediente triunfó, y Andújar, con tranquilidad beata, heredó al setentón.

La muchacha desapareció después del despojo. ¿Cómo disputar una propiedad que no era suya? ¿Cómo probar la impostura de un pillo? Las cosas salieron a maravilla, y Andújar lució en dominio propio su cuerpo regordete e inflado y su mirada viva y sagaz. Después estableció una tienda: un agujero de embudo por donde había de desaguarse el dinero del barrio.

Entonces vino el segundo impulso. La tienda se extendió como enredadera que escala un muro. Junto a ella hiciéronse tres casas; en una construyéronse seis secaderas, especie de anchas bateas que, rodando sobre ruedecillas de madera, se guardaban debajo del pavimento de la casa y servían para secar al sol el café; en otra, un almacén, una granera para las cosechas; en otra, una especie de ranchón para guarecer los cilindros dentados que rompían las cerezas del café y la máquina trilladora. Todo iba allí teniendo aspecto de finca próspera, desde los plantíos, que aumentaban cada año, hasta el surtido de la tienda, que cada día se hacía más completo.

Los negocios prosperaban... Eran negocios múltiples, variados, que se apiñaban en la cabeza de Andújar como los granos de una granada.

En la tienda, la austera balanza tenía constantemente los platillos en desacuerdo. A una libra de plomo colocada en uno bastábanle doce onzas de vituallas puestas en otro. De ese modo, la libra del expendio tenía doce onzas y al vender al peso, siempre la fiel balanza se encogía a favor del dueño. La vara era cómplice de la balanza: la regencia o la muselina se estiraban como los miembros de un payaso, y siempre noventa céntimos de vara de tela correspondían a una vara de medida. Así, todo era ganancia; las provisiones y las telas compradas en el llano a precios descontables y después vendidas con carestía y merma en el monte. Cuando se despachaban géneros, como judías o garbanzos, en medidas de sólidos, Andújar y el dependiente las colmaban, pero luego pasaban la mano por encima y rebajaban el colmo con habilidad suma, escatimando algunas onzas por debajo de lo justo.

Los negocios tomaban también otros caminos. Andújar compraba a ínfimo precio café en uva, todavía sin descortezar, y en la operación, sobre la baratura del precio, venía la resta del peso. Otras veces, en los apuros, le vendían los campesinos café en flor, cuando todavía no había cuajado, y entonces no había límite en el precio, resultando en ocasiones que se pagaba una hanega y se cosechaban diez.

A ciertos propietarios que ofrecían buenas garantías les facilitaba avances pagaderos en la cosecha. Los avances eran entregados por la misma balanza y la misma vara, en especies o en dinero. Por supuesto, sin intereses... Él no entendía eso de interés, y le disgustaba que le planteasen negocios en que se tenían en cuenta. No, sin interés: si entregaba veinte duros, en la cosecha debíanle entregar treinta en café recibidos por aquella balanza. Eso era todo...

A veces le llevaban sacos de café en pergamino para preparar en su máquina. La máquina parecía un circo ecuestre, y el pisón un caballo desbocado en la pista. En el fondo del círculo, de recia madera, había una disimulada compuerta: cuando el círculo se llenaba, a medida que el pisón volteaba, íbanse escapando poco a poco por la compuerta ciertas cantidades de granos que su legítimo dueño no aprovechaba jamás. Después, el dependiente acopiaba en un saco el botín oculto debajo del círculo. Y así, todo era ganancia. ¡La bomba, la terrible bomba, chupando siempre con la sórdida succión de la avaricia y la impiedad de la mala fe!

En otro orden de negocios extendía su finca. Unas veces compraba, a cambio de provisiones, pedacitos de terreno que lindaban con los suyos; otras, cambiaba furtivamente las marcas que indicaban las colindancias y se hacía dueño de algunas varas más de montaña. En muchos de estos negocios le ayudó Deblás.

Los despojados o no descubrían la agresión o se dejaban convencer por la verbosidad del tendero, que ante la estulticia campesina hacía milagros. Todo, todo era pesadilla de medro.

Pero aquello no bastaba: de las grandes operaciones descendía a las pequeñeces. En la tienda comprábase pan viejo y vendíase como reciente; se aguaba con ron y se le ponía pimienta para que picara con energía disimulando la mezcla; beneficiaba, de vez en cuando, un buey añoso, conseguido a bajo precio, y lo vendía como carne tierna a precios desproporcionados, burlando de paso las trabas y derechos que el Municipio imponía por la matanza; en las transacciones de café no devolvía a los remitentes los sacos que envasaban la mercancía; cobraba el barato a los jugadores de la ribera; en sus cálculos, cuando se equivocaba, siempre era a su favor; pagaba siempre una suma tributaria inferior a la que hubiera sido justa, porque la clasificación de su industria en el erario municipal era mentirosa y ocultaba la verdadera importancia de sus negocios. Y a compás de esas menudencias, su surtido era casi siempre de la peor clase, con salazones averiadas, bebidas groseramente adulteradas y telas deterioradas por el desuso.

Más de una vez tuvo que habérselas Andújar con labradores recelosos y leguleyos. Cuando los lograba convencer imponiéndoles el despotismo de su interés, afectaba gran desdén... Bien, era igual; no habría negocio. Para lo que había que ganar, mejor era dejarlo. Sí, mejor era no ocuparse más del asunto. Y en prueba de indiferencia obsequiaba al labrador reacio con alguna libación excitante. Muchas veces, el recurso daba resultado. El alcohol comenzaba a corretear por las venas del obcecado, sentía como si naciera a una segunda vida, llena de cosquillosa alegría; bajo la influencia de aquella alegría, el campesino se humanizaba, y casi siempre el negocio, imposible poco antes, se realizaba después de algunos tragos gratuitos. Andújar conocía el flaco de las gentes, y, siempre sobre aviso, no perdía ocasiones. Tenía en la mano la punta de un hilo de oro y estaba resuelto a desnudar el ovillo.

En la última semana había terminado un negocio que le costó agrios altercados. Poca cosa: habladurías de un majadero que no agradecía favores.

Se trataba de un pequeño propietario que, falto de recursos, acudió a la tienda. La finca era buena, y el dueño formal; convenía, pues, entrar en tratos. El asunto arreglose de este modo: Andújar debía entregar al propietario la suma de ochocientos duros en pequeñas porciones, en dinero o en especies, a medida que fuese aquél necesitándolas. Como garantía del empréstito fue retrovendida la finca por escritura pública; el labrador, para obtenerla de nuevo, quedó obligado a pagar, al vencer el año y en concepto de arrendamiento, la suma de ochocientos duros, y doscientos duros más en concepto de arrendamiento.

Vencido el plazo, el deudor se presentó muy ufano, ganoso de pagar su deuda. Entonces Andújar le manifestó que recibiendo aquel día mil duros, total de la deuda, quedaban pendientes ochocientos.

-¡Cómo! -dijo con extrañeza el otro-, he recibido en préstamo ochocientos pesos, y me he comprometido a pagar mil después de un año. Aquí están: estamos en paz.

-No; en paz no. Me debe usted ochocientos pesos, y para devolverle su finca necesito que me los pague usted.

-¿Pero no me prestó ochocientos pesos?

-Sí.

-¿No le pago a usted los mil de mi compromiso?

-Sí.

-¿Pues, qué más?

-Usted calcula según su conveniencia. Oiga usted: mil pesos de la hipoteca y ochocientos que tiene usted recibidos en cuenta corriente, según rezan mis libros y los recibos que usted me ha dado, son mil ochocientos pesos. ¿Comprende usted ahora?

-¿Pero cómo puede ser?... -arguyó el labrador, perdiéndose en un laberinto de confusiones.

-Es muy fácil; fijese usted y lo comprenderá.

-No, no; eso es imposible. ¡Demonio! ¿Qué cuenta es ésa?

-La única exacta. Mire: ¿ha recibido ochocientos pesos?

-Sí..., eso nada más.

-¿Se comprometió usted a pagarme, en el plazo de un año, mil?

-Sí.

-¿Cuánto me paga hoy?

-Mil.

-¿Cuánto le he dado en cuenta corriente?

-Ochocientos.

-Luego me paga usted la cuenta corriente y doscientos pesos a cuenta de la suma de retroventa; luego me debe usted ochocientos pesos, y yo no le devuelvo la finca sin que me los pague.

El labrador quedó pegado a la pared. ¡Cómo' ¡Recibiendo ochocientos pesos había que pagar mil ochocientos! ¿Qué ley era aquélla? ¿Quién había recibido los mil? Aquello era un fraude, una trampa, un despojo. El altercado duró dos horas, mas no hubo remedio. Andújar se negó a poner en posesión de la finca a su deudor. Éste acudió al poblado y consultó el asunto. Se estudiaron los documentos... Andújar había tejido bien la telaraña, y la mosca estaba prisionera. La escritura de retroventa sólo manifestaba que se vendía el predio en mil duros, que se declaraban recibidos; que quedaba arrendado por un año en doscientos pesos, y que, vencido ese plazo y pagado el arrendamiento, el comprador quedaba obligado a desdoblar la retroventa. Resultaba, además, que el labrador había otorgado una serie de recibos por pequeñas sumas hasta completar ochocientos duros; que Andújar presentaría esos recibos y una cuenta corriente, demostrando que se le adeudaban ochocientos duros; y, finalmente, que ni la escritura pública se refería a la cuenta corriente ni ésta a aquélla. Eran dos cosas completamente distintas; dos deudas, aunque una sola trampa. No había medio de probar que una cosa era dependiente de la otra: la mala fe, enroscada como una serpiente, estrangulaba al confiado, al imprevisor campesino.

Al cabo le quedó un derecho: obligar a Andújar a deshacer la retroventa recibiendo mil duros. Mas los otros ochocientos quedaron como deuda agresiva, y ¡cuántos afanes para enjugarla!, ¡cuántas tribulaciones por lograr poco a poco su solvento! Este buen negocio habíase terminado en aquellos días; las últimas hanegas de café entregadas saldando la obligación, ¡ochocientos duros convertidos en dos años en mil doscientos! Todo, todo era ganancia...

En aquel domingo, Andújar, afanoso como siempre, se entregaba a las ventas y a los cálculos. El dependiente, un mocetón del barrio que por poco le servía, se multiplicaba en el despacho con la actividad que la clientela exigía. Ambos movíanse detrás del mostrador como ardillas encerradas en jaulas giratorias. Andújar, en su faena, sudaba copiosamente, y mientras vendía se enjugaba el sudor con la manga de la camiseta. Otras veces las gotas rodaban fugitivas y caían dentro de los paquetes de fruslerías vendidas, como para ennoblecer con el sello del trabajo el manjar de las gentes. En la montaña no había grandes exigencias: una mosca más o menos flotando en los líquidos importaba poco, unas manos más o menos limpias eran siempre manos hábiles, capaces de atender a un tiempo a la división en pedazos de un panecillo y al oficio de pañuelo de un dependiente acatarrado. La pulcritud estorba, molesta. Todo entra en fin por la boca, y a todos nos han de comer los gusanos. Sólo a los ricos es permitido el lujo de ser melindrosos.

En aquel momento, el sol promediaba el día, irradiando el hálito de sus volcanes. Los átomos del aire se encendían en las vibraciones de calor, y alientos de vida envolvían las montañas, alimentando las plantas y dorando los paisajes. Los hilos de luz tejíanse a los hilos de calor y penetraban en el seno de los bosques; era la espléndida cabellera del astro rubio cayendo con abandono sobre la espalda del planeta. El calor era intenso: un mes de junio en la zona cálida. Era el trópico, el ardiente trópico, diseminando la fuerza generatriz desde la hoja del árbol hasta las profundas raíces. Ese trópico que galvaniza la zona más hermosa de la tierra, ese trópico que, embelleciéndola con ricos esplendores, la convierte en la joya que adorna el pecho del mundo. Los árboles recibían el baño de luz dejando escapar a través del ramaje rayos furtivos que calentaban la montaña, rielando sobre la hierba, sobre lechos de hojas caídas. Cada pedrezuela al sol producía un vivo reflejo, como espejo bruñido sobre las facetas del granito disgregado. Las claridades abrumaban, hacían entornar los ojos, produciendo pereza y sueño, mientras la lujuria de colores y el ardor del aire hacían amables las umbrías de la selva.

Frente a la tienda, numeroso grupo de campesinos entretenía los ocios del domingo. Algunas mujeres reían alegremente ante las picardas de los chistosos.

La vieja Marta estaba allí rebuscando, como siempre. Los domingos eran más abundantes las piltrafas, porque las compras eran más copiosas y los bolsillos estaban colmados con las ganancias de la semana.

También estaba allí Aurelia, la desolada viuda de Ginés, lanzada de la choza por el puntapié de Galante. Su traje negro, casi rojo de vejez, contrastaba con su semblante pálido. La hermosa criolla era entonces infeliz, ojerosa, de facciones estiradas y de pecho hundido. En su cuerpo había hecho desastres el pasar, desde la esbeltez, ya encorvada, hasta los antes mórbidos senos, ya enflaquecidos y marchitos.

En el corro se mezclaban las Flacas: tres hermanas motejadas así por su extrema delgadez. Eran de genio alegre, amigas de fiestas, organizadoras de bailes y generosas con los mozos audaces. Bullían con jovialidad y al prorrumpir en carcajadas parecía que la piel iba a rompérseles para dejar al descubierto los huesos. Otras muchas mujeres animaban el conjunto: algunas hermosas, otras feas, otras agraciadas, otras de aspecto desamable y huraño, y todas como envueltas por la difusión de una luz pálida, con semblantes decolorados y lánguidos.

Algunos chicuelos habían organizado un juego de chapas. Unas líneas trazadas en la tierra y unos hoyos a distancia les servían para lanzar ochavos que iban a caer con frecuencia dentro de los hoyos. En otro sitio, varios gallos batalladores, atados con liana textil a pequeños postes, lanzaban de vez en cuando su agudo canto. Estaban deformes: les habían cortado las plumas del cuello y la cola, y en aquella ridícula desnudez parecían aves raras y repugnantes.

A veces transitaban algunos jinetes por el camino que pasaba por delante de la tienda, y entonces, al alejarse, veíanse obligados a dar un rodeo porque ciertos tablones que, conducidos a hombros para construcciones en las fincas, habían sido abandonados allí el sábado para continuar el lunes su conducción, impedían el paso.

La plebe de los montes se agitaba frente a Andújar. Algún campesino arrancaba notas melodiosas a una especie de bandurria pequeña, tosca, de la que con frecuencia, si el tañedor era hábil, brotaban tristes melodías. Era el tiple criollo rasgueado nerviosamente por un estilo y lanzando al aire armonías embrionarias de una sencillez dulcísima y de un ritmo delicado. En torno del guitarrista se agrupaban varios montañeses y no faltaba entre ellos quien tararease en voz baja el aire musical. De vez en cuando escuchábase una voz que al compás monótono del instrumento recitaba décimas.

Una glosa de cuatro versos, repetidos al final de otras tantas décimas de una sonoridad y cadencia admirables, pero llenas de desatinos formulados en los rotundos versos. Aquellas canciones parecían salmodias melancólicas, casi siempre envolviendo embriones de ideas inspiradas por el amor.

Así pasaban las horas quemantes del mediodía, en el discurrir del ocioso domingo.

A las mujeres preocupaba mucho el próximo baile en Vegaplana.

-Será -decía la primogénita de las Flacas- una fiesta de primavera.

-¿Y quién la da, eh? -preguntó otra mujer.

-Yo no sé.

-Sí, hombre -añadió otra tercera-. La da uno de la otra costa. Uno que vino vendiendo caballos, y los había vendido muy bien, yo creo...

-A la cuenta que se gasta el dinero en bailes.

-Sabe Dios pa qué se mete en jarana.

-Pol mi palte no farto.

-Ni yo.

-Ni yo.

-Pancha Melao estuvo en casa antier, y me dijo que la gente está arrebolá; que irá gente hasta de la bajura.

Y las mujeres comentaron detalles de la fiesta en proyecto. Se iba a bailar toda la noche, hasta la amanezca; habría mucho bueno que comer y que beber.

En la cuestión de trajes se detuvieron mucho tiempo; era preciso acudir como es debido y por eso las costureras del barrio tenían gran faena. Andújar estaba haciendo su agosto vendiendo un bando de piezas de regencia y cintas de colores. Nada: era preciso divertirse, aprovechar la invitación del cuatrero.

Entonces entre los árboles apareció Silvina. Su semblante fino, muy bello y eternamente lánguido, recibía el encanto de sus ojos negros. En aquel semblante se retrataban sus frecuentes angustias, sus horas de contrariedad, resueltas casi siempre en llantos. Se retrataban sus ímpetus, aquellos accesos deliriosos que la acometían como resultado de hondo sufrimiento que, cuando no estaba presente Gaspar, la hacían morderse los brazos maldiciendo de su negra suerte. Se retrataban sus noches de insomnio en que, dando vueltas sobre el pavimento de la casucha, pasaba las horas en claro sin conciliar hasta el alba el sueño. Y también esa especie de incierta hebetud que produce la falta frecuente de la memoria. Era semblante simpático, atractivo, rebosante de rasgos tan móviles y variables como el carácter de la joven.

Aquel día, descalza, mostraba sus pies pequeños y delicados, no bien endurecidos todavía por la aspereza del suelo. El trajecillo, muy usado, no tenía ni un doblez superfluo: escasamente lo necesario para ceñirla, y como la camisa sólo le llegaba a la rodilla, podíase descubrir al trasluz el contorno de sus piernas, hechas en el suave torno de la voluptuosidad y robustez en fuerza de tanto correr por las veredas. Ceñido a la cintura, sin oprimirla, aquel traje contenía formas blandas como si el mórbido desarrollo, aún no completo, saliera triunfante en lucha con las torpezas de lascivia prematura.

Entró Silvina en la tienda, y luego, saliendo con un paquete en la mano, uniose al corro de mujeres.

Le preguntaron si iba al baile. ¿Qué sabía ella? No podía asegurarlo. Si Gaspar se antojaba, quisiera ella o no quisiera, la llevaría; pero si se le metía entre ceja y ceja lo contrario, no tendría más remedio que acostarse al oscurecer. Envidiaba ella la libertad de que otras gozaban. Sobre todo envidiaba a las Flacas, que sin marido ni amante conocido hacían siempre su voluntad. Pero ella, ¡ay!, ella tenía que sufrir los gritos de aquel bruto de Gaspar; ver sus puños levantados sobre su cabeza y sufrir los desahogos de sus bestiales

enojos. No estaba ella para fiestas; no se divertía, aunque la llevaran. Llevola Gaspar, para Reyes, a una jarana, y como éste se puso
fuera de sí por lo mucho que bebió, salió ella llorando del baile.
Todavía recordaba los empujones que le fue dando por las cuestas
del camino hasta llegar a su casa. Y todo, ¿por qué? Porque quería
que al bailar le preguntase primero si le gustaba la pareja. ¡Ah, qué
rabia! ¡No poder elegir personas de su gusto! Para eso mejor era
quedarse en la casucha y tumbarse en una esquina del soberano.

-Lo que me da más soberbia -añadía la joven- es que él se divierte.
Baila, come, bebe y...

-Y alguna cosilla más, ¿verdad, pichona? -dijo la vieja Marta acariciando el pelo de la joven-, alguna cosilla más, de que también se
harta...

Rieron las mujeres de la malicia de Marta, pero Silvina contestó:

-¡Bah!... por no servir, ni pa eso...

En aquel momento oyéronse rumores. Los jugadores del río habían
levantado la partida. Deblás y otros varios barrieron el dinero de
todos y los jornales de la semana. Gaspar, que había ganado, estaba
jovial, decidor. Todo el mundo a la tienda, ¡ea! Todo el mundo a
beber una copa. Él pagaba. Y el grupo de campesinos aumentó el
contingente de los que bullían frente a la tienda.

Gaspar vio a Silvina; con su habitual dureza preguntó:

-¿Qué haces aquí?

-Vine a buscar las compras de Leandra.

-Bueno..., ya las hiciste..., vete: pica ligero...

Ella, en el acto, se alejó. Más al llegar a la vereda oyó que Gaspar
decía:

-O mira, Silvina: dale a tu madre la compra y vuelve.

Ciro, apenas vio a Silvina, la envolvió en una mirada intensa.
¡Cómo le gustaba aquella hembrita! Mas era tan arisca y le temía

tanto al viejo que el ansia de cariño que por ella le agitaba, cien veces dormida y cien veces despierta, no había sido saciada jamás.

Ciro vio cuando Silvina se alejaba, y siguiéndola desapareció en el monte.

Marcelo, solitario, paseó la mirada por el interior de la tienda, bostezó con hastío e internándose en el bosquecillo situado detrás del ranchón tendiose a la larga en el suelo dispuesto a dormir.

A poco, escuchó rumor de voces. Eran Deblás y Gaspar, que departían en el ranchón, junto a la máquina. Después de beber unos tragos habíanse confinado en aquel sitio, que ofrecía buena sombra, y sentados en la lanza de un carro hablaban de asuntos íntimos.

Marcelo, primero indiferente, luego con dominante curiosidad, pudo oír sus palabras.

-Lo que me figuro -decía Deblás- es que el asunto te ha metido los mochos.

-¿Acobardarme yo? No me conoces.

-¿Pues por qué no acabas de resolverte?

-Estoy resuelto: te lo he dicho cien veces. Lo que no hago es precipitarme...

-Vamos, Gaspar, no lo niegues. Tienes miedo.

-¡Te digo que no, hombre! ¡Barajo, que eres cabeciduro!

-Pues entonces, ¿a qué tantas pamplinas? El asunto es bueno y el golpe seguro. Dinero abundante y uno solo con quien luchar.

-Pero es que los macacos andan por el monte. ¿No les viste ayer? Tuviste que esconderte para que no te vieran. Deja que pase algún tiempo, hombre; que se larguen; que se larguen y no se acuerden del barrio... Entonces...

-Si uno va a pensar en los inconvenientes, no hace nada. Y para ti todos son inconvenientes. Luego te has empeñado en emburujar a Silvina en el negocio y eso no me parece bien.

-Pues eso es lo mejor del asunto. Es menester que ella nos ayude. Mañana, si las cosas salen mal, estando comprometida guardará mejor el secreto. De otro modo, cualquiera cosa que sepa, ¿quién me garantiza que no la canta? Además, el otro es fuerte y puede que se necesiten tres para...

Marcelo, desde la umbría, lo escuchaba todo. Se había puesto frío, emocionado, como si él fuese la víctima elegida, como si él fuese uno de los inventores del tenebroso proyecto. ¡Qué desgracia la suya!... ¡Le perseguían las atrocidades! Se había acostado allí para dormir tranquilo y hasta allí iban siguiéndole. Sí, porque lo que aquellos dos hombres acordaban eran los preliminares de un golpe de mano.

El joven quiso levantarse, huir para no enterarse de nada; mas al primer movimiento que hizo crujieron las hojas secas y temió ser visto. De Gaspar y Deblás sólo le separaba el ramaje de algunas plantas: moverse era mostrarse conocedor de todo lo que se había hablado. Temió que se volvieran los odios contra él... No, mejor era pasar inadvertido, quedarse quieto; era menester que aquellos hombres no supieran jamás que él les había oído.

Quedose, pues, inmóvil y las palabras, pasando a través del ramaje, continuaron bailándole en torno.

-Puesto que te empeñas -decía Deblás- en que Silvina nos ayude, sea. Hablemos ahora detalladamente del plan. ¿Qué piensas de la manera de realizar lo que te propuse?

-Me parece bien: sólo que yo cambiaría algo...

-Vamos a ver.

-¿Estás seguro de que el hombre tiene el sueño pesado?

-Como una piedra. Una vez me comprometí a llamarle muy temprano, porque iba de viaje; pues, poco más me cuesta tumbar la puerta.

-Lo que no te impediría ser hombre prevenido.

-Eso sí... Duerme con el revólver sobre la silla que tiene al lado del catre. ¿No te has fijado? Desde el mostrador se alcanza a ver su cuarto, y, a todas horas, el revólver sobre la silla.

-Ése es un inconveniente, porque si tiene tiempo de echar mano al arma...

-Para usar un arma es menester estar despierto y él no se despierta así, así. Además, ronca escandalosamente. Muchas veces, escuchando por el tabique, le he oído gruñir como un cerdo. De modo que podemos saber fácilmente el momento en que se puede dar el golpe.

-Lo que yo no haría es herirle.

-¿Y cómo asegurarlo, entonces?

-Mira: nos llevamos una cuerda y un pañuelo grande; lo asujetamos entre los tres; lo amordazamos y luego dejamos a Silvina junto a él, amenazándole con un puñal, para que no se mueva.

-Pero de ese modo nos conocerá, y al día siguiente caeremos en poder de la justicia.

-¡Es verdad!... -añadió Gaspar, con acento consternado.

¿Conocerlos?..., eso no. Era menester evitar toda probabilidad de compromiso. Gaspar, amigo del alarde pedantesco, aficionado a ser tenido por valiente, sentía en las entrañas un miedo terrible. Se trataba de robar a Andújar, de despojarle de algunos centenares de pesos que sospechaba tenía guardados en el arcón; se trataba de acometer a un hombre robusto y resuelto para defender sus intereses y su vida, y a quien se iba a herir a matar: el caso era serio. Gaspar experimentaba secreto temblor, rebelde cobardía, no hijos de honradez de conciencia, sino dependientes del temor de ser víctima en el lance o de caer en poder de la justicia. ¡Si pudiera evitar la sangre! Más ¿cómo? Y trataba de precisar a Deblás los términos de la cuestión. Él no era cobarde, era muy hombre; pero ¿a qué dar formidable escándalo? Era más prudente evitarlo y realizar el golpe de una manera silenciosa, que sonara menos en la conversación de las gentes. Deblás insistía: un muerto no habla, no estorba. No había otro camino que herir. Entonces, Gaspar quiso saber más detalles. ¿Quién sería el encargado del tajo? Deblás se excusó. ¡Cómo! ¿Iba él mismo a rematar a su primo? No: aquel parentesco le impedía ser el agresor. El puñal debía hundirlo Gaspar, que no era pariente de Andújar, que no tenía consideraciones que guardarle.

Gaspar resistía, sintiéndose presa de inquietud indominable. ¿Y si el otro descargaba el revólver? En tal caso lo probable era que recibiese el proyectil quien estuviera con el puñal levantado. Aquello era repartirle a él la peor parte. No, no podía ser: las cosas no estaban bien pensadas.

Deblás acabó por sentirse violento. ¿Qué clase de hombre era Gaspar que vacilaba ante un sencillo pinchazo? Discutiose mucho aquel detalle y no pudo haber acuerdo.

De pronto, Gaspar tuvo una idea: todo quedaría arreglado. Ellos dos, los más fuertes, sujetarían al hombre y Silvina le clavaría el arma, operación que no hacía necesaria gran fuerza. Sí; la puñalada le tocaba a Silvina.

-¿Y estás seguro de que ella se preste?

-Ella hace todo lo que yo le mando.

-¡Hum!... En este caso dudo que te obedezca.

-Te digo que sí, hombre. Irá, nos ayudará y hará lo que le diga. Eso corre de mi cuenta.

-¡Caray!...; pero hay que reconocer que para una mujer eso es demasiado.

-Yo te aseguro que Silvina me obedece. Y si no, la ahueco...

La dificultad habíase resuelto y los detalles del plan fueron detenidamente estudiados.

A las diez de la noche del día que se designase, reuniríanse junto al risco de Palmacortada. Después, uno de los dos reconocería el terreno. En el dependiente no había que pensar, porque era público que no dormía en la tienda. Cuando estuvieran seguros de que Andújar había conciliado el sueño se acercarían a una de las puertas posteriores, la forzarían y, cayendo sobre el dormido, una vez sujeto, el golpe... Luego, a barrer: dinero, cosa que lo valiera, el menor bulto posible, y, por fin, cada cual a su casa. Total: media hora. Al siguiente día, con aire candoroso, formarían parte del clamor general para lamentarse de la gran canallada. Deblás, por si acaso, escaparía a la cordillera. Todo listo: sólo faltaba precisar el día. En aquellos momentos estaba próximo el plenilunio y para el asunto se necesitaba oscuridad, por lo menos a la hora convenida.

El negocio debía realizarse el primer día del novilunio, a media noche. Ya, con tiempo, volverían a ocuparse de los preparativos.

Allí cerca estaba la máquina trilladora, cobijada por la techumbre del ranchón, con la inmovilidad de quien reposa de grandes fatigas. Multitud de trastos se almacenaban allí como en rincón en donde lo desusado no estorba.

En una esquina estaba un tosco pilón, una especie de enorme almirez de madera labrado en un solo tronco. Firme sobre su base, ostentábase con seriedad de estatua, sosteniendo la gran mano de almirez también de madera, que recostada en el borde del pilón se erguía inmóvil, con quietismo de objeto que puede fácilmente romperse, como si fuera una cucharilla de oro apoyada en el borde de una jícara de plata.

Marcelo aprovechó la ocasión, cuando los dos interlocutores cambiaron de sitio: se deslizó, sin levantarse, por el declive del barranco; llegó al río, dio la vuelta, volvió a la tienda y, sentándose en el umbral, dirigió a Andújar una mirada llena de compasión.

En tanto, otro acto del drama de la vida exordiábase en lo alto del cerro.

Silvina había obedecido a Gaspar: vadeó el río, siguió la vereda y dirigiose a la casucha de Leandra. Ciro, sin ser visto, empezó a correr cuesta arriba. Era preciso aprovechar la ocasión: Gaspar, bebiendo en la tienda; Leandra, en la casa, ocupada en sus faenas, y en el centro, el bosque denso, discreto, dispuesto a ser testigo mudo y neutral.

Repechando a saltos, alcanzó a ver a Silvina siguiendo con ligereza de gamo los zigzags de la vereda. El joven comprendió que no era fácil alcanzarla ni prudente insinuarse a gritos. No importaba: ella debía volver. Gaspar había ordenado que volviera. Lo mejor era esperar, esconderse detrás de un árbol para luego saltar al camino.

Crecía allí un tronco platanal. Las pomposas hojas trazaban gallardas curvas desde el tronco hasta cerca del suelo, formando entre todas una cripta verde, un techo movedizo que sombreaba el monte. A trechos, árboles frutales que, levantándose con proporciones gigantes, dejaban debajo el platanal. Multitud de avispas revoloteaban ayudando a formar el panal que colgaba de oculta rama. Algunas arañas tejían hilos casi invisibles entre rama y rama. Vistos en un rayo de sol, aquellos hilos parecían filamentos de oro que tejían una red. Por esa red paseaba el arácnido sus soledades gestativas, mientras con materno amor defendía los repletos sacos ovígeros del ataque de otros insectos. Arriba, las parlanchinas hojas rozaban unas con otras, acariciándose las jóvenes y languideciendo las secas, que caían con desmayo al largo de los troncos. Tupidas zarzas, armadas de órganos espinescentes, ponían valladar al tránsito, obligando a dar un rodeo o a saltar por encima: eran los adustos agaves, las ingratas mayas de magüey, hostilizando al caminante con penetrantes púas, pero dejándose envolver en el abrazo de las enredaderas.

Más allá, mimosas púdicas se encogían bajo el ardor del sol: doblaban las ramillas, apretaban el sensible hojambre y esperaban la frescura de la tarde para desplegar de nuevo la gentileza de sus galas sin amagos para sus nervios sutiles.

En el conjunto sonaba la voz de los bosques: esa voz sin palabras en que palpitan cien ruidos, en que bullen indefinibles rumores, en que la naturaleza relata sus grandezas bajo las alas del tiempo. El bosque mostrábase inmóvil, con quietismo aparente, invadido por corrientes de inquieta vida; mientras las plantas absorbían los alientos del medio ambiente para impulsar la labor magnífica de la dinámica vegetal. Y así, entregado a sus fuerzas, el bosque vivía henchido de misterio, rodeado de soledad casi sublime, en medio de una muchedumbre de seres extáticos.

Ciro no tuvo que esperar mucho: minutos después divisó a Silvina descendiendo por la vereda. El joven tenía las manos frías, el corazón palpitante. ¡Una ocasión para quien llevaba en su ser ascuas de pasión! Viola descender, acortando cada vez más la distancia; como si cumpliendo decretos de amor viniese a caer en sus brazos.

Al fin, cuando estuvo cerca, Ciro saltó al camino y cerró el paso.

Detúvose ella asustada, y al reconocer al joven una emoción profunda la embargó. ¡Él, él estaba allí en la soledad bravía de la montaña, cerca de ella, que lo amaba, que lo idolatraba!...

-Oye, Silvina -dijo Ciro.

-No, déjame pasar; me esperan allá abajo.

-Esta vez... te aseguro que será.

-Imposible. Lo que tú quieres no puede ser.

-Sí puede ser. No necesitamos más que una ocasión, y aquí la tenemos.

-Te digo que no. Piensa que yo soy mujer de otro.

-No, tú eres mía, sólo mía, porque yo te quiero y tú me quieres. ¿Te has olvidado ya? Nosotros íbamos a vivir juntos... Tú estabas dispuesta a irte conmigo. Entonces se atravesó ese condenao...

-Sí, me casaron con él. ¡En mala hora! Pero ¿qué hemos de hacer? Ya no hay remedio.

-El remedio es fácil: quiéreme.

-¡Estás loco!

-Pégasela...

-¿Sabes lo que dices?

-Pégasela...

-No, no; me mataría.

-Pégasela...

-Me muero de miedo sólo al pensarlo. Ese canalla me apretaría por el pescuezo; sobre todo tratándose de ti, porque te tiene ojeriza.

-¡Bah!... Ése no mata a nadie. Tú ibas a ser mi mujer; tú me querías; tú me lo habías prometido todo. Después, hubo lo que hubo. Cien veces he querido acercarme a ti y siempre huyes...

-Por miedo al otro.

-... cien veces he buscado una ocasión y tú te escapas. Eso no puede ser: no es justo. Por encima de la cabeza del demonio, quiero que me cumplas tus promesas.

-De nada tengo yo la culpa. Leandra, al saber nuestros amores, te echó de casa de mala manera. Dijo que tú no eras hombre de respeto, que no podías mantenerme. Después, yo no he tenido un día alegre. Cuando me casaron con Gaspar, todo fue imposible. Además, no quiero causarte un daño complaciéndote... Ese hombre es tremendo. ¿Sabes? Sería capaz de cortarte...

-Muchas veces he tenido deseos de provocarle, de halar por el espadín y arrancarte de su poder.

-¡Dios nos libre! De lo que sí debes tener seguridad es que te quiero, pero...

-¡Vaya un cariño! Eso es mentira: tú no me quieres. Si me quisieras pasarías por encima de todo. Por ejemplo: ahora que estamos tan solitos, aquí, en esta sombra tan fresca, me lo probarías.

Los jóvenes discutieron la verdad de su mutuo afecto. Silvina, casi llorando, juró a Ciro un cariño intenso, palpitante. Sí, lo amaba, pensaba siempre en él. De día, de noche, a todas horas, el joven era su constante pensamiento. Ser suya fuera su mayor felicidad. Pero, ¡ah!, ella era una desgraciada, una esclava. Otras muchachas del barrio hacían su voluntad, se entregaban a capricho, mas ella era una víctima infeliz... ¡Siempre cien ojos encima! Gaspar, Leandra, Galante... todo el mundo. ¡No; imposible!

-Tú no me quieres -insistió Ciro-; todo eso es embuste.

-Sí te quiero. Mira: para probártelo, te confesaré un secreto. Cuando algunas noches siento que me fastidia Gaspar, pienso en ti. Yo odio a ese repugnante, pero pensando en ti, cuando él me abraza, me lleno de ilusiones figurándome que eres tú.

-¡Ah, Silvina!, no seas así...

Entonces Ciro se sintió presa del ímpetu... ¡Sería, sería de todos modos! Asió a la joven y lucharon. La arrastró, poco a poco, a la fronda; la ciñó, la besó, la abrazó, como queriéndola fundir consigo mismo. Ella se revolvía asustada.

-Quita..., quita...

Cayeron sobre el lecho de hojas que alfombraba el platanal y continuaron luchando. Él no hablaba: estaba ciego, delirante, resuelto a predominar por la violencia. Ella sollozaba, sentía una embriaguez que la rendía, una ola inmensa de debilidad que la anegaba, y al mismo tiempo le parecía ver el grosero puño de Gaspar levantado sobre su cabeza. Y, ante aquella visión, de nuevo cobraba resistencia.

-Quita..., quita...

El suelo estaba crujiente; las ramas movíanse agitadas por los choques que contra los troncos de algunos bananos producíanse en la lucha; desde lo alto descendía risueño un rayo de sol como festejando aquellas nupcias selváticas; y los jóvenes, asiéndose y desasiéndose, revolvíanse entre la hojarasca: él, cerca del triunfo, y ella, resistiendo todavía, sintiendo sobre su carne desnuda la pincelada acariciadora de aquel rayo de sol y exclamando con acento lánguido:

-Quita..., quita...

Entonces un rumor bullicioso ondeó en el aire: palabras, risas, carcajadas... Ciro volviose temeroso; iban a ser sorprendidos. Silvina se levantó de un salto, apartándose a alguna distancia. ¡Qué susto! ¡Ah!..., pero al fin podía librarse del joven.

Los rumores se acercaron por la vereda, pasaron por delante del lugar donde los jóvenes estaban y perdiéronse a lo lejos. Eran campesinos que bajaban a la tienda de Andújar.

Repuesto de la sorpresa, vio Ciro, con rabia, que aquel estorbo desbarataba sus planes. Silvina, oyendo las voces que se alejaban y todavía presa del susto, estaba allí, a pocos pasos, sudorosa, encendida, pero dispuesta a escapar. El joven quiso acercarse: fue inútil. Silvina, corriendo, se lanzó bosque abajo, en dirección al río, para obedecer la orden de Gaspar.

Ciro apretó iracundo los puños; salió del bosque a la vereda y, al divisar en lo bajo del cerro el grupo de campesinos que le había espantado la caza, exclamó colérico:

-¡Mal rayo los parta!

Cuando Silvina llegó a la tienda. Gaspar y Deblas habían abandonado el ranchón. Un corro de campesinos escuchaba el sonsonete monótono de un glosador, que entre risotadas y chistes lanzaba incoherentes décimas.

-Aquí estoy -dijo Silvina a Gaspar-, ¿qué quieres?

-Pues nada, que te estés ahí por si te necesito.

Gaspar abusaba de su dominio. Allí, cerca de él, como en todas partes, la joven debía seguirle. Quería tenerla siempre bajo su mirada adusta, dispuesta a rendirse víctima de su más pequeño capricho. Y ella, junto a su tirano, tenía siempre la compunción de una virgen al conceder al señor de su feudo el derecho de pernada. Ella no comprendió el origen, el misterio de aquel dominio. Cuando en horas de enojo se prometía a sí misma rebelarse, experimentaba un desasosiego, un miedo indecible: como si con sólo pensarlo Gaspar hubiera de enterarse de la rebeldía. Una mirada, un ademán, un gesto de Gaspar, la hundían en un mar de desolación, y en todas las ocasiones cedía, cedía siempre, protestando interiormente, pero sin fuerzas, sin atrevimiento para resistir.

Aquella tarde escuchó la orden: todavía nerviosa y jadeante después del encuentro del platanal permaneció obediente junto a Gaspar.

A poco, llegó Ciro. Venía irritado, violento, con deseos de estallar contra cualquiera...

Entró en la tienda, donde varios mozos se disponían a echar un trago. Bebió con ellos, sentándose de un salto en el mostrador. Desde allí divisó a Marcelo, retraído en el umbral y mirando con aire abobado las ramas de un árbol.

-¿Y tú que haces ahí, mamao? -dijo Ciro de mal talante a Marcelo.

Éste, sorprendido, volvió la cabeza, miró a su hermano y sonrió. Estaba acostumbrado a tales bromas. Ciro, que se las echaba de hombre templado, le tenía por un tontaina.

-Ven acá -insistió Ciro.

-¿Qué quieres?

-Ven acá. ¿No has tomado la tarde?

Marcelo hizo un gesto de repugnancia. A él no debieran hacerle tal pregunta: todo el mundo sabía que no bebía. Ciro continuó insistente:

-Quiero que tomes una copa, vamos.

-No..., no.

-Aquí está. El dependiente la ha servido. No me digas que no, porque me enfado. Yo no quiero que seas tan flojo: quiero que hagas lo que hacen todos los hombres. ¡Ea, vente!

Siguió una escena chistosa. Marcelo, resueltamente opuesto a beber; Ciro, empeñado en atragantarle una copa de ron. Los campesinos intervinieron, unos estimulando a Marcelo a ser hombre; otros aplaudiendo su temperancia. Hubo bromas picantes, desnudeces de lenguaje. La mayoría se puso frente a Marcelo. No beber era necio... ¿Qué importaba una copita? La bebida era buena para la salud. Calienta, calienta mucho, cuando baja por el gaznate y luego pone el cuerpo fuerte como un estante de ausubo. Lo que Marcelo hacía era probar su cobardía: ¡vaya con el mozo de veinticinco años! Y si no, como ejemplo, su hermano Ciro: siendo hermano menor, tenía más cara de hombre. Nada, debía beber.

El asunto se hizo tema general y Ciro acabó por considerar como cuestión de amor propio vencer la resistencia de su hermano.

Marcelo, en tanto defendíase. A nadie le importaba que él hiciera su voluntad; él era libre. ¡Que lo dejaran en paz! La bebida le quemaba la garganta, le hacía toser, le enfermaba. No, de ninguna manera. Si todos aquellos mozos querían divertirse, que compraran un chango. Él no estaba allí para divertir a nadie. Cuanto a Ciro, no era más que un abusador; que hiciera su gusto, más que lo dejase a él hacer el suyo. ¡Por nada del mundo bebería! Insistir era inútil.

La broma arreciaba; Ciro, asiéndole por una mano, halaba de él. ¿Qué iban a pensar los que le estaban mirando? Él no podía tolerar que hasta las mujeres se rieran de un hermano suyo. A beber, a beber...

Entonces, la más joven de las Flacas entró en la tienda, arrebató a Ciro la copa y la apuró de un trago.

-Mira -exclamó dirigiéndose a Marcelo-, así beben los hombres. Tú no eres más que un pend...dón...

-¡Bravo, bravo!... -gritaron los del corro.

Marcelo se puso verde. Un sentimiento de rabiosa indignación le dominó. Se burlaban de él, le contrariaban; queríanle empujar a un vicio que odiaba; hacíanle objeto de la sátira de todos... Bien; pues que cayera la responsabilidad sobre quien tuviera la culpa. Bebería, sí, bebería; se llenaría como una cuba; se hartaría de ron y probaría que él era capaz de hacer lo que cualquier hombre.

Adelantose resueltamente, hízose servir un vaso de ron y lo bebió sin vacilar.

Los campesinos, con grandes risotadas, aplaudieron la decisión de Marcelo, y entre un escándalo de bromas picantes salieron todos de la tienda.

Marcelo quedó un instante inmóvil. Sintió el roce quemante de la bebida, que al descender al estómago le parecía una mano ungulada raspándole los tejidos. Luego se puso muy serio, su palidez se hizo intensa, y viendo que le dejaban tranquilo alejose algunos pasos y ocultó el semblante, por donde le rodaron dos lágrimas.

Sufría, se sentía infeliz. Beber, para él, no era placentero; experimentaba en la boca el sabor astringente de un brebaje, y en el estómago una opresión tan grande que le parecía tener una piedra colocada sobre el vientre. Las lágrimas corrieron en tumulto, y volviendo la cabeza para ocultarlas se consideraba víctima de un atropello. Luego sentose ocultando la cabeza entre las manos: sentía un desfallecimiento extraño, ardor en los ojos y un copioso sudor que le inundaba el cuerpo.

Así discurrieron algunos minutos. Después levantó la cabeza. ¿Qué le pasaba? Aquél no era el mismo mundo de antes. ¡Qué tarde tan clara!..., ¡qué árboles tan verdes!, ¡qué alegres estaban los campos! No podía explicarse la placidez que sentía, y su organismo, como inflado de bienestar, se ensanchaba repleto de fortaleza. Sí, él exageraba... ¡Qué diablos! En aquel momento hubiera sido injusto negar que le bullía por dentro un caudal de vida, de actividad, de fuerza, a que no estaba acostumbrado. El sabor ingrato se había disipado, el mareo había desaparecido, el hondo pesar fuese desvaneciendo poco a poco y Marcelo, sin darse cuenta de sus actos, abandonó su retiro, incorporose al grupo y lanzó una carcajada feliz en que parecían desbordarse los recuerdos de cien años de placer.

Los campesinos celebraron la metamorfosis sospechando el origen de tan inusitada jovialidad, y desde aquel momento viéronle lanzarse desbocado en los giros de la conversación, hablando de todo, discutiendo lo más nimio e impacientándose ante cualquier contrariedad insignificante.

Le habían creído cobarde y estaba dispuesto a probar lo contrario. ¡Que se atreviera alguno y vería qué pronto le volcaba de un pescozón! Allí lo que había era una partida de mentecatos, de abusadores, muy guapos de boquilla, pero incapaces de hacerle frente a un hombre como él. Ciro era su hermano, pero si le molestaba le iba a dar de puntapiés. Todo esto lo decía a gritos, escandalizando, como si tuviese el formal empeño de hacerse oír.

Así fue saltando de tema en tema, mientras los demás reían. Habló de Andújar: ¡un bandido, sí, señor, un bandido! Se estaba chupando a los campistas. Mas que no se jugase con él, porque cualquier día lo tendía de un jinquetazo.

Arrebató un machete que otro tenía y empezó a dar cuchilladas al aire. La bomba estaba cargada: un choque, un rozamiento, una contrariedad, y estallaría.

Marcelo, entonces, volvió a la tienda, levantó el machete y lo clavó en el mostrador. Andújar, incómodo, quiso echarle afuera; pero de tal modo le brillaban los ojos al joven, tan agresiva era su actitud, que el tendero, comprendiendo que estaba fuera de sí, hizo valer sus derechos de comisario.

Al fin, varios, los más íntimos, consiguieron alejarle, y Ciro, cogiéndole por un brazo, lo condujo a su choza.

Durante el camino fue dándole manotones a Ciro, y al pasar el río detúvose de pronto. se llevó el índice a la frente como quien intenta recordar algo de importancia y, con palabra difícil, dijo a su hermano:

-Y esa mujer no te conviene, ¿eh?

-¿Qué mujer?

-Ná; tú déjame a mí. Esa mujer no te conviene, ¿sabes? Yo te vi hoy cuando te le fuiste detrás... ¡No te conviene!

Y al llegar a la choza cayó inerte, vencido por el sopor imbécil del alcohol.

Capítulo V

Era una noche de luna. En Vegaplana, lugar situado a un kilómetro de distancia, iba a celebrarse el anunciado baile.

En muchos hogares en donde generalmente dormíase desde las primeras horas de la noche brillaban luces: lamparillas humosas de paja o velitas de sebo que chisporroteaban pegadas en ángulo agudo a los tabiques.

La gran plebe pálida sacudía el sueño disponiéndose al placer: un placer doliente, de enfermo que ríe; una sonrisa con apariencias de mueca dibujada en la faz de un yacente.

Las muchachas engalanábanse con vestidos de regencia o de lino amarillo o rojo, y cintas de colores vivos; muchas prendíanse flores en el peinado, a lo largo de las trenzas de cabellos lacios y negros: otras retorcíanse el pelo formando un rodete que sostenían con horquillas en el vértice de la cabeza.

En ellos, la indumentaria era más sencilla: camisa blanca, pantalón de dril ordinario y chaqueta blanca también, que se mantenía rígida por la dureza del almidón desecado. Esto y un sombrero de paja de alas anchas sin horma ni forro formaban el atavío.

Luego, en la mano, el machete: el arma clásica de mango ennegrecido por el uso y punta curva; el objeto nunca olvidado, a un tiempo instrumento de trabajo, punto de apoyo, vengador agresivo y defensor de los peligros.

Como gala extraordinaria, se calzaban; los mozos apenas si podían encontrar calzado bastante ancho para sus pies, encallecidos por las asperezas del suelo y agrandados por el constante ejercicio; las jóvenes, casi todas de pie diminuto, sentíanse, sin embargo, molestar por la presión desusada de aquellos tiranos de cuero amarillo. Muchos llevaban debajo del brazo los zapatos para ponérselos a la entrada del baile, porque así la caminata sería más cómoda y el deterioro del calzado menos sensible.

En todos los confines de la montaña, allí donde hubiera un hogar, sentíase aquel ondeo viviente preparado por la alegría y el ansia de ser feliz.

En la casucha de Leandra todos estaban ya dispuestos. Gaspar canturreaba en el batey, Leandra, con la ropa limpia, estaba ancha, ruidosa con el roce de los pliegues y el ruedo del vestido.

Por encima de la cintura, más oprimida que de costumbre, amontonábanse sus senos enormes, dando al busto apariencia deforme, de engañosa turgencia, de falsa morbidez.

Silvina está sencilla, muy sencilla. De su atavío, ceñido con gracia, desprendíase aura atrayente de juventud. Estaba bella, con sus ojazos negros y sus pestañas largas y suaves. Su cuerpo delgado, esbelto, lucía galas encantadoras, mostrando el atractivo de finas líneas curvas en el dorso, en los brazos y en el cuello, en donde la redondez despertaba la tentación de los besos. Movíase con elegancia, con innato donaire, como mujer que sabe que es hermosa y se complace en mostrarlo.

Pequeñín era también de la comitiva: no podía quedar solo en la cabaña, y para que no estorbara a los mayores se le acostaría, cuando durmiera, en cualquier rincón de la casa del baile o en otra vecina.

Leandra quiso ser previsora. Por si Galante visitaba aquella noche la choza, era preciso que hallara la puerta franca. Antepúsose, pues, la hoja de palma y se dejó suelta, sin atarla con el mimbre, con el bejuco con que solían asegurarla.

Salieron, y al llegar a la margen del río Gaspar se detuvo.

-Ahora -dijo- sigan ustedes. Yo tengo que hacer todavía una diligencia.

-¿Pero vamos a ir solas?

-No, mujer..., ¡si por el camino va un bando de gente! ¿A qué le tienen miedo?

-Pa mi gusto sigo sola -dijo Silvina.

-¡Como hay tantos abusadores! -afirmó Leandra.

-¡Ea..., echen palante! Por ahí va mucha gente, vayan pasito a poco... Yo las alcanzo ahorita.

Salieron las mujeres al camino vecinal y emprendieron la marcha hacia Vegaplana, caserío situado en la parte más baja del barrio.

Gaspar internose en el arbolado, caminando lentamente.

En tanto, la noche discurría serena. ¡Qué cielo, qué esplendor, qué fluidez argentina en golfos infinitos!

Parecía que el ángel de la noche se bañaba en luces tibias.

Ni una nube náufraga en aquel océano de fulgores, ni un celaje interceptando los rizos del plenilunio; ni un astro disputando la soberanía espléndida de la luna. Ella, sólo ella reinaba en la pompa suprema de los cielos; sólo ella se mecía en el cóncavo trazando amplia trayectoria poética, Desde la colosal lejanía mostraba el semblante estático: un semblante de muerto que irradia la vida; un semblante apacible, inspirador de emociones; un semblante de estatua henchido todavía de la fortaleza de los hércules. Recibía el cielo las claridades con tersura, con placidez de gigante acariciado. Al indeciso color azul uníanse otros tímidamente grises: fulgor cinéreo que la tierra devolvía a la gentil trasnochadora. Aquella mezcla de luces atomizaba tonos intermedios, transiciones suaves pareciendo el espacio un alcázar levantado en el infinito para guardar el sueño de un Dios.

Reposaba la tierra envuelta en el copioso deshilo del astro. Las selvas, en las alturas, quebraban los rayos luminosos tiñéndose con colores más oscuros; los árboles corpulentos bebían luz proyectando sombras medrosas; la maraña de los bosques, en donde la vegetación se apretaba vigorizada por incomparable feracidad, forjaba lienzos de adusto verdor tendidos sobre las vertientes, y las cimas, a trechos ondeadas, a trechos puntiagudas, simulaban hoces o puntas de flecha en donde se quebrara la luna si cayera.

Luego, en su cauce escarpado, el río. Un caudal de linfa discurriendo entre peñascos, tomando ímpetu en los desniveles, formando cascadas en los apinamientos de las piedras, recorriendo el curvilíneo impuesto por los siglos, proyectando los espejismos de sus cristales con mirada de reflejos para cada fulgor y sonando, sonando siempre con roce armonioso en los remansos, con crepitaciones de hervor en los deltas de las peñas, con choques ruidosos en las curvas, con escándalo de derrumbamiento en las cascadas.

Así la noche de luna desplegaba la veste, dejando revolar por todas partes los geniecillos del sueño, diseminando fantasmagorías de romántico amor. Así la naturaleza daba grandioso marco al cuadro de la batalla humana, así ofrecía soberbia escena a la inquietud del hombre que rastreaba debajo...

Gaspar, con paso furtivo, desanduvo algunos metros y en línea oblicua subió por el monte.

De la sombra de un árbol pasaba a la sombra de otro, esquivando que la luna le iluminase de lleno.

Variando con frecuencia de dirección, obligado por los accidentes del terreno, repechó por la arboleda buena distancia. Al fin, a través de los troncos inmóviles, que parecían rígidos fantasmas, descubrió una choza sombreada por árboles muy copudos. Era el cerezal de la vieja Marta. Detúvose, y sentándose sobre una piedra miró fijamente la casita, en la que tenuemente lucía una luz que alguien movía de un lado a otro.

Preparábase Marta al sueño. Aquel domingo había sido para ella un gran día. Cuatro docenas de piezas de ropa lavada, cuatro gallinas y dos docenas de huevos vendidos; y ¡el gran negocio!, una vaca escuálida, de empobrecidas ubres, que había hallado comprador, fueron los veneros que le permitieron embolsar cuatro duros. Buena jornada. Marta estaba contenta, jubilosa; parecíale el aire más sutil, la luz más clara.

En todo el día sintiose poseída de un vértigo de alegría. Alegría silenciosa, disimulada, reprimida, que escapara a la observación de las gentes para gozarla ella sola.

Algo, sin embargo, la inquietaba: el comprador de la vaca había sido muy imprudente. ¡Qué modo de vociferar un regateo que debió ser reservado! Varios campesinos se enteraron del negocio, y conocido éste, llegó a oídos de Gaspar, a quien impresionó la noticia.

Anduvo éste pensativo todo el día... Desde hacía tiempo le cosquilleaba la idea de vigilar a la vieja. ¡Cuánto dinero enterrado! Le impacientaba la curiosidad y más de una vez pensó en saber con certeza si en efecto existía el depósito y a cuánto ascendía. ¿Qué arriesgaba en ello? Fácil era averiguarlo, y luego... Gaspar no podía reprimir el violento deseo de despojar a la anciana. Animábase en sus dudas él mismo. ¿Quién era ella? Pues una miserable que mataba de hambre a su nieto. Aquello era atroz y merecía su castigo: el castigo más terrible que puede imponerse a un avaro: arrebatarle su tesoro. De ese modo Gaspar dábase aires de vengador presentándose a sí mismo, si realizaba su plan, como justiciero que daba a cada cual lo suyo.

Ocurriósele un día una pregunta:

¿Cómo Deblás no había pensado en aquella maniobra? ¡Quién sabe si el muy tuno la estaba sangrando poco a poco sin que ella lo notase! Gaspar maduró mucho su plan. El negocio era para hacerlo él solo, para aprovecharlo en su exclusivo beneficio sin partir con nadie el botín.

La dificultad estaba en descubrir el lugar del escondite. Marta era astuta y no era fácil que olvidase las precauciones necesarias a su secreto.

Sin embargo, seguida de noche con sigilo, acaso se pudiera atisbar el escondrijo. Así, cuando oyó referir aquel día que la anciana acababa de percibir una crecida suma, pensó que aquella noche probablemente andaría en cuatro pies por el monte.

Lo natural era que el dinero fuera enterrado después que durmiera el nieto. Nada se perdía con probar, y arreglando las cosas de modo que la fiesta de Vegaplana no lo estorbara, arriesgose en la empresa.

Después de dar cien vueltas en el interior de la choza, Marta atrancó la puerta y apagó la luz.

Todo listo: la puerta y la ventana, atadas; la candela, extinguida; el nieto dormido, y encogida en la hamaca quedose la vieja pensativa.

Con los ojos abiertos, meditaba. A ella no había quien la engañase. La vaca no daba leche, pero estaba gorda y bien valía la baratura del precio en que la vendió.

De todos modos, lo importante era guardar bien su montoncito. ¡Pero vaya una luna chillona! En noches como aquellas las gentes acomodadas estaban vendidas. Y pensando así, miraba con enojo los rayos de la luna que por los intersticios del tabique se filtraban en la choza. ¿Para qué tanta claridad? La luna debía dormir como la gente. Dios sabe hacer sus cosas, mas ella no comprendía que, después de jornadas de tanto resol, quedase todavía el cielo como una hoguera. Pero no había más que resignarse... En rigor, lo prudente era esperar noches oscuras para guardar su dinero; pero ¿no sería más peligroso tenerlo en la casa tantos días?

Además, ella necesitaba bajar al río, ir a la tienda, recorrer el vecindario, y no era cosa de andar arriba y abajo con el talego encima... Lo mejor, lo más prudente, era afrontar la situación, y, tomando todo género de precauciones, guardar aquella misma noche sus ahorros. Como todo el mundo andaba de fiesta, no era probable que la viera nadie.

Esperó mucho tiempo, y luego, encorvándose para pasar por debajo del alero del colgadizo, salió de la choza.

La luna la envolvió en claridad. Dio la anciana dos o tres vueltas en torno de la casita, mirando con recelo a todos lados. No temía ella a los pillos de fama, sino a los hipocritones que las echaban de santos siendo capaces de todo. Sí, los temibles eran los disimulados, a quienes más de una vez había sorprendido dirigiéndola miradas sospechosas. Mejor que fiarse de aquellos falsos se fiaría de un mozo como Deblás; podía ser todo lo malo que quisieran, pero desde la noche del susto siempre se portó con ella como huésped agradecido, repitiéndole cien veces que por nada del mundo le daría que sentir. Pensando casi a gatas; Marta debajo en contornos..., nada. Sólo la noche henchida de frescura.

Entonces, caminando cautelosamente, metiose en el monte.

Gaspar, que no había perdido uno solo de sus movimientos, respiró con alegría. ¡Al fin! No se había equivocado. El matusalén del cerezal iba aquella noche a meter las manos en el tesoro.

Irguiose poco a poco y siguió a Marta. La sombra del bosque envolvía a ambos. Gaspar, arriba, avanzando casi a gatas: Marta, debajo, en la parte más inferior del declive, deslizándose lentamente, mirando a todos lados y haciendo zigzags en su camino, como para desorientar a quien pudiera observarla.

A poco se detuvo en un claro que la vegetación dejaba en el monte. En el centro de una pequeña planicie pedregosa se alzaba el tronco gigantesco de una ceiba. Llegó al tronco y se sentó junto a él, mientras Gaspar, desde los matorrales próximos, la vigilaba.

Después de algunos minutos, la vieja dio una vuelta en torno del árbol, escudriñando los grupos arborescentes, como si temiese que se animasen para despojarla. Pero nada: estaba sola con Dios. Sólo un testigo impertinente.

Alzó la cabeza y fijó una adusta mirada en el árbol. La claridad cayó con serenidad sobre aquel rostro senil, y al ver cómo los rayos de luz se quebraban en él, plateando la barba y la nariz puntiagudas, los labios fruncidos, los ojillos acurrucados en el fondo de sus cuencas, la piel rugosa y péndula en el cuello y las guedejas de revueltas canas enmarañadas en el occipucio y la frente, hubiérase creído que el satanismo del mal daba relieve a un contraste irónico: la vejez rebosante de vigor, de poesía, de encantos, enredándose jubilosa en cada rayo de luna, difundiendo calor de existencia y descendiendo para reclinarse sobre las florestas y sobre los pantanos.

Cuando Marta creyó estar segura de su soledad, escarbó al pie del árbol. Estaba encorvada, de bruces sobre la hierba, las manos enarcadas como azadas cavadoras. Un instante después un hoyo quedó hecho. Adivinaba Gaspar más que veía los detalles de la escena, desvanecidos en la semiluz que proyectaba el árbol.

Marta sacó del bolsillo un paquete, abriole y dejó caer a granel un montón de dinero. Sonido metálico muy débil denunció la caída de las monedas.

Después, otra vez miró la avara en torno. Sola, siempre sola. Y apresurada aterró el hoyo, pasó por encima la mano, igualando la removida superficie, y amontonó en el lugar algunas piedras para que disimularan la reciente zapa.

Respiró la anciana como quien se alivia de un gran peso. Ahora, que vinieran a desvalijarla. Trabajo daba ella a quien quisiera husmear su cueva. Y siempre recelosa regresó con lentitud a la choza.

Dudó Gaspar un instante. Calma, mucha calma. Lo primero, acostar a la vieja. Siguiola con gran precaución y pudo ver cuando, por debajo del colgadizo, entró en la casa. Esperó. Al fin el quietismo de la choza le animó. Marta debía estar dormida. La ocasión había llegado.

Conteniendo el gran placer de su triunfo, volvió a la ceiba. El tronco presentaba sus asperezas como arrugado semblante contraído por el mal genio; mientras, las ramas, nadando en el vacío, flotaban allá arriba, y las hojas se agrupaban como muchedumbre de mariposas verdes atadas por un ala.

Imitó Gaspar a Marta. Escarbó, separó la tierra y puso al descubierto la boca de una tinaja. ¡Jesucristo, qué talego! Gaspar sintió vértigos, y si en aquel instante hubieran querido disputarle su tesoro, hubieran tenido primero que hacerle pedazos. Todo, todo aquello era suyo. Mas lo que hacía era peligroso, convenía terminar pronto.

Tumulto de proyectos se resolvió en su cabeza. ¿Lo cogería todo? ¿Tomaría sólo una parte para insistir otra noche? Sí, esto último era lo mejor. Todo despojo absoluto alborotaría. Lamentaríase Marta horriblemente, y el escándalo sería inevitable. No; poco a poco se va lejos. Ante todo, ¿cuánto podría haber allí?

Hundió una mano en la tinaja y aspadeó con los dedos en el montón. ¡Bah, no era tanto! La tinaja era muy pequeña. Pero se decía que la avara tenía mucho dinero: tal vez tendría varios escondrijos y guardaba su dinero repartido en porciones. Quien había encontrado una, encontraría las demás.

Extrajo Gaspar un puñado de dinero: eran monedas de plata y cobre. Buscó, revolviendo el depósito. No había oro. Era indudable que Marta debía tenerlo, pero allí no estaba. Gaspar hizo un cálculo: entre pesetas, vellones y ochavos podría haber allí unos doscientos pesos. La primera impresión se disipó: no era tan grande el talego. Con paciencia buscaría, y jurose no parar hasta descubrir los otros depósitos. Guardó un puñado de monedas. Con aquello bastaba: unos diez o doce pesos. Podría con ellos holgar en Vegaplana, dormir a pierna suelta el lunes y darse durante una semana buena vida. Ya volvería por otra dosis...

Y así pensando, Gaspar rellenó el hoyo, dejando las cosas como si mano profana no hubiera tocado el caudal de Marta. Después volvió al río, pasó la calzada y con una sonrisa en el semblante emprendió la marcha a Vegaplana.

Allá la gran turba danzaba alegremente. Bullía la sala como líquido turbio puesto sobre brasas.

Dábase el baile en una casa campesina de dimensiones mayores que las corrientes, pero con el mismo descuidado carácter de construcción: cuatro paredes cribosas y un techo débil para resistir el ímpetu de las ráfagas. Tres o cuatro lámparas ardían en la sala diseminando, más bien que claridad, penumbras que envolvían los objetos. Por dentro, el techo, sin cielo raso, mostraba el interior de la cobija de hojas de palma, ostentando toscas vigas que atravesaban de un lado a otro de la sala. Esa techumbre sorbía el pobre chispeo de las lámparas, que hacían esfuerzos por aclarar los contornos. Estaban formadas las lámparas por frascos pequeños con un tubo de lata adaptado a la boca, y, por dentro del tubo, la mecha chupadora que quemaba el combustible contenido en el pote. De aquellos focos de luz desprendíanse espiras de humo negro y oleoso, conquistando la sala con la intensidad de un olor casi irrespirable.

-¡Otra punta, otra punta! -decía un mocetón que remolcaba a compás a una vieja.

Los demás le hacían coro. Habíase terminado la pieza, y los concurrentes querían que la repitieran. Los músicos, cediendo complacientes después de dar su permiso el director, el amo del baile, la emprendieron otra vez con la contradanza, mientras las parejas, empapadas en copioso sudor, se lanzaban de nuevo al vértigo del ritmo.

Sobre un banco de madera veíase a Leandra, arrellanada, en compañía de otras campesinas que no habían encontrado pareja. Se echaban aire con los pañuelos o con alguno que otro abanico que corría de mano en mano. Se comentaban los incidentes de la noche, la generosidad del anfitrión, la bondad de las bebidas. Alguna mujerzuela criticaba el traje de las bailadoras.

-Pa vestirse así, mejor es andar en naguas. ¡Ave María! ¡Si parece una verdolaga en lo ancha! Y mira, mira a Filomena. Cómo se le va conociendo ya la barriga. Pues y luego, tan changa y tan pescao frito.

-Dicen que se casa.

-¡Y si lo ves...!

-No, hombre; lo que hay es que Moncho se la lleva.

-Por cierto... Si acaso se la irá llevando poco a poco.

Después, picardeando en voz baja, las mujeres contenían la risa producida por las parejas ridículas o por las que, olvidándose de la crítica, se entusiasmaban demasiado en el balanceo voluptuoso de la contradanza.

De vez en cuando corría de mano en mano la lujosa copa campestre: la parte leñosa de una higuera pulida en forma de oboe, que servía para satisfacer la sed de todos, siendo sumergida a cada instante en una tinaja que contenía el refresco, el agualoja, especie de hidrolado de azúcar, jengibre y anís. Paladeaban todos la dulzaina bebida y reforzaban la provisión de líquidos para devolverlos en forma de emisión sudoral.

Las parejas volteaban la sala como los cangilones de una noria. Movíanse en torno unas veces, dando vueltas sobre sí mismas, otras deslizando a la derecha o a la izquierda, otras retrocediendo de espaldas él o ella, y en este último caso parecía que el hombre daba caza a la mujer fugitiva.

Los hombres, con el brazo derecho abarcando la cintura de las damas, mientras con el izquierdo, unidas las manos, ora encogido, ora estirado, ora doblado hasta colocárselo en la espalda, cerraban la cadena de la contradanza, de la que no era posible desprenderse sin perder el compás.

Dejábanse ellas conducir en el suave balanceo. Colocaban el antebrazo izquierdo sobre el brazo derecho de la pareja, abandonándole el otro brazo, y, envueltos en aquellos lazos, rendíanse al movimiento muelle y perezoso de aquel baile singular.

Así volteaban, unas veces proyectándose con deslizamientos suaves, otras deteniéndose bruscamente para moverse luego con lentitud, como durmiéndose de pie, como embriagándose en los tonos rítmicos de la música, como desmayando en un paroxismo de quietud placentera o de inmovilidad deleitosa.

Rozaban los cuerpos con los choques de unas parejas con otras o con las presiones de los propios brazos; las cinturas femeninas quedaban manchadas por la espalda, en donde las húmedas manos de los mozos dejaban la huella; y en tanto movíanse los pies económicamente en estrecho espacio, como pretendiendo bailar en equilibrio sobre la punta de un alfiler.

La ola humana movíase incesante, golpeando a veces rodilla con rodilla, respirando el mutuo aliento cada una de las parejas, experimentando a cada instante choques de blandura muelle y roce de cabellos cortos que entoldaban las frentes, estableciéndose corrientes de amor inquieto -de deseos mortificados por la proximidad del objeto imposible que los despertaba-; trasiego, en fin, caliente y, plástico de una vida llena de ansias de placer y de felicidad.

Y todo ese mundo de agitación, impulsado por la música... Cuando la contradanza empezaba, el ritmo invadía la sala, acompasándolo todo con la precisión de su medida armónica. Los instrumentos eran tres: una guitarra grande, el cuatro; otra más pequeña, el tiple, y un cuerpo disonante llamado güiro.

Era el güiro un instrumento extravagante, trofeo de tribu indígena salvado de los naufragios del tiempo. Una caja disonante hecha en el fruto hueco y disecado del marimbo, generalmente encorvada como una cimitarra, con una superficie rayada en la parte anterior, formando líneas estrechas y paralelas al través. Tenía forma de cucurbita, con extremos agudos y vientre ancho, y en éste un agujero para dar salida a los sonidos. El áspero instrumento sonaba agitando el músico un pequeño alambre o cualquier objeto agudo que, al rozar, producía un chirrido de hierro enmohecido o un rumor de arena pisada sobre una superficie dura.

De aquel soberbio trío escapaban los campestres aires musicales, melodías de dulzor romántico sobre motivos de una simplicidad primitiva. Eran aires quechuas lanzados a la evolución, acariciados por el sentimentalismo andaluz.

La resultante de estos dos factores era algo peculiar, propio, exclusivo. Sonaba una nota reposada o trémula, y enseguida surgían otras más que volteaban en torno a la primera; juntas, progresaban melódicamente hasta llegar a un punto más alto de la gama, y después restituíase el aire a la nota primitiva. Este vaivén determinaba una monotonía triste, soñolienta, como si debiera ser cantada por amante que llora al desdén de su dueño.

Ocurría a veces una variante: el tiple se animaba como agitado por la inquietud de un movimiento expansivo; daban las notas volteretas en el pentagrama, determinando vivísimo allegro; el compás, siempre cadencioso, se apresuraba; el ansia de movimiento salía en impulsivos soplos de la caja sonora de los instrumentos; pero la agitación duraba poco, volviendo de nuevo a la monotonía anterior como onda armónica que se encoge en el reflujo de su sencillez.

Ejercía aquella música fascinación sobre los temperamentos. Montesa, cuando navegaba, silbó mil veces en lejanos mares la melodía nativa. Experimentaban los criollos al escucharla una emoción secretamente melancólica. El corazón se les oprimía, y una luz iluminaba en el recuerdo el pasado, dando relieve a los dormidos poemas de la infancia. Música amable, cariñosa, atractiva, en la colonia incitaba, removía, acariciaba con la suavidad de sus cadencias; ausentes de ella, conmovía, casi enternecía, presentaba ante los ojos la visión del nativo solar, invitando a recobrarlo, atrayendo con benditas memorias, enorgulleciendo por ser suyo y por haber en él nacido.

Y a compás de esa influencia, otra enervadora carnal. Un soplo que empuja al movimiento, una fuerza que lleva a la agitación anhelosa de contenidos deseos, mortificante estímulo que obliga a dos seres a poseerse sin posesión, contacto blando que despierta mundo de sensaciones, arrebato dominado por la convención, una hipócrita fórmula, en fin, para arrojarse en brazos de la bestialidad sin disipación ni escándalo.

Así invadían el aire aquellos sones, excitando el temblor agitante de un pueblo paralítico; así se escuchaba desde lejos como un treno, como conjunto de notas tristes atadas a las vibrantes; como melodía sentimental que se alzaba de los instrumentos; como dolientes ayes de un pueblo moribundo que, sonriendo y cantando, se hunde en la abyección.

La animación iba subiendo de punto a medida que la noche avanzaba y las lenguas bañábanse en libaciones de anisado y ron. Cuando el arroz dulce saciaba el apetito, borbollaban las risas, y las carcajadas, y el alboroto.

Brusco aleteo de grosería golpeaba los tabiques, rebotando sobre el suelo negruzco y manchado por la sialisis que el continuo mascar tabaco producía. Imperaba en todo la zaña rudeza que blasfema y grita para celebrar un chiste, confundiéndose así hombres y mujeres en la brutal torpeza de un concurso sin cortesía.

Al fin, en una de las puertas apareció la cabezota de Gaspar.

En aquel momento, Silvina bailaba con un labrador joven y bien parecido. Al dar una vuelta, la joven vio a Gaspar. ¡Qué suerte! A llegar unos minutos antes la hubiera encontrado colgada de los brazos de Ciro.

Al pasar por delante de la puerta detúvose la pareja, y Silvina dirigió a Gaspar una mirada interrogante. Éste, con ademán afirmativo, expresó su conformidad, y Silvina siguió volteando con el labrador.

Gaspar se lanzó también. Por el camino habíase detenido en varios ventorrillos y bebido buenas dosis de ron. Éste, revolviendo allá dentro, y el dinero de Marta arrinconado en el fondo del bolsillo, le habían puesto de buen humor. Sí, a divertirse... Por supuesto, sin quimeras, sin garatas. Quien quisiera pelear, al camino. Allí se habían reunido personas de consideración, y era menester respetar y dejarse de relajos. Y entre dicharachos y discursos que nadie le pedía, perdiose en el remolino de parejas, chocando aquí, tropezando allá, y en todas partes apestando el ambiente con su aliento aguardentoso.

El buen humor de Gaspar llegó al paroxismo. El labrador que bailaba con Silvina vio a Ciro con su novia. Desprendiose ésta de los brazos de Ciro y asiose a su galán, dejando plantados en medio de la sala, el uno, a Silvina; la otra, a Ciro.

Imbécil gritería celebró el caso. Y todos proclamaron la lógica de que los dos plantados se enlazasen en el baile.

Silvina dudó recelosa; mas, tropezando con Gaspar, vio que éste venía haciendo visajes y haciendo coro a la insinuación de los demás. Entonces sintiose asida por Ciro, abandonose en sus brazos y se perdió con él en el tumulto.

Apenas empezaron a bailar, Ciro bajó la cabeza a la altura de la oreja de la joven y dijo en voz baja:

-Esta noche..., ¿verdad?

-Esta noche..., ¿qué? -contestó ella, sintiéndose poseída de intensa alegría al verse autorizada para bailar con el joven.

-Te digo que esta noche hago un disparate.

-¿Vuelves otra vez con tus locuras?

-Es que no me conformo, es que te quiero... Estoy resuelto. Aunque me comprometa y te comprometa. Esta noche ése está más borracho que un alambique. Caerá como una piedra sobre el soberao. Espérame. Ya lo sabes...

-¿Pero acaso vivo yo sola?

-A mí, ¿qué rayo? Así vivas dentro de un baúl, allá voy a buscarte.

-Allí está Leandra. Es seguro que Galante estará también. Y luego, Gaspar...

-No importa. Galante y Leandra duermen en el cuarto de afuera. Tú y ese animal en el otro.

-Ni por pienso, ¿sabes? Ni por pienso te ocurra eso...

-¡Voy!

-No, imposible. Déjate de eso.

-Mira: voy. Por encima de todo, voy. Si me esperas, puede que no pase nada; pero si te opones y haces ruido y se despiertan no vuelvo la espalda. Te lo aseguro. Llevo mi mocho, y voy resuelto a hacerle cara a todo el barrio.

-Pero ¿por dónde vas a entrar? -dijo ella, bajando mucho la voz.

-No sé por dónde. De todos modos espérame despierta.

-Esa es una barbaridad. ¡Dios quiera que no se arme la gran trifulca!

Y mientras duró el danzón no hablaron de otra cosa. Silvina, emocionada; él, insistente. Llenábase ella de pánico. ¿Cómo impedir que Ciro realizara su proyecto? Además, en la lucha tenía ella un flanco débil. Temía los peligros del audaz propósito; pero un secreto gozo, un ansia sin sensación definida, un anhelo hondo, muy hondo, la hacían desear que la tentativa resultase practicable.

-¡Dios mío!, si te oyeran, ¿qué sería de nosotros y, sobre todo, de mí?

-No oyen los que están bien dormidos; te asustas más de la cuenta. He pensado muchas veces en aprovechar una ocasión, y ahora te lo digo, he rondado muchas noches por aquel lugar. Pero tú no estabas avisada. Ahora lo estás, y la cosa cambia. Quieras o no quieras, si nos hemos de fastidiar, nos fastidiaremos juntos.

Quedaba en ella un resto de duda. Ciro no cumpliría su temeridad. Daba, pues, lo mismo discutir o consentir. Mejor era dejarle.

Al fin terminó la danza, y Silvina corrió al lado de Gaspar.

La atmósfera de la sala parecía un nubarrón saturado de polvo, de emanaciones humanas, de humo y tabaco.

Cabeceaban ya algunas viejas, rindiéndose a las fatigas de la noche en claro, mientras las parejas jóvenes empeñábanse en dilatar las horas alegres, y los chicos, tirados por los rincones, dormían con sueño feliz.

Ya muy baja la luna, disolviose el baile. Gaspar, Leandra, Silvina, las Flacas y varios campesinos regresaron en un grupo a su montaña.

Al salir de la sala, Silvina, todavía sofocada por la agitación, sintió en el semblante el aire fresco de la madrugada, produciéndole ingrata impresión. Le ardían los ojos, tenía sueño, abatimiento, laxitud.

Así caminó algunos metros. Detúvose de pronto. La había invadido un aura vaga, algo inexplicable. Sintió extraño aturdimiento, hebetud profunda. Fijó la mirada en un punto del espacio, y, dando algunos pasos rápidos, se sujetó de un árbol, abrazándose al tronco. Luego perdió la noción del mundo. En su torno desvaneciéronse las cosas, la ideación consciente interrumpió su enlace, dejó de saber en dónde estaba, en su cerebro nada existía, ni pasado, ni presente, y, al fin, cayendo en una absoluta privación de la vida cerebral, se tambaleó en vértigo idiota.

Acudieron todos, la sostuvieron, la sentaron sobre la hierba y trataron de reanimarla.

El azote nervioso pasó pronto. Ya reportada, abrió los ojos, miró con asombro a todos lados.

-¿Qué me ha pasado? -dijo.

-Nada: eso no es nada.

-¿Pero qué he sentido? ¿Por qué me he mareado? ¿Por qué estoy aquí, en la hierba?

-Porque poco te faltó para caer redonda.

-Yo estaba buena, sana. De pronto se me fue el mundo... Me ha dado un mal, ¿verdad?

-Vamos -dijo Gaspar-, ya eso pasó. Lo que hay es que todas las mujeres son locas. No te has cansado de brincar toda la noche;

luego saliste enseguida a la luna. Claro, por poquito te pasmas. Pero vamos, ya estás buena. Vamos...

Continuó el grupo la marcha, y Silvina le siguió quebrantada, como si hubiera sufrido la depresión de un gran trabajo. Iba presa de gran tristeza, conteniendo los sollozos. ¡Qué raro era aquello! ¿Por qué había sentido tan extraño mal? Sin embargo, cuando llegaron a la casucha las aprensiones se habían disipado y estaba más tranquila.

Al abrir la puerta salió del interior una bocanada de olor humano. Y oyose la respiración ruidosa de un dormido.

Leandra impuso silencio. Nada de ruidos. Galante estaba allí, en el camastro.

Penetraron todos en la vivienda, y a poco reinó el silencio, sólo interrumpido por los groseros ronquidos de Gaspar.

En el cuarto más grande, Leandra y Galante en el camastro, y Pequeñín rebujado en el suelo entre unos trapos. En el otro cuarto, Gaspar y Silvina en su tálamo: una estera amarilla cubierta de trapos y unos sacos que servían de almohada.

Gaspar, sin desvestirse, cayó inerte, como si un sueño de príncipe encantado le hubiera condenado a dormir un siglo.

Silvina, pensando en Ciro, desvistiose lentamente. ¡Dios santo! ¿Sería capaz de ir? Deseaba dejarse llevar por el acaso, abandonarse en la aventura; pero la zozobra la tenía asida y el miedo indecisa. Bajo la influencia de tales impresiones, acostose en la estera, al lado de su tirano.

Gaspar quedaba del lado del tabique, ella a media vara de distancia.

La sombra ennegrecía en la casucha todos los detalles. Por alguno que otro intersticio podíase descubrir la claridad exterior, y por el pavimento de tablas de palma viejas, mal unidas, lleno de hendijas, podíase descubrir el color pardo de la tierra, sobre la cual, a una vara de altura, estaba construida la casa.

Todo quedó en el quietismo. Sólo alguna cursoria aleteó en el aire para caer después al suelo y entregarse al cucaracheo asqueroso de caza nocturna.

Media hora después, Silvina se incorporó asustada. Había oído un ruido extraño. Un roce de pisadas producidas por el paso de alguien que rondaba en el exterior.

Era Ciro. El joven les había seguido desde Vegaplana, resuelto a cumplir su promesa. Esperó en el bosque el tiempo que juzgó bastante para que todos conciliaran el sueño, y luego acercose cautelosamente a la casucha, buscando manera de penetrar en ella.

Silvina, asustada, galopándole el corazón, escuchó... Ciro llegó a la casa y se metió debajo. Sabía que Gaspar y Silvina ocupaban el cuarto pequeño, pero ignoraba qué ángulo de éste era ocupado para lecho.

Introdujo el machete por el intersticio de dos tablas del pavimento. Tropezó el arma con algo que cerraba el paso. Era indudable que la estera estaba allí.

Introdujo luego el machete más hacia la izquierda; siempre el mismo obstáculo le detenía. Siguió probando de ese modo hasta llegar al tabique de la fachada, y luego, volviendo al sitio por donde empezó la pesquisa, probó de nuevo hacia la derecha.

A la tercera tentativa, el cuchillo penetró entero. Indudablemente por aquel lado no había obstáculo. Midió una extensión como de media vara y calculó que para abrirse paso necesitaba levantar cuatro tablas. Siguiendo la dirección de una hasta su extremo junto al tabique, probó a empujar. Las tablas estaban atadas con resistentes bejucos que las mantenían unidas, que formaban el cuadro de la choza. Cortó el joven la atadura de una de las tablas y ésta, cediendo, crujió ligeramente. La alzó Ciro algunas pulgadas, la empujó oblicuamente y la dejó descansar sobre la tabla inmediata. Del mismo modo cortó la atadura de una segunda tabla, y a los pocos momentos el busto de Ciro apareció en el interior de la casucha como surgido por escotillón.

Escuchaba Silvina sin perder un solo detalle del asalto. ¡Qué atrevimiento, qué audacia! Tenía ella inmenso miedo; pero al mismo tiempo, desvanecido el malestar sufrido a la salida del baile, experimentaba arrobamientos de felicidad.

Allí estaba el hombre amado que por ella a los mayores peligros se exponía. Y en la sombra del cuartucho, sentada sobre la estera, teniendo al lado a Gaspar, desde el fondo del alma admiraba a Ciro; veíale engrandecido por la pasión, digno cien veces del premio a tan duro precio perseguido.

¡Ah, pero si los sorprendía! ¿Qué iba a pasar allí? Entonces, resuelta, deslizose por el suelo hasta el hueco abierto por Ciro.

-¡Por el amor de Dios..., ten cuidado!

-¡Silvina!... ¡Silvina de mi alma!

Y abrazados, él con los pies en el sótano y el busto en el interior de la casa, y ella acurrucada junto al hueco del pavimento, unieron sus labios, diéronse besos muy diminutos para que no sonaran.

Allí, en voz muy tenue, cambiaron algunas palabras que el temor hacía balbucientes. Él, resuelto a terminar, impaciente, bajo el estímulo de una premura necesaria, queriendo acortar la aventura, cuyos peligros comprendía, en una oscuridad de donde podía, súbito, esgrimirse el machetazo del huésped sorprendido en el sagrado del domicilio. Ella, ebria. Sí, era preciso dar fin a aquella historia. En el baile, en brazos del joven, había entrevisto momentos de dicha. Sentíase invadida por la vacilación final. Así, al sentir la ternura del joven, cerró los ojos. ¿Tenía que ser? Pues que fuese...

-Espera... -dijo al oído de Ciro.

-Espera. Quería convencerme de que ése está bien dormido. No subas, no entres..., yo te avisaré...

Deslizándose, volvió al lado de Gaspar, que roncaba como fuelle de fragua. Acercose y le observó un rato. Dormía. ¿No estaría despierto, fingiendo dormir para caer a traición sobre ellos?

Observó otra vez. Dormía. Ella, sin embargo, quiso la evidencia. Alargó los brazos y le tocó, diole luego suaves empujones llamándole entre dientes, como si temiera que estando dormido le despertara la prueba.

-¡Gaspar! ¡Gaspar! -y como éste no respondiera, continuó-: ¡Gaspar, por vida tuya, Gaspar!

Yacía éste como masa de carne averiada que arrojó un matarife.

-¡Gaspar..., oyes, Gaspar!...

Le movió con más fuerza, pero en vano. Entonces, respiró ella con placer... ¡Estaban seguros! Volvió junto a Ciro, y con voz tenue, emocionada, deliciosamente cariñosa, dijo al joven:

-Ven.

Mas en aquel momento oyose una voz gutural que murmuraba en el cuarto inmediato.

Galante había oído cuando Silvina llamaba a Gaspar. Primero permaneció indiferente; luego, aquel por vida tuya, le hizo levantar la cabeza. Escuchó la voz insistente de la joven y sonrió. ¡Diantres! La pobrecilla, después de la noche alegre, estaba desvelada; y el bruto de Gaspar habíase dormido, sin duda abandonando con estúpido desvío la exigente juventud de su mujer.

Llamó a Leandra. Ésta, que dormía panza arriba como un quelonio volcado, despertó remolona. Él dijo algo que repitió con insistencia, mientras empujaba a Leandra para hacerla levantar... Despierta Leandra al fin, comprendió... Levantose y al poner los pies en el suelo toda la casa crujió.

Silvina, al escuchar los ruidos, quedó helada de susto, y Ciro, que había empezado a subir por el agujero, detúvose receloso.

-Lo que te decía..., ¿ves? -dijo ella.

-No..., no es nada...

-¡Vete..., vete...!

Sonaron pasos. Leandra, caminando a oscuras se dirigió al cuarto de Silvina.

Midió Ciro el peligro. Si estaba ella resuelta, cualquiera hora sería mejor que aquélla, sin necesidad de arriesgarse en los peligros de escándalo. Era indudable que alguien se había despertado. Persistir, permanecer allí, era comprometerse totalmente sin llegar al buen éxito. El instinto de conservación triunfó, y mientras Silvina se replegaba encogida al lado de Gaspar, deslizándose por el hueco, huyó apresuradamente hasta perderse en el bosque.

En tanto, Leandra llegó junto al lecho de Silvina, se inclinó sobre ella, la asió de una mano.

Invadida por un terror de muerte, Silvina comprendió también.

¡Era el tráfico, el horrible tráfico, desgarrándola con su inicua zarpa!

Permaneció inmóvil, fingiéndose dormida; pero Leandra tiraba de ella. ¡Ah, imposible! Pensó verse arrebatada por una ráfaga de dicha y volvía a la realidad sintiéndose empujada al asco y a la infamia. No, no iría...; ya era bastante infeliz para consentir otra vez tal canallada.

Mas Leandra la movía bruscamente.

-Silvina..., está amaneciendo. Levántate..., junta leña para hacer café...

-No puedo..., estoy muerta de sueño...

-Silvina, ¿no entiendes?... Ven..., ven.

Sabía ella que tales palabras eran un pretexto, un andrajo de apariencia con que se cubrían las intenciones. Y resistía, resistía...

Pero Leandra, apretándola, tirando de ella, consiguió levantarla, sacarla del cuarto, conducirla al otro; mientras, ella pensaba que su resistencia movería ruidos; que despierto Gaspar le empujaría también; que harían luz y aparecería delante de todos aquel agujero practicado en las tablas que ella, furtivamente, debía cerrar antes del día. Pensó, en fin, en inmenso abandono, en su desvalida soledad en medio de aquellos seres, resueltos a herirla en el corazón, a retorcerle el alma...

Entonces, en la oscuridad, un brazo de hombre la ciñó por la cintura.

Leandra bajó el colgadizo, reunió algunas astillas, que al ser encendidas chisporrotearon con movediza llama; puso a hervir el agua para el desayuno, y, en cuclillas frente al hogar, esperó el hervor, mientras en el sereno cielo empezaban a difundirse prístinas claridades de alba, los primeros indecisos colores del día, tan suaves, tan inocentes, tan puros.

Capítulo VI

La faz menguante de la luna habíase iniciado con abundantes lluvias.

El cielo, antes de una pureza de cristal, estaba lechoso, turbio, lleno de nubes extravagantes, como inmensos bloques grises, como cordilleras negruzcas, como alados monstruos de cabelleras flotantes.

Con frecuencia, los grandes choques de meteoros resolvían en lluvia sus conflictos, y entonces descendía caudal de espesos aguaceros que sonaban al chocar con los bosques y rugían al despeñarse por los montes, formando torrentes y turbulentos desagües.

Juan del Salto, recluido por el tiempo, estaba en su escritorio entre un mar de papeles. De uno de los encasillados del mueble había sacado un legajo que ataba una cinta elástica. Eran las cartas de su hijo.

Una o dos veces al mes cruzábanse aquellas cartas, trasegando entre Juan y Jacobo del Salto ternezas e intimidades.

Jacobo, ausente de la colonia, estudiaba leyes en la capital de España. Entonces tenía ya veinticuatro años, hallándose en el último curso de la facultad.

Juan recordaba de su Jacobo al niño vivo, dispuesto, de mirada inteligente, de juicio robusto. Poco a poco, en el curso de los años, fue siguiendo en sus cartas los progresos que operaba en su hijo la cultura del gran centro. Jacobo tenía talento: sus cartas denunciaban la desenvoltura que el cultivo realizaba en sus facultades innatas y los avances conseguidos por el estudio.

Juan estaba contento, tenía fe en lo porvenir del amado ausente, porvenir sólidamente fundado en la fortuna que para él amasaba y en la brillantez de su espíritu cultivado y una inteligencia superior.

Sacó del legajo la última carta recibida para releerla con el alma abierta a la ternura.

En aquella carta, como siempre, lo primero era el culto filial. Jacobo ansiaba el momento de fundirse con arrebatos de loco placer en los paternos brazos. Era amor de niño saturado de sentimentalismos de adolescente, era un cariño intenso, vivísimo, como un rayo de sol reflejado en un espejo.

Después, venía el suelo nativo: en todas sus cartas derramaba la miel de ese otro cariño. Un fanatismo, un culto, una adoración que le inundaba de dulzura. Él, de colonia, recordaba algo... Recuerdos indecisos, de limitados puntos que no tenían enlace, impresiones inciertas, lo más culminante: las palmas, las vastas llanuras de cañaverales, los undosos ríos, el interior de la casa paterna en día de sol. Aparte de eso tenía a su patria impresa en sus ensueños: la soñaba más que la conocía. La consideraba a través del prisma de su alma romántica. Una tierra gentil, espléndida mejor que ninguna... La Naturaleza, entonando himnos de eterna poesía; el suelo, en la copiosa dehiscencia de inagotable riqueza; los seres, gozando del privilegio de tanta dicha. Todo desde la distancia lo veía embellecido por el ensueño.

A impulso del afecto, habíase creado una patria ideal, y a ella iban todas sus aspiraciones, todos sus deseos.

Juan, cuando contestaba sus cartas, templaba con prudencia aquellos idealismos. Aunque ausente el hijo, y ya hombre, consideraba que su sensata misión de padre no había terminado. Debía prepararle para los derrumbamientos de la realidad, y con sumo tacto, sin herir sus optimismos, le enviaba perfiles de la colonia, encargándole gran cordura para formar convicciones. Y al contestar Jacobo dejaba entrever las alternativas de su ánimo. Primero, la sorpresa; después, la duda; más tarde, el desencanto. La palabra escrita de Juan era para Jacobo prueba plena, le creía con fe absoluta; pero luchaba antes de resolverse a abandonar una ilusión.

«No te imagines -decía en su última carta- que he llegado a suponer a mi tierra un paraíso bíblico. De sobra conozco que en los combates de la vida todo es humanidad. Pero no quiero ocultarte la pena que me han causado tus palabras.

»Me dices que te regocija mucho mi acendrado cariño por ese suelo; pero que no olvide que a compás de la gran belleza de su creación hay marejadas que inundan sus playas y desbordamientos que arrasan sus campos.

»Te comprendo: quieres que yo, cuando menos, tenga un asidero en la realidad. Lo que entreveo no es tan perfecto ni tan apacible como lo sueño, ¿no es eso? Convenido; no habría de ser tan iluso que aspirase a tener una tierra sin convulsiones meteorológicas. Pero a mi vez me figuro que esa llamada que me haces a la vida real es un delicado símbolo de que te vales para hacer equilibrio a mi optimismo.

»Debo ser franco: para mí ese país es el mejor de la tierra, y son mis compatriotas mis hermanos. Tú celebras en mí este movimiento de afecto; pero me hablas de las tormentas y las marejadas. Sí; veo claro. Mis hermanos flotan en las tormentas de un difícil renacimiento. ¿Qué quisieran? Una patria libre, una patria redimida por la convicción o por la sangre, una patria que imitara las heroicidades de esas otras que sacudieron el yugo que las humillaba. Mis hermanos quisieran eso, pero dudan de sí mismos; temen la derrota, les espanta el desastre. Quisieran apretar sus lazos con la patria de origen, con esta patria que yo miro aquí de cerca, tan cariñosa, tan amable, tan buena; pero el egoísmo y la codicia de malos españoles malogra sus buenas intenciones. Ésas, ésas son las convulsiones de que me hablas. Ellos son Humanidad también; también están sujetos a las leyes generales de la evolución social, a las leyes eternamente progresivas de los organismos y de los pueblos. Lo presumo, lo sé...

»De otro lado, oigo con verdadera devoción lo que me dices del patriotismo: el bien que debe hacerse al propio país no ha de fundarse ni en la mentira, ni en el engaño, ni en la adulación a las muchedumbres... Claro; entiendo perfectamente. Después de Dios, la más alta grandeza es la verdad. Estas palabras tuyas, que subrayo, me parecen espartanas y, naturalmente, me impresionan profundamente; no habré de olvidarlas jamás. La verdad, sí, la verdad dicha en el propio hogar; la desinteresada propaganda de almas elevadas, no aquella mentirosa de siervos, de mendigos, vendibles a la lisonja, al miedo, al provento. La verdad, la verdad, ¡cómo la considero la más cristiana obra de la virtud y del honor!

»Quiero hablarte también de tres párrafos de tu carta que me hicieron la impresión de un baño frío.

»Párrafo primero: ... de ese modo se pasaría lo que al ave que viera un jardín retratado en un espejo: volaría hasta chocar bruscamente con el cristal. Quiero decir que, en el cristal de mis ilusiones, veo fantasmagorías inciertas, que si no logro sacudir los optimismos, corro peligro de golpearme al chocar con el espejo, hiriéndome en el corazón y en la frente. ¡Qué triste es eso! ¿Será posible que no pueda el sentimiento crear la realidad cuando ella no existe? ¿Es que no todos nuestros compatriotas piensan como tú y como yo?

»Segundo párrafo: ... con arranques líricos no se resuelven problemas arduos, como con el aire de un abanico no se perforan cordilleras. ¿Sabes cuál fue el resultado inmediato de esas palabras? Pues romper una «Oda a la patria» que había escrito. Esta vez fuiste iconoclasta. En esa oda cantaba la grandeza de mi país, fundándola en sus opulencias naturales y en el romanticismo de una humareda de sentimientos amorosos. La rompí convencido de que era un aire de abanico que había de perderse en el vacío de la inutilidad.

»Tercer párrafo: ... porque la Humanidad es la dueña del mundo y es necesario que, engrandeciéndose, logre cuando menos merecer el esplendor de la creación... Muchas sociedades sucumben apopléticas de teorías sin haber tenido la suerte de realizar en la práctica una sola de sus especulaciones filosóficas... Los pueblos son como los individuos: más realiza quien proyecta sembrar un arbusto y lo siembra, que quien se propone levantar un bosque y se duerme en el surco... ¡Realidad!, he aquí la gran palanca... Debe preocuparnos lo que es para llegar a lo que debe ser... Con sólo cantar lo que quisiéramos que fuese no se hace camino... Traduzco de estas frases toda una crítica, y como sé hasta qué extremo amas nuestro suelo, esa crítica tiene para mí una importancia inmensa.

»Sigue, sigue explanando la doctrina que tus observaciones te han permitido formar... ¿Qué gran estómago enfermo es ese de que me hablas?... ¿Qué depresión mórbida es ésa que por herencia pasa de una a otra generación, produciendo capas sociales contaminadas y enfermas? En el religioso amor que por mi tierra siento, quiero que seas tú el Moisés: muéstrame las tablas de esa ley...»

Juan gozaba releyendo todo aquello, mientras una sonrisa benévola le alegraba el semblante.

Su hijo tenía imaginación, agudeza. Era un catecúmeno que lo amaba todo con candor de niño; mas, al mismo tiempo, un pensador que iniciaba el gran viaje por las escabrosidades de la vida. Juan le consideraba con amor infinito, como si Jacobo hubiera sido de cristal bohemio, frágil y quebradizo.

Así discurrían las horas de aquel día nostálgico. De vez en cuando, por la ventana, miraba el cielo, invadido por nubes hidrópicas que chocaban a impulso de vientos encontrados, repleto de sombríos crespones que, adelantando la noche, hacían del día un largo crepúsculo.

Los árboles, azotados por la lluvia, estaban llorosos, escurriéndose por las hojas y las ramas el caudal llovedizo y abrillantándose con la humedad el verde de las hojas. Un día penoso por el hastío del obligado quietismo, por la suspensión de los trabajos y por la pérdida del tiempo que en los cultivos producían la deserción de las brigadas de obreros que ahuyentaba la lluvia.

A Juan le contrariaba el tiempo. Era fin de junio, y la granería que adornaba los cafetos podía verse comprometida con las aguas y los vientos. La cosecha se presentaba con preñez exuberante, mas algo perezosa, prometiendo una tardía maduración. El año había sido muy lluvioso y ya bastaba.

Con estas reflexiones acercose a la ventana. Las cumbres de la finca de Galante desaparecían bajo un nimbo de nubes; un cortinaje color de leche que descendía hasta las selvas, resolviendo en agua la eléctrica tensión de sus volutas,

En la finca de Juan no llovía entonces. Una corriente de aire alejaba los nublados como un fumador las espiras de humo. A pesar de la flagelación llovediza, los cafetales y las plantaciones de banano sonreían, irguiéndose felices con el fecundo regadío. Y Juan, siempre con aire de protesta resignada, abarcaba el paisaje, rebosante de vida y de nostalgia.

De pronto dejáronse oír rumores de disputa y escuchose la voz de Montesa.

Juan asomose al balcón situado en otra fachada de la casa. Apenas se hubo asomado vio a Montesa entre varios campesinos que escampaban los chubascos debajo de los aleros de la casa de máquinas. El mayordomo manoteaba furiosamente, dando empujones a los campesinos. A uno de ellos que contestó con acritud, Montesa, colérico, le cruzó la espalda con un látigo. Los campesinos vociferaron con enojo, mientras el mayordomo parecía dispuesto a proseguir...

-¡Montesa..., basta! Sube al instante.

Montesa, con sumisión de colegial, subió a la casa.

-¿Qué es lo que cien veces te he repetido? -dijo Juan.

-Señor...

-¿Cuántas veces necesito insistir para ser obedecido?

-Es que...

-Es que..., nada. Lo que acabas de hacer es bárbaro, arbitrario...

-El motivo fue que...

-Cualquiera que sea el motivo; cualquiera que haya sido la falta de ese hombre...

-Pero escúcheme usted, don Juan. Con esta lluvia, todo el día perdido. Esta mañana dejaron ésos el monte; escampó y les hice volver... Después del almuerzo pasó lo mismo, y hace una hora corrieron por tercera vez a escampar ahí debajo. Pasó el aguacero y volví a mandarlos al monte. Se negaron; pero me hice respetar, y la mayoría de los trabajadores se dispuso a seguir la tarea. Llueve mucho, la hierba nos pisa los talones, no podemos descuidarnos. Pues cuando todos volvían al trabajo, Inés Marcante, ese mequetrefe, que le pide permiso a una pierna para mover la otra, se opuso. Empezó con guaperías y quitó a los otros la buena intención. Cuando vi que no cumplían mi orden, mandé a ese tipo que despejara. No quiso y le empujé. Me dijo una mala palabra y le arrimé un cantazo... Eso fue todo.

-No quiero discutir si era o no justa tu orden. La verdad es que con este tiempo las plantaciones son torrentes, y los hombres están en peligro de enfermar. ¡Son seres humanos como tú y como yo!...

-¡Ca!... ¡Buena tropa son ellos!...

-Pero suponiendo que tu orden fuese razonable, levantar la mano para un hombre es cosa repugnante que no quiero, te lo he dicho cien veces, en mi finca.

-¿Y cómo arreglárselas con ellos?

-Si te desobedece alguno, despídele; si te falta, múltale, y si te injuria, acude al comisario.

-Bien; sí. Muchas veces usted me ha ordenado lo mismo, pero...

-Pero ¿qué?

-Eso no da resultado; lo sé de viejo. Dándoles hasta que les duela, ceden y se ponen como barbas de maíz. Los más guapetones se hacen humildes. Para sacar partido de ellos no queda otro remedio.

-Sí queda... Quedan la convicción y las buenas palabras.

Montesa sonreía con incredulidad.

-La violencia envilece o desespera. Si tratas así a los hombres que están bajo tus órdenes, les convertirás en idiotas o en iracundos, y en ambos casos... no serás amado.

-¡Ah, si yo mandara!

-Si tú mandaras, serías bonitamente un tirano.

-Es que yo conozco a esa gente, don Juan...

-Por esa misma razón debes atemperarte. ¿Les conoces como incapaces de convicciones, como desprovistos de nociones del deber? Pues si les injurias, si les oprimes, si no respetas en ellos su ciudadanía libre, no estableces diferencia entre su modo de obrar extraviado y el tuyo sensato.

-Mientras no se barra toda esa chusma...

-¡Ea, cállate! La represión por sistema es odiosa e inútil. Sólo produce encono, malestar, idiotismo. El despotismo hace fango, y en ese fango, por ley fatal, se anega el déspota. ¡He dicho que basta! Por última vez: en mi finca no estoy dispuesto a tolerar tamaña mengua.

Montesa bajó cariacontecido... ¡Ya! ¡Buen avance con tantas delicadezas! Don Juan era un caballero y juzgaba por sí a los demás. Su sistema era mejor: a los borricos, palo. ¡Si a lo menos tuvieran conciencia de lo que es la obligación! De ellos no había nada que esperar. Se comprometían a una faena, la abandonaban; prometían llegar a una hora fija, faltaban a la cita; no se identificaban con el dueño. Y luego sin hogar, sin casas abrigadas, sin método de vida y descalzos. Bestias pidiendo a gritos el rebenque. Y, malhumorado, no pensó más en reanudar aquel día los trabajos.

En el grupo de campesinos estaba Marcelo. Con aspecto exangüe, la mirada vaga, la boca entreabierta y el pecho hundido, ocupaba, como de costumbre, un sitio alejado del bullicio.

En aquellos días había sufrido mucho; una debilidad general, acompañada de palpitaciones, le hacía caminar vacilante, dejándole poco menos que inútil para el trabajo.

Después de aquel domingo en que le hicieron beber, estaba aún más melancólico. Cuando Ciro le condujo a la choza durmió doce horas de sueño profundo, estertoroso. Al siguiente día, al despertar, todos los recuerdos cayeron sobre él como azotándole con las inquietudes del remordimiento. Sentía dolor de la falta cometida. ¡Qué había hecho! Repetir la terrible prueba que le llenaba de espanto sin haber resistido bastante las pretensiones de los ociosos de la tienda. Había hecho mal, muy, mal, debió reñir antes que ceder. Al salir Ciro para su trabajo había dejado la puerta abierta. Marcelo miró hacia afuera, y el sol le deslumbró. ¡Qué pesadez, qué cansancio! Le parecía tener la cabeza hueca y una peonza bailándole adentro. Le pareció el día abrumador, bochornoso; la polvareda de átomos de oro que bajaba del sol le hizo ingrato efecto, obligándole a cerrar los ojos.

Sentose con abatimiento en el umbral, y de nuevo desfilaron los recuerdos. Toda la escena del domingo renació en él con sus alternativas, con sus detalles, con sus emociones encontradas, apretándole el corazón. ¡Ah, nunca, nunca más! Aunque le burlaran, aunque le hicieran pedazos, no bebería...

De pronto sintió una viva inquietud, un recuerdo en forma de flecha se le clavó en la carne. Andújar... Gaspar... Deblás... El diálogo del ranchón... ¡Dios santo! ¡Qué terrible era aquello! Recordó que acostado detrás del ranchón había dudado; ¿callaría?, ¿avisaría a Andújar el peligro que le amenazaba? Recordó que se había prometido callar: ¿quién le metía a él en asuntos ajenos? Pero ¿y si mataban al otro? ¿No era infame poder evitar y callar? Recordó que después de vacilar mucho había pensado en Juan del Salto, en sus palabras, en la complicidad del silencio de que le habló una noche. Y recordó que, finalmente, habíase resuelto a evitar el tremendo atentado. Luego, sin haber dado forma al proyecto ni saber de qué manera hablaría sin comprometerse, vino su lucha con los campesinos y su borrachera.

Ahora estaba allí, solo, sin estorbo; había que resolver. Quedose pensativo, reflejándosele en el semblante las ideas penosas. Lo natural era correr a la llanura, al poblado, presentarse a la justicia, contárselo todo. «Señor juez, en mi barrio quieren matar a un hombre...» Sí, derecho al tronco. Pero, ¿y luego? Vengan las pruebas: «Señor juez, yo oí cuando dos hombres se apalabraban para ese crimen...» Y ¿cómo se prueba sin testigos que es cierto lo que se oye? De todos modos, la policía, el alboroto; presos Gaspar y Deblás. Y ¡quién sabe si él preso también! Gaspar y Deblás, claro, negarían. «Señor juez, ésa es una mala voluntad que nos tiene Marcelo; lo que dice es una calumnia.» ¿Cómo probar que era cierto? Y si no se prueba, todo el mundo a la calle, y entonces, en el monte, los dos asesinos le caerían encima. ¡No, no haría eso! Las consecuencias que de una denuncia a la justicia pudiera tener le amedrentaron, su torpeza pusilánime no le permitía concebir la acción reparadora de la ley cumpliéndose sin peligro para los buenos. Temió caer en manos de polizontes, ser castigado por delitos que no había cometido, y al pensar que se vería traído y llevado en declaraciones y careos y encerrado en una cárcel, sintió la contrición del pavor. No; aquél era el peor camino.

A la idea de la justicia sustituyó otra: Juan del Salto. Recordó sus palabras de aquella noche, sus benévolos consejos. Iría a su finca, le relataría la trama. Sí; Juan del Salto era el hombre. ¿Qué resolución tomaría? ¡Dios lo sabe! Después de la sorpresa, la indignación, como cuando le refirió lo de la pedrada de Galante. Después, indudablemente un parte al juez. ¡Siempre el juez con su batallón de escribanos, de policías, de carceleros! Señor juez, me ha referido Marcelo esto, lo otro y lo de más allá... Y hete a Marcelo cogido, obligado a denunciar a los otros, a declarar toda la historia, corriendo los peligros de la venganza de los asesinos. De ese modo también iría a la cárcel, al antro de que tenía tan espantosa idea; en donde la enfermedad mata pronto a los más fuertes; en donde la piel se pone tiñosa y el cuerpo se hincha y se agrieta para manar agua infecta; en donde los presos se destrozan, revolcándose entre vicios repugnantes e hiriéndose con pedazos de vidrio o con armas furtivamente introducidas en el patio grande.

Marcelo entonces experimentaba desaliento, amargura, que le agobiaban, llenándole los ojos de lágrimas. ¡Caer en la cárcel! ¡Verse envuelto en un proceso! No le ocurría que en los hechos la responsabilidad no era suya; pensaba que con haber escuchado el pacto del crimen había delinquido. No confiaba en la energía de la honradez levantando la frente, declarando la verdad, serena en su inocencia. No raciocinaba con la lucidez de quien tiene conciencia exacta de las cosas: ¿era inocente?..., sí; ¿había cometido algún crimen?... no; pues el hombre honrado nada teme... ¡Adelante!... A perseguir a los malvados; la inocencia se levanta siempre diáfana en los combates del mal.

Después quedose abismado, como quien busca el resorte de un difícil mecanismo.

Al fin pensó en Andújar y sintiose aliviado. Sí, aquél era el camino. El interesado, la presunta víctima, la persona a quien convenía eludir el peligro. Andújar tomaría precauciones, pondría en práctica medios de defensa que le libraran de la asechanza; y él, Marcelo, cumpliría con un deber de conciencia evitando un crimen sin necesidad de dar la cara. Andújar era primo de Deblás, le había ocultado, sostenido con dinero y ropas; era, en suma, su encubridor. No era posible que le delatase; buscaría otros medios de defensa menos ruidosos. En último caso esperaría la noche elegida a los asesinos, les haría frente, les mataría en defensa propia, y para nada de eso necesitaba del joven. Podía, pues, hablar con Andújar, referirle el complot, exigiéndole, por supuesto, que no le sacara a relucir, que le dejara en la sombra, sin exponerle a la venganza de los otros.

En esas cavilaciones pasó gran parte de la mañana. Luego sintió el gran vacío de su estómago, recóndita necesidad de reponer fuerzas perdidas, y abandonó la choza, perdiéndose en el bosque.

A partir de aquel lunes, todos los días vacilaba. Confiaba en que hasta el primer día de luna nueva no había temor.

Cada vez que pensaba en el asunto recorría mentalmente la gama. Primero un dilema: ¿callaría, dejando hacer?, ¿hablaría, evitando un crimen? Después, siguiendo el partido de hablar, tres caminos: el juez, Juan del Salto, Andújar. Y le sorprendía la noche sin resolver. Se inclinaba a Andújar, que estaba más a su alcance, que era hombre familiarizado con los campesinos, que inspiraba menos respeto y cumplimiento. A despecho de esa inclinación, vacilaba. Todavía paciencia, ya llegaría el momento en que encontrara solo a Andújar, en que pudiera hablarle sin inspirar sospechas.

Así pues, el día de la gran lluvia, cuando escampaba bajo los aleros de la finca de Juan, nada había hecho todavía. Varias veces en la tienda sintió impulsos de terminar, pero se dominaba. No, todavía no...

Cuando Montesa abofeteó a Marcante, Marcelo alejose con timidez. Él nada tenía que ver en el asunto, estaba dispuesto a obedecer; que se las arreglaran ellos. Cuando todo pasó quedose con aire abobado contemplando un lugar incierto del cielo.

Sin embargo de la gran lluvia, la atmósfera estaba cargada y el montón de nubes negruzcas discurría como legión de corceles desbocados. Del río se elevaba un gran rumor, un estrépito de cien batanes azotando las aguas.

De pronto cundió la alarma... Juan del Salto, Montesa, todos los campesinos corrieron cerro abajo hasta alcanzar la barranca de la ribera. ¡El río!... ¡El río!... Era la hinchada descarga de la creciente que descendía furiosa de la sierra.

Un cúmulo colosal de agua había roto su dique, y por la peñascosa cuenca rodaba con fuerza inaudita. El torrente precipitábase en una carrera sin freno, aullando como can enfurecido, retorciéndose como gigantesca serpiente, resuelto a romper la estrechez del canal que lo encauzaba. El aire se estremecía, invadido por el estrépito, y sus sacudimientos bufaban como si en aquel momento descargara un odio secular. Las aguas eran fangosas, rojas; chocaban impetuosamente con las laderas, produciendo enormes derrubios que ensanchaban el cauce; desplomábanse espumosas por los declives o giraban arremolinándose en un laberinto de círculos concéntricos; socavaban la base de las peñas, reflejándose como surtidores hasta desplazar el obstáculo; rugían, en fin, con ira de chacal encadenado.

El torrente parecía sangriento, como si habiendo recibido una estocada la cordillera se desangrara por aquel cauce, por aquel canjillón iracundo por donde corría la muerte, poblando de rugidos la montaña y sacudiendo el caudal contra los obstáculos; una muerte de rojo semblante que descendía de la cordillera barriéndolo todo.

Multitud de campesinos en las dos orillas lanzaban gritos prolongados que difundían la alarma. De vez en cuando el sonido lúgubre de una bocina avisaba el peligro: era un caracol en cuyo cóncavo la voz humana se reforzaba, tomando proporciones de eco grandioso, de terrible sentencia de los dioses.

Agitábanse los campesinos con susto y curiosidad. ¡Sube..., sube..., sube! Seguían los progresos de la creciente, cada vez más impetuosa; huían de los desprendimientos de las orillas, derribadas por los arrastres; manoteaban aspaventosos ante la conflagración que les amedrentaba. Era la muerte que desde las cumbres bajaba desolando la tierra.

Arrancaba el ímpetu troncos de árboles, grandes ramas todavía verdeando bajo el hojambre, pedruscos que volteaban sobre sí mismos como si hubieran sido lanzados por el puntapié de un coloso, restos de viviendas ribereñas sorprendidas por la creciente, arrebatadas por su pujanza. El color rojo de las aguas era interrumpido por el color gris de los objetos. Una isla de malezas que entre sus raíces retenía piedras y terrones desembocaba a veces en lo alto del canjillón, era un tránsito breve, momentáneo. A poco desaparecía a lo lejos obedeciendo al ímpetu de traslación y dando volteretas a favor de los remolinos. ¡Sube..., sube...! Y los campesinos temblaban por la suerte de sus compatriotas avecindados más arriba, en los bohíos de la montaña, o más abajo, en las casitas del valle.

Oyose entonces un grito de espanto. En una depresión del terreno que a orillas del río formaba una pequeña vega estaba una cabra atada a un árbol. No se temió al principio que las aguas alcanzaran aquel nivel; pero bien pronto un nuevo golpe de la creciente invadió la vega. El dueño de la cabra, un chicuelo de catorce años, vio que la corriente iba a arrebatarle su tesoro..., ¡acaso su único caudal! Sin medir el riesgo penetró en el agua, alcanzó la cabra, y en el momento en que, cortada la atadura, aquélla salía ilesa del peligro, el muchacho dio un traspié, cayó de bruces, se incorporó vacilante, volvió a caer, y fue, por fin, arrebatado por el torrente.

Un grito de espanto salió de todos los pechos, y el muchacho, volteando en el agua, logró asirse a las ramas de un árbol que, inclinándose sobre el cauce, mojaba el ramaje en la corriente.

La situación era crítica: el árbol podía ser derrumbado, y el chicuelo, sin fuerzas, hundido para siempre.

Entonces pasó algo hermoso, radiante... Juan del Salto sintió asombro, no sorpresa; muchas veces había él presenciado cosas parecidas. Inés Marcante, el que acababa de recibir los latigazos de Montesa, saltó desde la orilla izquierda al agua. Casi simultáneamente saltaron seis campesinos más. El monstruo líquido tuvo que romperse para dejar penetrar en su seno a algunos jirones de Humanidad ennoblecidos por la grandeza de los héroes.

Un pasmo sin palabras dejó suspensos a los circunstantes. En las ramas del árbol oblicuo, el chicuelo; en la superficie de las aguas, luchando con resuelta audacia, los campesinos; en torno, el rugiente caudal barriéndolos. El árbol, por un capricho de la vegetación, nacía en el flanco de la barranca; desde el borde del árbol era imposible descender sin el auxilio de cuerdas o largas perchas; el peligro que el chicuelo corría era inmenso.

De los siete nadadores, dos a punto de ahogarse viéronse obligados a ganar la orilla; cuatro, a diferentes distancias, pugnaron por atravesar el cauce; sólo uno, Inés Marcante, más diestro, más ágil, más afortunado, llegó al árbol, sujetó al muchacho por un brazo y le montó en la más gruesa rama. Después montose él, arrastró al náufrago por el tronco y esperó el auxilio de los campesinos situados en la orilla derecha. Luego, ya en tierra, le acostó a la larga y comenzó a darle friegas. Los otros salvadores salieron al fin, y a la consternación de las gentes siguió un clamor de victoria.

Sintió Juan que el pecho se le dilataba, inundado de gozo. Aquello había sido un rayo de luz en la noche de su pesimismo, una flor nacida entre ortigas, un ágata en el pantano.

El río, en tanto, en su carrera loca, continuaba despeñándose, envolviendo en espumas las márgenes y destruyendo las plantaciones ribereñas. Juan, seguido por Montesa, recorrió aquellos lugares y pudo darse cuenta de la importancia de los daños. Algunos cafetos derribados y algunos malecones contentivos de los terrenos, destruidos por las aguas.

Después, anocheciendo, dispersáronse los campesinos; unos que viven en la orilla derecha, obligados a pernoctar en la izquierda; otros avecindados en la izquierda, en el caso de hacer noche al otro lado.

Para nadie faltó café: alarde hospitalario dominó el concurso, y bien pronto el suelo de palmas de las chozas sostenía a los durmientes extraños y a los caritativos anfitriones.

Juan regresó pensativo. Sus meditaciones iban a tener ancho campo; su espíritu de sutil observador, recientes impresiones.

Al llegar a la casa dijo a Montesa:

—Y bien: ¿qué te han parecido Inés Marcante y sus compañeros?

Montesa quitose el sombrero, rascose el occipucio, dudó un momento y dijo:

-Pues me han parecido... que... Vamos, que esos diablos casi me han hecho llorar.

Una hora después era noche cerrada. El río, aunque cediendo en su furor, rugía siempre, mientras las sombras lo encapuchaban todo. Ni una estrella, ni un celaje: sólo algún trueno lejano difundiendo su detonación elástica. Era una noche tétrica: el cielo negro; la tierra, negra; el vacío, negro también, como si todo se enlutase por la ausencia del sol. De la tierra levantábanse húmedas condensaciones; la gran esponja terrena, henchida por la lluvia, devolvía con hartura en invisibles nubes de riego fecundo.

La Naturaleza reposaba de los desastres del día, elaborando en sus senos recónditos los primores de su materna gestación.

Capítulo VII

Marcelo sentíase aliviado. El gran secreto cuya posesión le abrumaba era ya conocido de Andújar.

En una ocasión propicia tuvo resolución bastante para hablar. Fue a medio día; la tienda, solitaria; el dependiente, distraído en la carga de una recua; todo se hizo fácil.

Por la puerta posterior llamó al tendero, quien, al notar el aire misterioso del confidente, sintió una curiosidad a la altura del misterio.

Marcelo, después de mil circunloquios, entró en materia.

-¿Palabra de honor?

-Sí.

-¿A palabra de honor que no me comprometerá usted?

-Sí, hombre...

-¿Por su madre?

-¡Por mi madre!

-¿No dirá usted nunca que le avisé?

-No..., no... ¿Acabarás? A palabra. Te guardaré el secreto. Pero di, ¡caramba! Reviento de curiosidad.

Marcelo entonces, sin omitir ni un detalle, derramó todo el secreto.

Palideció Andújar. ¡Robarle..., asesinarle! ¡Canallas! Haber amparado al desertor, al pillete de su primo, librándole cien veces de las persecuciones de la Guardia Civil para que ahora le hiciera víctima de tan miserable trama.

Dudó si sería verdad lo que Marcelo relataba.

¿Qué interés podía impulsarle a mentir? Sí; todo era cierto. Marcelo era un pobre chico, incapaz de embuste semejante. Le conocía, y no dudó: era evidente que le preparaban una asechanza.

En tanto tiempo de residencia en la comarca, jamás le había asaltado temor alguno; aquélla era una buena tierra, sin alimañas, en donde se vivía en paz. Alguna que otra ratería. Eso a lo sumo.

Pero sin duda su prosperidad despertaba la envidia de su pariente, y éste arrastraba al bárbaro de Gaspar a la maquinación en proyecto.

No había que confiar demasiado; su casa estaba casi desprovista de seguridades: delgados tabiques de tablas, puertas cerradas con débiles trancas o con cerraduras iguales a las de todo el mundo. Nada más fácil que romper una ventana o desplazar una puerta y, una vez dentro, desvalijarle. ¡Ah, buena suerte fue para él la lealtad de Marcelo!

Por aquellos días andaba Andújar preocupado con importantes negocios que le desviaban de los acostumbrados.

Galante, el rico propietario, habíale propuesto algo tentador... No era cosa de echar canas en el monte: que siguieran los cafetos derramando oro; lo conveniente era emprender especulaciones en la llanura.

Galante desarrolló ante Andújar un vasto plan de negocios de víveres y banca, proponiéndole establecer a orillas del mar una Casa comercial que se llamara «Andújar y Galante».

Un negocio de grandes alcances, de grandes ímpetus, de grandes vuelos, un negocio que si prosperaba sería avasallador, absorbente, soberano.

Sentíase el tendero muy ancho con el proyecto; cierto cosquilleo de ambición desenvuelta hasta más allá de lo que había soñado le desvaneció, llenándole de orgullo. El negocio en gran escala, barrer los frutos, estibarlos en bodegas de barcos, lanzarlos a ultramar, y luego recibir la corriente de riquezas derivada de los cambios, de las Agencias, de las comisiones, de multitud de ventajas. Los hombres listos debían ensancharse, abarcar horizontes. Que quedaran en la montaña los reclutas del comercio, los principiantes, los pobres diablos del centavo.

Otro negocio traíale también pensativo. Cerca de la tienda estaban emplazados los terrenillos de la vieja Marta... ¿Por qué no comprarlos? Aseguraba la gente la existencia de buenos pesos duros enterrados allí. Él, por sí mismo, había podido observar cómo los ingresos de la vieja se evaporaban sin que se conociera su empleo. Estaba convencido de que la compra del cerezal, era un buen negocio. Sin embargo, cuando se arriesgó a proponer la transacción mostrose Marta hostil, reacia, huraña. Era preciso esperar, tener paciencia. Acaso algún día se lograra convencerla. Esperar siempre sobre aviso: tal era el secreto. Y esperando pensaba Andújar en el negocio propuesto por Galante y en el otro del cerezal.

Así su ánimo recibió la tremenda noticia de Marcelo. Dio las gracias al joven apretándole una mano y dando por saldada la cuenta que tenía en la tienda: cuarenta o cincuenta centavos en salazones.

Luego meditó mucho tiempo; a defenderse, a salvarse del golpe de mano. No era aficionado a andar envuelto en papeles de justicia: a lo mejor tira el diablo de la manta y se alborotan asuntos viejos...

Lo importante era poner a buen recaudo el dinero que guardaba en el arcón y librar el pellejo.

En el poblado, en la caja fuerte de un amigo, tenía algunos miles de duros. Cuando las ventas le acumulaban dinero, transportábale enseguida, oscilando el caudal guardado en el arcón entre ochocientos y mil duros. Aquella vez estaba repleto: mil quinientos, entre oro y plata.

Era necesario, pues, sustraer el dinero de la rapiña de los otros.

El asunto era fácil: tenía un buen caballo, le aparejaría en albardas, y furtivamente desfilaría.

De ese modo, dinero y humanidad se librarían en la noche aciaga del peligroso trance.

Pero ¿y la tienda? Romperían una cerradura, penetrarían, robarían... ¡Bah!... ¡Mucho podrían robar tratándose de artículos groseros! Barriles de bacalao, sacos de arroz, canastos de patatas, alguna que otra pieza de tela ordinaria y el montón de baratijas que deslumbraba a los monteses. ¡Que robaran aquello! Al día siguiente del fijado para el asalto volvería a su casa, y si cometían la torpeza de robarle sabría encontrar pronto el escondite: cualquier tenducho de la comarca, que registraría a sus anchas. Eso en el caso de que hubiera necio capaz de hacerse cómplice de la ratería comprando a bajo precio el botín. Lo que ellos buscaban era dinero, onzas de oro, si nada hallaban escurrirían el bulto, aplazando para mejor ocasión la tentativa.

Andújar formó su plan: el primer día de luna era el siguiente; lo tendría todo listo; a las siete, después que el dependiente se marchara, arreglaría su caudal, y con las primeras sombras se evaporaría. Después... que ardiera el mundo. Al cabo, el peligro duraría poco, puesto que el plan de Galante le imponía un cambio de residencia.

Libre Marcelo del fardo del secreto, encerrose en su cabaña, decidido a no salir de ella en tanto que no se resolviera la tempestad. Tuvo aquella noche una pesadilla atormentadora, sofocante: soñó que estaba atado a un árbol junto a un torrente de sangre que arrastraba cabezas cortadas; que el nivel del turbión subía poco a poco, y cuando ya en el suplicio de la lucha le llegaba a la cintura, despertó lánguido, fatigoso, como recién llegado de larga jornada.

En la misma tarde de la confidencia, ya ultramontano el sol, Gaspar y Silvina se hallaron solos en la cabaña de Leandra. Ésta había bajado a la tienda, llevándose a Pequeñín para bañarle de paso en el río, que después de la última avenida estaba placiente, sosegado, como quien, habiendo tenido un ímpetu genial, se propone al día siguiente mostrarse amable con todo el mundo.

Gaspar, sentado en la piedra que frente a la casa servía de escalón, entreteníase en dar cuchilladas al suelo o en dividir en dos alguno que otro pequeño lagarto que pasara a su alcance. Cuando esto sucedía, contemplaba sonriente la agonía del pobre animal, cuyos pedazos se agitaban convulsos.

131

Silvina, sentada en el umbral, con las manos hundidas en la falda, recorría el paisaje.

Gaspar, siempre adusto, habíase mostrado últimamente muy cariñoso. Regaló a Silvina unas medias rojas y un collar de cuentas de vidrio; la tinaja de Marta, salteada poco a poco, pagaba el despilfarro.

Mas Silvina sabía lo que aquella faz del carácter de Gaspar significaba: algo muy fuerte quería imponerle, Recibió los magníficos presentes con recelo, y cuando oyó que Gaspar le llamaba mi negra cayó en el desconcierto del miedo. Tan inusitado cariño traería cola, y ella, habituada al infortunio, experimentó, antes que alegría, inquietud; sobre todo el recordar el terrible negocio de que su marido hablaba con frecuencia.

-Debemos pensar -dijo Gaspar, continuando un pensamiento- que en estos campos nos morimos de hambre. Toda la vida reventándonos por estas cuestas; ¡valiente diversión! No tenemos hijos, pero hay que buscarse mejor vida. Necesitamos ser propietarios... ¿eh? No aquí, por supuesto; aquí no pueden vivir más que los murciélagos. Allá, en la bajura, o en la otra costa, o más lejos. En un país que dicen queda cerca, como a dos días de viaje por mar. ¿Sabes a dónde? En ese país adonde se escapan los esclavos. Conque ya lo sabes me meto hasta el cogote en el negocio que me produzca lo necesario para establecerme lejos de estos arrabales. Yo creo que ése... debe tener ahí... más de tres mil pesos.

-¿Quién? -dijo ella con azorado acento.

-Andújar...

Silvina se llenó de consternación. ¡Ah, no había abandonado el tremendo propósito!

-Pues sí, hija: hay que sacudir la morriña y buscar fortuna. Con lo que nos pueda tocar nos las guillamos. Pero, vamos, di algo mujer.

-Ya te he dicho bastante. La gente honrada...

¡Barajo! Tú estás recién nacida, muchacha... ¿Y es así como vas a ayudar? -añadió él, viendo que ella prorrumpía en sollozos-. Yo no me vuelvo atrás, ¿eh? Llorar y na, pa mí es lo mismo. Vamos... ¡Cállate! Óyeme y verás cómo es la cosa más fácil del mundo. Sin comprometernos, en un dos por tres, nos metemos en cuartos.

Sollozaba Silvina. ¡Imposible! Lo que de ella exigían era un crimen. ¿Por qué no la dejaban tranquila? ¿Por qué arrastrarle, hacerla cómplice de tal barbaridad? A las mujeres se las debía considerar y no empujarlas así a todo lo malo.

-Deblás y yo -continuó Gaspar- lo tenemos todo arreglado. Temprano rondará él por la tienda: cuando el tío duerma vendrá a reunirse con nosotros a Palmacortada: ahí, junto al risco. Después bajaremos a la tienda. ¿Qué? La cosa más fácil. Se asegura a ese bandido, se rompe la cerradura del baúl y se parte por la mitad lo que haiga. Pasado mañana, mucha serenidad, y dentro de dos o tres días, pies para qué os quiero...

Silvina temblaba. El frío relato de Gaspar causábale espanto. Dolíale la vida en aquel momento. Hubiera querido morir para librarse de aquella inquietud.

-Con respecto a ti, si bien, bien, y si no, también. Quiero que nos acompañes, y con eso está dicho to...

-Pero lo que tú quieres es espantoso. ¿Cómo yo tu mujer, tu mujer por la Iglesia, una mujer de bien que nunca ha robado, va a estar conforme con semejante tropelía? ¿Cómo es posible que yo tenga valor para tanto? ¿Cómo es posible que una infeliz...?

-¡Bah!... Mira, no seas pendona...

-... Sí, debía impedirlo para salvarte de esa tentación, de esa locura que te ha dado...

-¡Dios te libre!

...y contar la cosa, no guardar el secreto, para que te contengas...

Levantose Gaspar de un salto, y asiendo las manos de Silvina las apretó con fuerza.

-Por eso... por eso mismo quiero que vengas, que te comprometas tú también, para que no cantes...

-¡Ay! ¡Ay!... ¡Me estás haciendo daño!... ¡Suéltame!

-... para que te veas obligada a callar...

-¡Suéltame!

-... para que no puedas venderme.

-¡Ay!

-¡Pobre de ti si me desobedeces!

-¡Gaspar, Gaspar!... ¡Me partes los huesos!

-Soy capaz de agarrarte por el pescuezo y retorcértelo, ¡bribona! Aquí mando yo. Tú, a callar y a obedecer...

Silvina logró al cabo desasirse. Estaba aterrorizada, vacilante de susto. ¡Dios santo, aquel infame era capaz de matarla!... Era preciso tomar una resolución, aquella vida no podía durar más tiempo. Su marido la ordenaba una iniquidad, y los maridos que empujan al delito no tienen derechos que invocar. Mas ¿cómo librarse, a quién acudir? Volvió la zozobra a resolverse en lágrimas. Lloró, lloró con infinita amargura, sintiéndose sola en el mundo, abandonada de todos.

Gaspar sacó del cinturón un cuchillo que en una vaina de cuero llevaba.

-Toma -dijo a Silvina-. Coge en tu mano este cuchillo.

-¡Por el amor de Dios, Gaspar!

-Cógelo en tu mano... Eso es... Ahora yo cojo tu mano dentro de la mía. Así... Pues mira, si tienes el atrevimiento de desobedecerme en lo más mínimo, tu misma mano, empujada por la mía, te clavará este pincho en el corazón. Vete ahora, anda... Cuéntale a todo el mundo lo que tu marido tiene entre manos. Anda, ¡atrévete!...

Tenía Silvina el alma en un yunque; con la mirada vaga, el semblante bañado en lágrimas, los brazos caídos, fue presa de angustiosa congoja. Lloró mucho tiempo, hasta que fue de noche, hasta que volvió Leandra, que viéndola llorar todos los días no daba importancia a su llanto, hasta que Gaspar se tumbó en su lecho de trapos para roncar a poco gargarizando el aire.

Luego, solitaria en el umbral, pensó en Ciro, la única pincelada azul en sus amarguras. Ciro la amaba, la perseguía. Su cariño era continuo, constante, a prueba de contrariedades. Él fue quien la despertó a las primeras ilusiones, quien la encadenó en el sentimiento del primer amor. Todo inútil. La desgracia colocó entre ambos el obstáculo.

Cuando los primeros ultrajes del infortunio hirieron su inocencia, Ciro lo ignoraba todo. Más tarde, cuando la condujeron a un desposorio repugnante, y ella, sin albedrío, sin conciencia de sus actos cedió, Ciro fue consecuente, siguió amándola, persiguiéndola, invitándola cien veces a seguirle, libre de preocupaciones, por el camino de la felicidad. Ella le amaba, era idealmente suya. Pero, ¡ah!, siempre interpuesto Gaspar como odiado estorbo... Muchas jóvenes de la comarca se entregaban sin fórmulas nupciales, cediendo un día a la pasión, para ceder otro al capricho; abandonando con alegría o dejándose abandonar sin dolor; eligiendo nuevo esposo entre la turba de seductores cada vez que las circunstancias lo exigían. Observaba que algunas jóvenes campesinas legalmente casadas no daban importancia al lazo, considerándose tan libres que en un día de discordia abandonaban al esposo, entregándose a otro amador, mientras el legítimo marido buscaba otra hembra rendida a quien poner en el lugar de la fugitiva. Y los rompimientos, las soldaduras, realizadas sin extrañezas, sin desolación, como la cosa más natural del mundo, que a nadie causaba rubor ni deshonra. Silvina recordaba la historia de otros hogares y sentíase impulsada a imitar la conducta de otras, huyendo, alzando el vuelo. Ella tenía en su corazón el sagrario del cariño, el ansia de la dicha. La casucha de Leandra no era su hogar, el rincón de su encanto, el nido de su fe. Allí estaban el dolor, la tiranía, la brutalidad, acaso el hambre. ¿Por qué no huir? ¿Qué le importaban a ella obstáculos que la cabeza y el corazón querían romper? ¿Por qué no escapar con Ciro, su amado, su ensueño, su idolatría, a quien, después de tantas desdichas, no había de premiar perteneciéndole?

Más entonces, ante ella, se alzaba el fantasma. Allí, pocos momentos antes le había propuesto una infamia; por allí cerca era casi seguro que rondara Ciro, acechando constantemente una ocasión, más enardecido y resuelto desde la noche que desplazó las tablas: esperándola, esperándola siempre... ¿Por qué, pues, volvería? Estaba sola; todos en la casucha dormían; la noche agitaba afuera los invisibles brazos del vacío; la ocasión era tentadora, irresistible. ¿Por qué dudaba, desfalleciendo su valor?

Era que una voluntad más fuerte dominaba a distancia. ¡Huir! Pensaba con horror el rebelde sacudimiento. ¡No; Gaspar la mataría! Iría tras ella, la alcanzaría, clavando en ella la mirada de sus ojos dominadores. Imposible, no tenía resolución para tal audacia.

Entró luego en la choza y, aplicando al hueco de la puerta la hoja de palma, fue a tenderse en su parte de estera, en el soberbio tálamo que le habían deparado la miseria y la infamia.

Al día siguiente la tienda se cerró temprano. Todos los días el dependiente solía llamar a Andújar al alba. Éste abría y reanudábanse los trabajos. El tendero estuvo todo el día inquieto, nervioso, meditando su fuga. Pensó que escapando por la noche no podría regresar hasta muy entrada la mañana, y dio al mancebo la llave de una de las puertas, ordenándole que muy temprano abriese, como de costumbre, y esperase su regreso. Pretextó quehaceres urgentes en el poblado, y todo fue dicho después de cerrada la tienda, cuando el dependiente, bostezando, no pensaba en otra cosa que en dormir la grasienta fatiga del día.

A poco, Andújar quedó solo. A la derecha de la tienda había un establo, detrás del cual, sobre un lecho de paja, dormía un caballo. En breve tiempo le trajo del ronzal, le aparejó con albardas, colocó cuidadosamente en ellas dos paquetes muy atados con cordeles, guardose el revólver en la cintura, cerró con llave la puerta de su cuarto, en la fachada posterior; guardó en el bolsillo de su chaqueta la llave, y de un salto quedó sentado sobre la montura, colocándose debajo de una pierna un afilado machete.

En tanto, discutía mentalmente consigo mismo las ventajas de su determinación. Tenía buenos amigos en el poblado; se hospedaría en casa del más discreto, pasearía, cenaría en algún fonducho, y temprano, al monte otra vez. Su dinero, guardado en buenas manos, que le otorgaban recibos de depósito, estaría seguro.

Pensando así dio rienda al caballo y, como era ya de noche, pronto jinete y cabalgadura desvaneciéronse en la sombra.

Gaspar, durante el día, estuvo buscando un pretexto, un motivo fácil, natural, que le permitiese salir de la casucha con Silvina en las primeras horas de la noche sin llamar la atención de Leandra, sin despertar sospechas.

Le ocurrió una visita, un cumplimiento rendido al compadrazgo de cualquier montañés. Pero ¿visitar de noche y en día de trabajo? La idea rayaba en lo desusado, en lo anormal, y desechó el plan de la visita. Ocurriósele enseguida inventar una excursión al poblado. Tampoco... A las diez de la noche debía estar junto a Palmacortada en espera del cómplice; el negocio ocuparía una hora más o menos, ¿cómo hacer verosímil un viaje a pie al poblado saliendo a las seis de la tarde para regresar a media noche? Resultaría sospechosa la evolución, y Gaspar quería proceder con las mayores precauciones. ¿Qué hacer entonces?

Un momento hubo en que creyó resuelto el problema: irían a pernoctar a la finca de Galante porque un trabajo de importancia reclamaba a Gaspar... No, tampoco. Después del golpe, ¿cómo diablo ir a casa de nadie cuando lo conveniente era ocultarse, hacerse los dormidos, hacer desaparecer ciertas huellas? ¿Y por qué no fingir un sencillo paseo por las veredas? Saldrían al crepúsculo invocando un gran calor, pasarían un rato y luego volverían a recogerse. Llegó Gaspar a decidirse por ese plan, no obstante ser proverbial su costumbre de dormir desde muy temprano.

Una casual circunstancia, muy frecuente en la vida de los campesinos, resolvió la dificultad.

Alguien dijo que cerca de Vegaplana había muerto un niño, hijo de un labrador conocido de todos. ¡Ah, qué desgracia! ¿Cómo faltar siquiera un rato de la casa del duelo? Irían temprano; pero, eso sí, regresarían de once a doce, porque a él, a Gaspar, no le gustaba el trasnoche.

De ese modo todo era creíble. De seis a nueve al velorio; a las diez, en Palmacortada; después..., a lo otro, y a las doce, a dormir, ¿Pregunta algún curioso qué hicieron desde la salida de Vegaplana hasta mediar la noche? Pues la cosa más inocente; bañarse alegremente en el río. Y Gaspar, a las seis, salió de la casucha, y Silvina tras él.

Sobre un lampo brumoso de nubes bajas entrelució el novilunio, apareciendo el astro como un segmento oriental empenachando el turbante del crepúsculo. El disco de luna cayó en su ocaso, entregando la amplitud del cielo a la irradiación estelar.

A las nueve todo estaba solitario, silencioso; sólo el río, desde el fondo del barranco, elevaba su eterno rumor.

Un aire medroso recorría la fronda, en donde en inefable comensalismo los árboles entrelazaban el ramaje. El arbolado que rodeaba la tienda y los ranchones oscurecía los detalles. Todo confuso: las casas, los troncos de los árboles, el establo, el bosquecillo de cafetos de la barranca. Sólo indecisamente clareaban el camino, endurecido por el tránsito, algunas piedras rodadizas que destacaban sus facetas.

De pronto surgió del bosquecillo una sombra. Era Deblás.

Miró a todos lados, y caminando lentamente acercose a la tienda. Puso las manos sobre el tabique y permaneció inmóvil escuchando. Aplicó la cara a las tablas como para recoger el más leve roce. Nada; ni un rumor, ni el vuelo de un cínife.

Siempre a tal hora, Andújar roncaba... ¿Por qué aquel silencio? ¿Habría salido?

Deblás quiso la evidencia. Dio en torno de la tienda un rodeo completo, empujó todas las puertas, detúvose a escuchar en las de la fachada, dio la vuelta sigilosamente y volvió junto a la puerta del cuarto de Andújar. Nada: el arca del silencio.

De nuevo escuchó, esperando oír la respiración de Andújar. Fue en vano. Al fin vio algo que le sorprendió. En el marco de la puerta, a la izquierda, pendía de un clavo enorme el ronzal, y unido a éste una cuerda que arrastraba por el suelo. Todo quedó explicado: el tendero no estaba en la cueva.

Deblás fue entonces al establo, echose de bruces sobre el comedero e inspeccionó el lugar en que solía dormir la jaca. Ésta no estaba en su sitio habitual.

El pájaro había volado. Cayó Deblás en un mar de confusiones. Sabía que el tendero vagaba de noche pocas veces; de vez en cuando, persiguiendo alguna aventura barata, a la que daba cima temprano.

Salir dejando dinero en el arcón no era creíble. Luego su ausencia significaba también ausencia del dinero. Dio otra vuelta alrededor de la tienda: no quería convencerse de que el gran proyecto había fracasado. Lleno de contrariedad vaciló. ¿Qué hacer?

Enseguida las hipótesis comenzaron su trabajo de duda. ¿Por qué había salido Andújar? ¿Presumió lo que le esperaba? ¡Quién sabe! ¿Sería Gaspar, por alguna indiscreción, responsable de ello? No era fácil... ¡Ah!... Silvina... Era posible que la bestia de la mujer tuviera la culpa. Sin embargo, ¿cómo pensar que, dominada por el otro, se hubiese atrevido a aguarles la fiesta? Y luego, si Andújar supo algo, ¿por qué no reunió gente y esperó el momento de cogerles en la ratonera? Sobre todo, a él, a su primo, a quien echándole mano daría el disgusto más fuerte. No... Andújar había salido casualmente, y no quedaba más recurso que aplazar el negocio.

De nuevo dudó... ¿Y el dinero?» ¿Era de esperar que el tendero hubiera cargado con la hucha? De noche, por caminos solitarios, tratándose de un solo hombre, y tan receloso como Andújar, no era creíble aquel trasiego. Entonces, ¿cómo explicar la inverosimilitud de que saliera dejando solo el talego? De todos modos, una cosa resultaba evidente: Andújar no estaba allí. Quedaba, pues, por averiguar si el tesoro se había también evaporado.

En ese orden de ideas, Deblás no creyó difícil que el tendero, obligado a salir por cualquiera circunstancia, dejara los fondos. En ese caso, volvería pronto.

De intentar salir de dudas no había tiempo que perder. Sacó su cortafrío y le introdujo por la juntura de los batientes, palanqueando y subiendo poco a poco hasta la cerradura.

Luego una idea le detuvo... ¿Y los otros, que le esperaban en Palmacortada? ¿Les avisaría? ¿Para qué? Ausente Andújar, se bastaba solo... Mas ¿y el pacto? Tuvo una gran vacilación: le ocurrió que Gaspar, cansándose, fuera a rondar, sorprendiéndole en plena traición. De otro lado, ¿para qué tanta gente?

Resolviose al cabo. Iría a darles contraorden, y el asunto quedaría aplazado para mejor ocasión. Los otros, creyéndole, convendrían en el aplazamiento, y él, en tanto, volvería a la colmena. ¿No había dinero?... ya lo habría otra noche. ¿Lo había?, pues la tajada para él solo. Aunque Gaspar supiera luego la mala partida, a nadie se quejaría. ¡Bah!, era un cobardón con quien no era difícil ajustar cuentas. Además, ¿para qué estaba la cordillera?

Pronto les halló. En un grupo de palmas reales había una cuyo tronco partido denunciaba los desastres del rayo. Al pie de ese tronco estaban Silvina y Gaspar.

Era un lugar escarpado. Enfrente de las palmas veíase el agrio borde de un risco, un precipicio por cuyo fondo discurría un arroyuelo afluente del río, caudal remoto que, de salto en salto, bajaba desde las lejanas serranías.

-Nada de lo dicho -exclamó Deblás al acercarse.

-¿Cómo?

-Que por hoy nada puede hacerse.

-Pero... ¿qué ha sucedido?

-Una cosa con que no contábamos: el pájaro voló.

-¿Qué?

-Pues nada, que Andújar no está en la tienda, que ha emplumado, que se ha llevado el dinero. Nuestro negocio tiene que aplazarse.

Silvina, hasta entonces silenciosa y entontecida, respiró con placer.

-Bien -insistió Gaspar-. ¿Y cómo te explicas eso?

-Una casualidad... El hombre tenía el baúl repleto, se le derramaba, y como es desconfiado, cargó con los cuartos. Ahora que le corran detrás... Eso pasa por culpa tuya. Si no hubieras tenido tantos repulgos, aprovechando una noche de la semana pasada, con seguridad hubiéramos llegado a tiempo. Quisiste pensarlo tanto que... ahí tienes el resultado.

-No me convenzo. ¿Crees que se haya ido por casualidad?

Y al decir esto dirigió a Silvina una mirada torva.

-¿Por qué otra causa, hombre?

-Un soplo...

-No hay soplo que valga. Se fue, se llevó su dinero y volverá temprano. Si hubiera sabido algo, se queda y nos coge en la trampa. Pero no te derritas la mollera: por ahora no hay que pensar en la cosa. Ya veremos cuando convenga volver a las andadas.

Gaspar, después de algunos instantes de reflexión, añadió:

-Estando la tienda sola, casi debíamos registrarla.

-¡Magnífico! Y mientras nos llenamos los bolsillos de papas y pan viejo llega el otro y nos divierte.

-Es verdad... Sin embargo, ¿cómo ese tío ha dejado la tienda sola? Lo natural era que, cuando menos, el dependiente estuviera allí.

-Te digo que no hay nadie, dinero inclusive. Andújar prefiere dejarlo todo bajo llave a que quede dentro ningún mocoso. Se fía más de una llave que de un hombre.

Silvina, en tanto, experimentaba la sensación expansiva del sosiego. ¡Qué felicidad! La infamia no podría, al menos por entonces, llevarse a efecto. Sería luego, más un plazo era siempre un compás de espera en que las cosas podrían cambiar.

-Conque cada cual a su casa, y hasta más ver -añadió Deblás.

-No te vayas, espérate. Vamos a pensarlo bien. ¿Por qué no intentar un registro allá abajo?

-No puede ser. Correríamos peligro de desayunarnos en la cárcel.

-Fíjate... Si se ha llevado el pico a la bajura no es probable que regrese hasta mañana; si vuelve pronto es señal de que lo ha dejado.

-Bien, ¿y qué?

Intentemos algo..., rondemos...

-Intenta, ronda tú solo... Yo me voy a dormir.

¡Ah, no! Solo, no.

-Conmigo no cuentes.

-Pero, hombre...

-No soy tan mentecato que vaya a meterme tontamente en el peligro.

-Escucha.

-No puede ser.

-Pero mira...

-Te digo que no puede ser.

-No puede ser, Gaspar... -atreviose a murmurar Silvina, y él, iracundo, diola un manotón, diciendo:

-¿Qué dices? ¿Quién te mete a ti? ¡Cállate o te pico la lengua!...

-Vamos, ¿te vas a poner ahora a reñir con tu mujer? Buenas noches.

-Oye...

-No, adiós. Hasta mañana. Ya hablaremos despacio para ponernos de acuerdo...

-Escucha, hombre...

-Nada... Buenas noches.

Y Deblás se internó en el bosque, mientras Gaspar, cerrando con rabia los puños, blasfemaba. Luego empujó a Silvina, que cayó sentada en la maleza.

-Siéntate -dijo, sentándose él también.

Doblando las piernas, con los codos sobre las rodillas y la frente en las manos, diose a cavilar.

Discurría la noche como fantasma que pasara envuelto en túnica cenicienta. El cielo, estrellado, parecía piélago de fulgores. Cada astro irradiaba una saeta de luz, primero tímida, enseguida inmensa, después tímida otra vez, replegándose y apagándose la viveza de la irradiación, como si, horrorizado de las contiendas humanas, quisiera el astro cerrar los ojos. Junto al reguero estelar la inmensa bóveda azuleaba muy suave, muy tersa, muy serena, como si hubiera sido creada para envolver en la eternidad de los siglos la eternidad del bien. Las cumbres se aplomaban sobre su base de coloso, apagando en los paisajes muertos las inciertas claridades. El grupo de palmas se erguía discorde: un tronco recto, otro oblicuo, cual esbelto, cual otro inclinado como si quisiera poner al alcance del hombre sus ánforas colmadas de refrigerante licor. Y siempre el eterno concierto... Alguna ráfaga silbando al agitar la arboleda, el incansable lamento del río formando remolinos y limando pedruscos; la gran sonata de insectos, de violines alados, de sutiles élitros, estridentes cigarras, sobresaliendo del conjunto el disílabo canto del sapillo de los canalizos y las zanjas, repitiendo siempre su monótono ¡kokí! ¡kokí!...

Gaspar rompió al cabo el silencio.

-Diga lo que diga Deblás, la cosa ha llegado al tuétano... Sí; una joroba, una completa joroba... Tanto pensar, tanto dar vueltas al asunto para quedar en na: en que se nos escapa el negocio... No puede ser por ahora. ¡Por ahora!... ¿Pues cuándo entonces?... ¡Tenía, tenía dinero! Yo no me conformo... ¿Pero por qué se ha largado Andújar?... ¿Sabría algo? ¿Fue casualidad?... ¿Alguna hembra?... ¡Quién sabe si no está lejos, si está por ahí, persiguiendo mujeres que otros pagan! Y luego, ¿por qué tan desabrío Deblás? ¿Se habrá acobardado?... ¡Él, tan valentón!... ¡Qué diablos, hombre, qué diablos de estorbo se atraviesa!... ¡Y yo tan preparao pa to, con hambre de meterle mano al bollo! ¡Bah! Ese Deblás se apura por poco... ¡Y qué prisa tenía! Un miedo de primera. Pues..., y verá usted cómo resulta luego que la tienda está sola y con el dinero.

Quedose pensativo. Arrugando las cejas miró al ciclo, poniendo en juego el singular instinto campesino que con pequeño error precisa la hora con sólo mirar las estrellas.

-Si yo me atreviera -continuó-. ¡Qué bueno!, ¿eh? ¡Si probáramos! La tienda aún solita; Deblás durmiendo allá en su seboruco; faltan para las doce como hora y media... Todo viene bien. Se ronda un poco, se abre una puerta, se rompe la cerradura del baúl, y... si no hay cuartos, por lo menos se convence uno de la verdad y bebe un par de copitas. ¡Qué facilidad tan grande! Por supuesto, las cosas de manera que se remate en un dos por tres, no sea que el tío aparezca de pronto, y ¡paf!, patas arriba de un tiro el que le toque la china... Sí, creo que debemos meter mano, porque si no, ¿qué vamos a hacer aquí con la boca abierta? No podemos volver a casa hasta las doce o la una, tendríamos que esperar dos horas aquí al raso, al sereno... ¡Qué diversión!, ¿eh?

Silvina, un instante tranquila, volvió a sentirse consternada. Creyó verse libre aquella noche del peligro; pero de nuevo su marido pensaba en él, insistiendo testarudo. Gaspar se rascaba la cabeza, como si a la maraña de pelos pidiera que resolviese la vacilación.

-La verdad, ése sería un gran golpe -continuó-. Dejemos a un lado a ese tuno, y nosotros solos damos el golpe. Y si no hay moneda, siempre habrá allí algo que se pegue... Lo malo fuera que el otro llegara de pronto y... No; salió oscurecido y no ha ido lejos, ¿qué menos que a media noche pa volver? Si ha ido a la bajura, entonces no se diga...

Después, otra vez a cavilar. Silvina le miraba desvanecido en la sombra, mientras azorada, temblando, esperaba de un momento a otro la solución de la perplejidad.

Así pasó mucho tiempo. De pronto, Gaspar levantose de un salto.

-¡Ea, vente!...

-¡Por Dios, Gaspar, por tu vida! ¿Qué vas a hacer?

-Vamos: echa pa alante.

-Gaspar...

-¡Cállate!

-¡Pero no me empujes, hombre, que voy a irme de cabeza cuesta abajo!

-Vamos...

-¡Ten misericordia de mí! Mira: otro día... Eso no puede ser esta noche, hay muchos peligros... El dinero que tú buscabas no está allí... Cuando Deblás no quiso hacer nada por algo fue. Créelo: déjate de eso...

-Pica..., pica...

-Gaspar, por tu madre, por lo que más quieras, deja eso.

-Camina..., camina...

-O, por lo menos, déjame marchar a casa. ¿Para qué te he de servir yo? De estorbo, ¿sabes?, de estorbo nada más...

-Si no callas, si resistes, ya sabes lo que te espera. Estoy rabioso, con gana de meterle mano al mismo demonio si me saliera. Sigue sin chistar y no me provoques. Estoy aborrecío, Y si me joo... robas mucho te tiro por el risco...

Y comenzaron así a descender por el monte.

En tanto, Deblás no había perdido el tiempo. Dejando a su cómplice en Palmacortada, volvió a la tienda.

Detúvose nuevamente a escuchar, y convencido de la ausencia del tendero, otra vez introdujo el cortafrío por la juntura de los batientes.

Con un movimiento de palanca, acompañado de otro ascendente, hizo llegar el trozo de hierro hasta la cerradura, manteniendo separadas las hojas. Entonces, metiendo las manos por la ranura, tiró con fuerza, y saltando la cerradura la puerta cedió.

Vencida la primera dificultad, el desertor penetró en la tienda. Un olor espeso y caliente le envolvió, denunciando el hacinamiento en aire confinado de sustancias comestibles.

Una vez dentro encendió un fósforo, y a su luz, con un pedazo de madera que halló a mano, atrancó la puerta. De ese modo estaría seguro. Quien quisiera entrar necesitaba llamar o abrirse paso por la fuerza.

Encendió una vela de sebo, que colocada en una botella estaba sobre una silla junto al catre. Cuando hubo claridad miró en torno... ¡Solo, al fin, en el envidiado recinto!

Junto a la silla estaba el arcón, un gran cofre de más vejez que resistencia. Levantando la luz diose cuenta de los detalles, reconoció el cuarto de las albardas y paseó como un fantasma entre los aparadores y el mostrador.

Con mirada de lince lo registraba todo: era preciso dar el golpe con la mayor seguridad y el mayor provecho. Recordó el dilema de Gaspar, que a él también le había ocurrido: si Andújar se ha llevado el dinero no es probable que regrese hasta mañana; si está el pico allí volverá pronto. Lo importante, pues, era salir de dudas. Si el dinero estaba en el arcón era menester apresurarse y cargar rápidamente con él; si no estaba, Andújar no volvería hasta el día siguiente, dando tiempo para registrar detenidamente la tienda y para limpiarla de objetos transportables de que valiera la pena apoderarse.

Volvió al cofre, e introdujo el cortafrío por la juntura de la tapa, levantando la cinta de latón que la cubría.

Con poco trabajo soltó una aldaba, luego la otra, y al cabo, Deblás vio el hueco del cofre ante sus ojos. Un montón desordenado de ropas se apiñaba allí; en el fondo, un cajón de madera en otro tiempo destinado a guardar galletas mostraba también su hueco vacío. Sólo algunos ochavos caídos al descuido ennegrecían como lunares grotescos el fondo de papel blanco que tapizaba el cajón. ¡El tesoro había volado!

Deblás, en un arrebato de rabia, arrojó contra el suelo el cortafrío, que, produciendo un golpe seco, rodó hasta quedar debajo del catre. Se irguió, cerró los puños, y mirando con ira el vacío vientre del arcón lanzó una blasfemia. ¡Ah, el miserable de su primo le jugaba una mala pasada!

Entonces recorrió la tienda. ¡Bah!, porquerías... Sólo el diablo cargaría con cosas de tanto bulto para ocultarlas y enajenarlas después sin despertar sospechas.

Sobre una tabla mugrienta había un embutido que solía detallarse a los parroquianos. Deblás se echó en la boca un pedazo y después un gran bocado de pan y queso.

Luego dedicose a buscar... Nada de lo que veía le gustaba: telas, cintajos, zapatos ordinarios, hilo de coser, botones de cobre. ¡Valiente cosecha! Y seguía comiendo queso, pan, salchichón, jamón... Engullía nerviosamente grandes bocados que tragaba casi sin masticarlos. Hubiera querido tener un apetito de diez años de abstinencia para poderse aprovechar, para consumir la mayor cantidad posible de subsistencia y así fastidiar a su primo, castigándole por haberse llevado el codiciado talego.

Durante el registro movíase en todas direcciones; pasaba de un lado a otro del mostrador, subíase encima alcanzando objetos altos; bajábase registrando debajo. Como todo estaba cerrado, la temperatura era elevada, y Deblás sentíase inundado de sudor, sofocado por la escasez de aire.

Y así, registrando y comiendo, dio fin a una lata de conservas, husmeando en el surtido, revolviendo la tienda. Sintió sed. Sirviose ron y lo apuró de un trago. Había abierto el cajón del despacho: ni un céntimo. Sólo sobre el mostrador una peseta falsa, clavada allí como escarmiento de confiados o muestra de mala fe.

De nuevo la sed se impuso. De una tinaja metida debajo del mostrador sacó un cacharro de agua. Pero no bien la hubo probado la devolvió con asco; estaba espesa, caliente. Abrió una botella de cerveza y la bebió toda.

Continuando el registro, guardose algunas chucherías en los bolsillos: pares de medias, un cortaplumas, un cinturón de cuero y dos o tres pañuelos.

Registrando y bebiendo pasó una hora. Al fin, después de una copiosa libación de aguardiente, volvió al cuarto de Andújar. Los bolsillos repletos le abultaban de tal modo que tuvo que empujar hacia adelante el puñal que llevaba envainado al cinto.

Colocó la luz sobre la silla, se enjugó el sudor con el dorso del pulgar de la mano derecha y, resuelto a salir, empezó a levantar la tranca.

Mas una observación le detuvo. En lo alto del tabique, junto al catre, había una tablilla; desde lejos, Deblás vio hacinados sobre ella multitud de objetos.

Quiso registrar... Como el catre impedía llegar a la tablilla, subiose sobre él, y con un pie en cada lado, abierto de piernas, comenzó el registro. Nada halló: cajones vacíos, trozos de cordeles viejos, papel de estraza arrumbado.

En aquella actitud de coloso, Deblás experimentó una sensación extraña, algo como un vértigo, un peso grande en la cabeza, un sueño irresistible. Bajose, arrodillándose primero en el catre, y luego sentose en el borde. ¿Qué le pasaba? Como era tarde, ya media noche, y había bebido, no era raro...

Contempló el catre y dio un puñetazo en la almohada. ¡Ah!, su primo era un bribón, un ratero que debía su fortuna a la rapiña. Él no le perdonaría la que le había hecho aquella noche. ¡Qué lástima! ¡Tan bien preparado todo, tan arreglados los detalles del plan! Y aquél era su catre... Sí, allí dormía como un cerdo, después de contar cien veces el diario recogido del cajón; allí preparaba sus planes astutos; allí roncaba como un fuelle enmohecido. Allí debió quedar clavado de una puñalada si no hubiera sido por la maldita casualidad...

Puso el codo en la almohada y dio un gran bostezo. ¡Qué lástima, desbaratarse sus planes cuando ya casi tocaba el fin! Pero le cogería en otra noche más feliz. Por la mañana volvería sin duda tan fresco, tan regordete, tan rollizo...

Dábase cuenta Deblás de que indomable sueño le invadía. Sus miembros relajábanse en agradable dejadez, y no fue el codo, sino la cabeza, lo que apoyó en la almohada.

Allí, boca arriba, paseó la mirada por el techo sin sobrado. No era conveniente regodearse: podía el sueño dominarle y exponerle a una sorpresa. Había aprendido en días fugitivos en la cordillera a dormir con un ojo, velando con otro, y siempre, al amanecer, el primer gallo cantor le despertaba. Serían las doce; podría dormir un rato allí, en donde no se estaba mal, y muy temprano escapar.

Sin embargo, no... La usurpación del catre de Andújar podría costarle cara. En una mala hora cualquiera se queda dormido, y ¡bonito papel haría él roncando allí con el sol ya fuera! No, marcharse, huir..., esto era lo conveniente.

Mientras pensaba, íbase el sueño apoderando de su conciencia. La voluntad de huir disponía de su cabeza, el impulso indominable del sueño formulaba su tirano mandato al cuerpo. Raciocinio y alcohol luchaban a brazo partido; si el pensamiento hubiera podido volar hubiera huido; mas para huir arrastrando el cuerpo, el pensamiento tenía que remover la pesadez de los miembros, desvanecer el sopor de los músculos, combatir la clausura de los párpados, y todos aquellos resortes del movimiento yacían entonces encadenados por el alcohol. El pensamiento, aún despierto, el cuerpo, ya dormido, y en la lucha burlándose el alcohol de la energía volutiva.

Al fin, perdió el freno que le mantenía en la conciencia de las cosas: el raciocinio... Perdido éste, ya no fue dueño de sí mismo. La materia imperó con sus necesidades despóticas, y, faltándole el equilibrio de la razón, la miserable masa sucumbió al narcotismo, y Deblás cayó volcado en un sueño avasallador, profundo, bestial... Era materia inerte que suspendía la actividad de relación, levadura grosera que no tiene conciencia de sí misma e ignora cuándo, a impulsos de la fuerza, ha de apiñarse para formar el astro o debe disgregarse para formar el pus; masa viviente, que durante el sueño se hunde en el quietismo, lo mismo envolviendo al honrado que al malhechor; arcilla neutra que sirve para todo, lo mismo para hermosear el pecho de una Venus que para endurecer la pezuña de un centauro.

Deblás, boca arriba, con los brazos abiertos, quedó inmóvil. La vela de sebo, próxima a consumirse, lacrimeaba sobre la superficie verdosa de la botella hilos amarillentos. El pabilo, deformado por la combustión, mostraba en su remate un ascua intensa y de la llama desprendíase una columnilla de humo que trazaba espirales antes de desvanecerse. Los objetos que interceptaban los rayos de luz poblaban el cuarto de sombras deformes, y la débil claridad que a través de la puerta llegaba hasta el mostrador reflejábase tenuemente sobre los platillos de la balanza.

A poco no hubo más sebo... La velilla se devoró a sí misma, y el pabilo, vacilando sin base, inclinose en la boca de la botella y acabó por caer dentro. Un instante, con fulgor de luciérnaga, brilló en su cárcel de vidrio; luego extinguiose, quedando todo en sombras.

Entonces, del bosquecillo de cafetos que sombreaba la barranca se destacaron dos cuerpos. Eran Gaspar y Silvina; el uno arrastrando a la otra.

Aunque Gaspar estaba seguro de que en la tienda no había nadie, quiso ser cauto y se detuvo a escuchar, pegando la oreja al tabique posterior. Ni el más ligero ruido, ni la más pequeña alarma.

Con su cuchillo empezó a forzar la puerta que correspondía al cuarto de Andújar; mas como Deblás la había atrancado, la puerta resistió, renunciando Gaspar a su empeño. Siempre arrastrando a Silvina rodeó el edificio, probando la solidez de las puertas. Todas resistieron.

Obraba impulsado por un alarde de valor y de codicia: si el dinero estaba allí sería para él solo, si no estaba no había peligro en penetrar, porque el tendero no regresaría hasta el día siguiente.

Sin embargo del esfuerzo, a duras penas dominaba el miedo. Apresurábase, imponía una actividad febril. Sí, era menester maniobrar con rapidez.

Silvina, rendida, muda, con los ojos secos, seguíale trémula. Ya no lloraba; pero sus recelosos ademanes denunciaban la reconcentración de un susto mortal.

En el rodeo llegaron a la puerta cuya llave había dado Andújar al mancebo. Era una de las de la fachada del camino y no tenía tranca.

Logró Gaspar deslizar el cuchillo y establecer el palanqueo hasta la cerradura. Introdujo por la juntura una piedra y mantuvo así separados los batientes. Tiró con energía, y la puerta, astillando como leña hendida, quedó franca. El caliente hálito del local, el vaho de comestibles, bañó el semblante de los salteadores. Penetraron en la tienda el uno siempre remolcando a la otra.

Juntó él la puerta y detúvose un instante: nada se oía. Hizo luz con un fósforo, y levantando la tapa situada en uno de los extremos del mostrador pasaron a la trastienda.

Gaspar, en un encasillado que servía para guardar cereales, encontró velas de sebo. Encendió una y la acuñó en la boca de una botella.

Enseguida pensó en el arcón... Era preciso forzarlo, abrirlo de par en par, registrando hasta el último rincón.

Reconoció rápidamente su cuchillo, comprendiendo que no bastaría para la maniobra. Buscó con mirada viva algo apropiado... Debajo del mostrador vio un pico de hierro de los que se utilizan en las siembras para cavar los hoyos. Aquello serviría... Puso la luz sobre el mostrador y levantó el pico del suelo.

-Tú no tienes más que seguirme -dijo-. Con esta punta haré saltar la tapa del baúl... Pero bueno es estar prevenidos: toma, sujeta tú el cuchillo.

-¡Yo no!... ¡Yo no!...

-¡No me repliques!... No quiero perder tiempo. Meteré el pico y luego empujaremos los dos hasta alzar la tapa. Cuando te avise, vienes a buscar la luz. ¿Comprendes? ¡Ánimo! Quizá estamos cerca del tale...

Un rumor súbito le interrumpió. Era Deblás respirando ruidosamente.

Gaspar, sobrecogido de sorpresa, se encogió rápidamente, metiéndose debajo del mostrador. Un instante después arrastró por el traje a Silvina, obligándola a arrodillarse a su lado, mientras con imperceptible voz le dijo al oído:

-¡Estamos perdidos!... ¡Andújar está ahí!..., ¡está ahí!... Deblás nos engañó...

El corazón de Silvina parecía un martillo de fragua, golpeando sobre el yunque. Muda de terror, era masa inerte que iría donde la llevaran.

Gaspar diose rápidamente cuenta de la situación. Andújar estaba allí; tenía que habérselas con un hombre vigoroso y resuelto. De un momento a otro podía silbar en el aire el mortífero proyectil del revólver. Era necesario escapar...

Sin embargo, ningún otro rumor se dejaba oír. Era indudable que el tendero no había despertado. Pensando en huir vio que podían deslizarse por debajo del mostrador hasta la tapa movible, y de allí, en dos saltos, al camino. Pero ¡ah!, si Andújar estaba allí, el dinero también estaría. Con un esfuerzo, con un poco de serenidad, tal vez lograran apoderarse de la hucha. Sí, ¡valor!... ¡ánimo!...

La luz oscilaba en tanto con llama melancólica apenas suficiente para distinguir los objetos remotos.

Gaspar reaccionó sobre su cobardía. ¡Ea, a jugar el todo por el todo! Levantose, levantando de un tirón a Silvina; cerciorose de que ésta mantenía en la mano el cuchillo: asió fuertemente el pico, escudriñó en la sombra del cuarto y dijo al oído a Silvina.

-Sigue..., le encontraremos por el bulto.... anda lista. ¡Cuidado! ¡No le des tiempo para disparar!... ¡Mátalo de un golpe..., anda!...

Así diciendo la empujaba por la cintura. Ella, horrorizada, inconsciente, sin fuerza para resistir, cedió, y ambos entraron en la alcoba de Andújar: una delante, armada del cuchillo; otro, empujando detrás y armado del pico.

Llegaron junto al catre, distinguiendo en la penumbra un cuerpo tendido. Un paso más y todo habría terminado...

Silvina entonces sintiose invadida por un frío intenso, experimentó un cosquilleo que le lamía la carne, una sensación de embotamiento que la paralizaba; perdió la conciencia de todo, se desvaneció en su cabeza la noción de la vida, miró estática y con los brazos caídos un lugar del tabique que le pareció luminoso y quedó inmóvil.

Gaspar, apresurado, tembloroso, la estimuló de nuevo:

-Ahora..., ¡dale ahora!...

Más Silvina no hería, y su cabeza se inclinaba hacia atrás.

-¡Mátalo, demonio!... ¡Mátalo!...

La escena fue rápida, instantánea. Gaspar alargó el brazo, apretó con su mano derecha la diestra de Silvina y la levantó en alto, preparando la puñalada.

Pero Silvina, vacilando, dejó escapar un grito, y abriendo los brazos cayó de espaldas.

La ansiedad de un inmenso peligro relampagueó en Gaspar. Creyó que la joven caía herida en la penumbra por la mano de Andújar; pensó que el arma invisible iba enseguida a dirigirse contra él; el instinto de conservación contrajo sus miembros, y levantando con ímpetu el pico descargó sobre el cuerpo dormido el terrible golpe.

Escuchose un lamento sordo, y un torrente de sangre manó del cuerpo de Deblás, filtrándose por el lecho, inundando el cuarto, saltando en hilos rojos, mojando como caliente lluvia el semblante y las ropas de Silvina, yacente en el pavimento.

Gaspar, en la excitación del crimen, conteniendo el temblor de las piernas, fue al mostrador, volviendo con la luz al cuarto.

Con una mirada lo abarcó todo: Silvina, a quien creía muerta, inmóvil; el arcón abierto, eventrado, mostrando la miserable vacuidad, sin un céntimo, sin un objeto que saciara la codicia; en el catre, el cuerpo de un hombre. Todo simultáneo. Un solo ademán recogiendo cien sorpresas.

Acercó Gaspar la luz al lecho, reconoció la víctima, retrocedió presa de asombro, dejó caer la luz, que se apagó en la caída, y rugió con despavorido acento:

-¡Condenación del infierno!... ¡He matado a Deblás!...

Luego, en la oscuridad, un instante de vacilación. El miedo le sacudió el cuerpo, el terror le clavó su acicate, el pánico le dio ímpetu. ¡Dos asesinatos..., dos muertos!... De un salto llegó a la puerta que se abría hacia la barranca, de un golpe hizo volar la tranca, que volteando en el aire cayó con estrépito de punta sobre las tablas, de un empujón abrió la puerta, y como fiera perseguida que descubre una brecha lanzose al campo, descendió la barranca, pasó a saltos el río, repechó el cerro por donde no había camino, e internose en el bosque poseído del ansia de huir, con locura de distancia, inundado de sudor, con la cabeza descubierta, con los ojos espantados y profiriendo horribles imprecaciones, atroces maldiciones, injurias sacrílegas al cielo, a la tierra, al infierno y a Dios.

En tanto, en la tienda, por el hueco de la puerta, entraban los aires de la noche. Una orgía de átomos bañándose en frescura, flotando con liviandad, penetrando impalpables para luchar con el ambiente confinado de la tienda, para vencer el tufo ingrato de vituallas casi corrompidas.

Unos minutos pasaron. El cuerpo de Silvina se agitó convulso. Una respiración breve y estertórea filtró aire en su pecho; los contraídos puños, que apretaban los pulgares sobre la palma de las manos, cedieron su rigidez, y la cabeza, antes rígida, comenzó a moverse de un lado a otro.

Era la crisis, la terrible crisis que se apiadaba. Los nervios no se retorcieron más, el mordisco tetánico soltó la presa, y al fin una inspiración profunda, devuelta en un prolongado suspiro, disipó en el cuerpo doliente el morboso latigazo.

Silvina levantó la cabeza, se incorporó sobre una mano. ¿Dónde estaba? ¿Qué le había pasado? ¿Por qué tan recio dolor que le destrozaba el cuerpo?

Quiso recordar y no pudo. Miró en torno, tratando de sacudir el embotamiento de sus sentidos; hizo esfuerzos por volver a su cabeza vacía las claridades de la memoria; alargó los brazos, tropezó con el catre, se agarró al borde y, apoyándose en él, púsose en pie.

Entonces fue horrible... Súbito como exhalación que una nube fulmina bajaron en tropel a su cabeza memoria, raciocinio y pensamiento. Como a la luz de un relámpago lo vio, lo recordó, lo juzgó todo...

-¡Misericordia! -exclamó, lanzando un grito penetrante; y loca, insensata, sintiendo en la espalda el contacto helado del pavor, frunciendo los labios como deteniendo al alma que aterrorizada quería escapársele, traspasó el umbral, emprendiendo vertiginosa carrera.

El raciocinio, bajo el imperio del terror, forjaba quimeras. El cuerpo ensangrentado que acababa de distinguir la seguía, la seguía para estrangularla. Y ella corría como lanzada por una fuerza propulsora, como despedida por una honda.

En el barranco dio traspié; si el miedo dábale alas, la última crisis la desfallecía con su depresor paroxismo. Quería huir, desaparecer... En el río, ya en la opuesta ribera, cayó. Alzose y siguió corriendo.

De vez en cuando volvía la cara, y en el tronco de los árboles le parecía ver el hombre ensangrentado. Sí, tras ella iba persiguiéndola para asirla por el cuello, para matarla. ¡Misericordia!... Y seguía corriendo.

Comenzó a repechar el cerro. El declive y lo pedregoso del suelo la hacían caer a cada paso. Pero corría, corría siempre, saltaba de montón en montón, tropezando con los árboles, resbalando sobre las piedras.

Pisaba en falso a veces, daba pasos inseguros, haciendo rodar piedras por el declive, y asustábase al escuchar el ruido lúgubre que esas piedras, al despeñarse, producían.

Así, en dirección oblicua, alcanzó la vereda. ¡Ah, por allí era más fácil! La siguió desalada, en el vértigo de la fuga.

En un recodo volvió a caer. Al levantarse miró atrás y vio al muerto. Sí, era él, horrible, espantoso, teñido de rojo, con una mano alargada para cogerla.

De la nueva ola de pánico reaccionó otra de energía, y rápida, con velocidad de lebrel, siguió corriendo. ¡Arriba..., arriba! Si debía morir, que no fuese al campo raso y estrangulada por la visión que la perseguía...

De ese modo, anhelante, desencajada, moribunda de terror, subía, subía, cada vez con menos fuerzas, por la vereda.

Hubo un momento en que creyó morir: se había oído llamar.

-¡Silvina! -dijo una voz.

Saltó como disparada por un resorte, y la voz repitió:

-¡Silvina!... ¡Silvina!...

Junto a la voz dejose oír un rumor positivo de pasos, de pasos vivientes y ligeros que repechaban también.

-¡Silvina!... ¡Silvina!...

Más ella, en su desolación, no obedeció a otro dueño que al miedo; no hallaba más asidero que la veloz carrera.

A poco, quien la llamaba y corría tras ella, ganó terreno. Como la vereda serpeaba en la montaña, el perseguidor, aprovechando uno de los recodos, saltó por el monte, y mientras Silvina corría por la vereda logró llegar primero al remate de una de las ondulaciones. De ese modo, el paso quedó cortado, y Silvina, desfalleciendo de horror, vio delante de ella la temida sombra.

-¡Misericordia!..., ¡misericordia! -dijo, dirigiendo las manos hacia adelante como para defenderse.

-Silvina -repitió una voz jadeante-. Espera, por Dios... ¿No me conoces? Soy yo...

Era Ciro... Ciro, que rondaba como siempre; que la había visto salir con Gaspar y dirigirse a Vegaplana; que husmeaba una ocasión propicia y jugaba siempre la probabilidad de encontrarla.

Silvina, emocionada, sin aliento, sintiéndose desfallecida, no se daba aún cuenta exacta del encuentro. El joven adelantaba y ella retrocedía.

-Soy yo..., soy yo...

Al fin, en medio de la emoción, surgió para Silvina la luz. ¡Era Ciro, el hombre que la amaba, el único ser piadoso para ella!

La atrajo el joven y la estrechó en sus brazos. ¡Al fin, la soñada ocasión! Y ella, que en nada pensaba que no fuera su angustioso terror, le abrazó también, estrechose contra su cuerpo, colgose de su cuello con nervioso júbilo. ¡Qué felicidad! Allí estaba su defensor, el único brazo capaz de defenderla, el único pecho tierno para ella; y en un éxtasis de sosiego que iba poco a poco disipando el espanto le pareció que entre la tienda, con su escena lúgubre, con su charco de sangre, con su muerto mutilado, y Ciro, con sus abrazos palpitantes y sus sedientos besos, mediaba un muro, un muro muy espeso, muy alto, del tamaño de una montaña, infranqueable para el terror, cerrado a los horrorosos recuerdos del pasado.

Con tal ánimo se abrazaba a Ciro como el náufrago al resto flotante, y al estrecharle experimentaba el placer del perseguido que halla paladín que le escude. Apretábase a él palpitante, temblorosa, como quien cayendo de muy alto encuentra un asidero en la caída.

Ciro la apartó de la vereda, y en el bosque sentáronse en el tronco tronchado de un banano.

Apenas daba crédito el joven a su ventura, y colmando de caricias a Silvina notaba en su azoramiento las huellas vivas del pánico.

-Pero ¿qué te pasa? Estás yerta, tiemblas, miras a todos lados, estás como angustiada... ¿Temes que venga ése? Aquí no puede vernos.

-¡Ah!, yo...

-Tranquilízate, mujer. Estás conmigo. Tienes miedo pensando en él, ¿verdad?

-Sí..., yo no sé...

-¿Dónde está Gaspar?

-¡Ah, no sé!...

-¿Dónde le has dejado?

-Por..., por ahí...

-¿Pero qué te ocurre? Estás tiritando...

-Nada..., es que...

-¡Ah!, yo sé lo que tienes. Esa bestia, ese canalla, ese cochino, te ha pegado, y tu venías huyendo de sus golpes. Sí, y te ha empujado en el río, te ha hecho caer, porque estás toda mojada...

Y Ciro, tocando las ropas de la joven, empapadas en la sangre del desertor, no distinguía el color de aquella humedad, pensando en un accidente, en una brutalidad de Gaspar al pasar el río.

-Sí, ese infame te ha pegado... Pero no te apures, vieja: aquí estoy yo. Al fin no te quedará más remedio que escaparte conmigo. Déjale que chille, déjale que rabie: vente conmigo y no temas nada. ¡Cochino! ¡Cochino! ¡Levantas la mano para una débil mujer!...; pero por esta noche, te fastidias...

-¡Ah, Ciro, no me abandones!

-Ni picado me podrían separar de ti. Sí, deja a ese hombre; deja ese infame. Si te persigue, yo te defenderé; le mataré si es necesario.

-Me muero de susto...

-¡Bah!

-Tengo miedo..., un miedo terrible...

-Pues, ¡ea!, mi vida, déjate de miedos. Al contrario, celebremos la casualidad que nos reúne. ¡Ah, qué dichoso soy! Esta noche, ¿sabes?.... la del perro...

El acento de Ciro se hizo tierno, balbuciente, mientras ella le escuchaba sin fijeza, preocupada con sus terrores.

Eran dos emociones diferentes, dos sensaciones distintas; unas nupcias divergentes, en que cada uno de los amantes tenía el alma en distinto mundo. Él, en el mundo real, en la vida rebosante de deseos; ella, en el mundo de las quimeras, del espanto, poblado por los fantasmas de un sistema nervioso mordido por la emoción... Él no temía, amaba; ella no amaba, temía; y mientras el amor amparaba el terror engrandeciéndose, el terror encogíase en brazos del amor sin comprenderlo, sin sentirlo, resignándose a todo con la gratitud del más grande de los beneficios, con el reconocimiento del más generoso de los favores.

No pensaba ella entonces en huir de Ciro, como otras veces. En aquellos instantes era él el amparo, el asidero, la columna, la resistente columna protectora.

Pensaba él en sus ansias, en sus delirios, en la embriaguez producida por el tibio contacto del ser amado. Era columna, pero columna viviente, animada, con sed de caricias, con hambre de besos, ávida de estremecerse en arrebatos de pasión.

Ciro, en un supremo abrazo, besó a Silvina en la boca. Tenue el azul del río; volubles las ráfagas de la brisa... Todo con pasmosa armonía diseminaba encantos en la soledad del paisaje.

Ciro, tiernísimo, amoroso, entregábase a la dicha lograda. En Silvina no palpitaba la sin par caricia de la pasión vencedora, ni la embriaguez que proyecta la vida a través de los mundos y los tiempos; ni el aura deliciosa que funde en uno solo todos los alborozos de la vida.

No era alma gozosa que vencía rindiéndose; era víctima del miedo, que se reportaba en el protector regazo, no era el ser mórbido lanzado a las expansiones de la felicidad, era pobrecita carne escondiéndose temblorosa en los brazos del valeroso defensor, mientras en el ámbito bullían las notas aladas del nocturno plasmo, con sus voces estridentes, con sus silbidos sutiles, con sus gritos lúgubres, destacándose del conjunto el disílabo canto del sapillo de las humedades, modulando tristemente su eterno ¡kokí! es ¡kokí!...

Capítulo VIII

A las dos de la tarde del día siguiente, el Juzgado, constituido en la tienda, practicaba las primeras diligencias sumarias.

La consternación circuló por la comarca como fuego de artificio lanzado sobre una multitud.

Del acontecimiento se hizo una síntesis: la tienda de Andújar, escalada, robada, llena de sangre, y dentro un hombre muerto. Esa síntesis corrió de boca en boca, reforzándose en la exageración de tal manera que al llegar a los linderos remotos decíase que la tienda había sido saqueada, que se había encontrado a Andújar cosido a puñaladas y que los muertos pasaban de diez.

Como si corriente de aire polar hubiera circulado, todos los campesinos sintieron frío; para unos, frío de alma sencilla ante el asombro de inaudita maldad; para otros, frío de vacilante virtud ante el peligro de hacerse sospechosos, o de imbécil miedo ante la intervención aparatosa de la justicia.

Pasados los primeros momentos de sorpresa, muchos se internaron en los bosques; otros, sólo se atrevían a cambiar en voz baja tímidos comentarios.

Con aquella masa acobardada y muda tenía que habérselas la justicia; de aquel mundo de esquivos y ciegos tenía que surgir con claridades meridianas la verdad.

Horas después del crimen, a las cuatro de la mañana, dos campesinos pasaron frente a la tienda. Detuviéronse incidentalmente frente a la puerta cuya cerradura rompió Gaspar, y como uno de ellos pusiera la mano sobre los batientes, notaron que estaba abierta.

Les alarmó aquello, y aunque atribuyeron el caso a algún descuido, alejáronse inquietos por si acaso, por no verse envueltos en malos asuntos.

Cruzáronse en el camino con el dependiente, que les reconoció. Llegó éste a la tienda y diose cuenta de que la puerta estaba abierta y la cerradura rota.

Retrocedió presa de alarma, y por una vereda vecina fue a despertar al segundo comisario, especie de teniente, que residiendo en las cercanías ayudaba a Andújar en el comisariato.

Enterado aquél del caso fuéronse los dos a la tienda, y a la luz del alba diéronse cuenta del sombrío acontecimiento; y sobre el mostrador, con letra casi ininteligible y torpe redacción, produjo el segundo comisario un parte a la autoridad del poblado, que sin pérdida de tiempo fue remitido valiéndose de un campesino elegido entre los primeros que se agolparon en el lugar.

El peatón, cerca del poblado, encontró a Andújar, que regresaba a la montaña.

Al saber lo sucedido quedó éste perplejo. ¿Qué había pasado? ¿Qué atrocidad resultaba? ¿Quién era el muerto?

Dudó. ¿Seguiría? ¿Retrocedería? Optó por lo primero. Si el acontecimiento había tenido por escenario su casa, lo natural era acudir, teniendo en cuenta, sobre todo, que el peatón le había visto y podría hacerse sospechoso su retroceso. Siguió pues, y mientras caminaba se prometió hacer esfuerzos para no verse muy traído y llevado en la cuestión: él no quería cuentas con la justicia ni verse obligado a ir y venir mezclado en asuntos de tribunales.

A mediodía, el juez, el escribano, el doctor Pintado, un escribiente y, varios policías llegaron a la montaña.

Llenáronse con exquisito celo las formalidades de la ley: un reconocimiento primario; la fe de libros llamando inútilmente al muerto; el reconocimiento médico del cadáver; la designación topográfica de la escena; diligencias de identificación de la víctima; acopio de piezas de convicción, etc.

Al tratarse de identificar el cadáver, se apeló a los campesinos apiñados en torno de la tienda.

El cuerpo de Deblás estaba mutilado, deforme: el pico había penetrado por la mejilla izquierda, y como en el momento de la agresión la cabeza yacía echada hacia atrás en la almohada, el agudo agente, rompiendo los huesos de la cara, penetró hasta la base del cráneo y desmenuzó el bulbo.

A despecho de la deformación, todos los campesinos circunstantes reconocieron a Deblás, pero todos callaron.

-¿Conoce usted a ese hombre? -dijo el Juez a Andújar, mirándole fijamente.

El tendero afectó detenerse mucho antes de contestar, y luego, serenamente, repuso:

-No le conozco.

-Fíjese usted bien.

-No, señor; no le conozco.

-¿Es posible que haya en su vecindario persona a quien usted no conozca?

-Aquí conozco a todo el mundo... A ese hombre no le conozco... Puede ser alguien de otro barrio, nuevo en éste... Como tiene la cara aplastada. ¡Está tan desfigurado!

-¿Cómo?

-Quiere decir... que está destrozado...

Un relámpago de duda fulguró en la mente del juez. Antiguo y astuto criminalista, dudó de la verdadera significación de la frase ¡está tan desfigurado!

Llamó a un policía y díjole algo en voz baja.

Volviose al dependiente y repitió la pregunta:

-¿Conoce usted a este hombre?

El mancebo, que antes de la llegada del juez tuvo tiempo de platicar con Andújar, respondió con firmeza:

-No le conozco.

-¿Ni por el semblante, ni por el cuerpo, ni por las ropas, le conoce usted?

-Por nada... En mi vida he visto a ese hombre.

-¿No le encuentra usted desfigurado?

-Sí..., es decir, no sé...; como no le conocía de antes...

La pregunta fue repetida a veinticinco o treinta testigos.

-No le conozco...

-No le conozco...

Nadie en el concurso conocía al muerto.

En el grupo estaba Ciro. Habíase levantado tarde, y al dirigirse a la granja de Juan del Salto supo el acontecimiento y acudió atraído por la curiosidad.

De lo que hubiera allí pasado no tenía la más remota idea, la más ligera sospecha; sin que se le ocurriera relacionar detalles de su historia de la noche con el desafuero consumado.

Requerido por el juez, reconoció a Deblás; pero, como todos, contestó:

-No le conozco.

-Fíjese usted bien. ¿No encuentra usted en la cara, en el cuerpo, en las ropas, algún detalle que le induzca a pensar quién era ese hombre?

-Ninguno.

-¿No le había usted visto nunca en la comarca?

-Nunca.

-¿No se le parece a nadie de este barrio?

-No, señor; a nadie...

El juez miró a Ciro cara a cara. Había observado algo sospechoso...

Hízole acercar y de nuevo le consideró con fijeza. Ciro vestía pantalón y chaqueta de hilo crudo y camiseta de algodón, todo muy usado y raído.

-¿Qué manchas son éstas? -dijo de pronto el juez, indicando unos lamparones color de ladrillo oscuro que tenían la camiseta y los pantalones del joven.

Ciro, reconociéndose con viveza, quedó indeciso.

-¿Puede usted decirme qué manchas son ésas?

-Yo...

-Esas manchas son de sangre...

-¡De sangre!

-Sí... ¿Dónde se ha manchado usted de ese modo?

-Pero...

-¡Hable usted sin ambages! ¿Dónde se ha manchado usted de ese modo?

El mundo se oscureció para Ciro. ¡Manchas, manchas de sangre! No recordaba haberse visto tales manchas el día anterior. ¿Cómo explicar lo que él mismo ignoraba?

La confusión le subió al semblante, púsose más pálido de lo habitual, balbució frases incompletas y sólo consiguió murmurar:

-Yo no sé... Esto no es sangre. Estoy turbado..., no sé qué es esto...

-Serénese usted. Tiempo nos queda de poner en claro esa duda.

Y dando otra orden reservada continuó su labor.

Empezaron las declaraciones explicativas del suceso relacionadas con las primeras noticias que de él se tuvieron. Fue preguntado el mancebo:

-¿A qué hora vino usted a la tienda?

-Entre cuatro y media y cinco de la mañana.

-¿Vino usted solo?

-Solo.

-¿Nadie le vio a usted?

-Nadie.

-El segundo comisario, al producir el parte a la autoridad, declara que usted le había manifestado haberse cruzado en el camino con dos hombres...

El mancebo vaciló, miró en torno, inclinose y, pellizcando un pliegue de pantalón, rascose una pierna. El juez, sin perder un solo ademán del declarante, insistió:

-¿Les conoce usted?

-Pues... sí. Les conozco.

-¿Cómo se llaman?

-Es que... como era aún de noche...

-Como todavía no era día claro usted les conoció, pero no vio sus nombres... ¿No es eso? -añadió el juez, arrugando el entrecejo-. Vamos, conteste usted -continuó-. ¿Cómo se llaman esos hombres?

-Bien..., yo diré... Pero, la verdad, yo no estoy seguro de quiénes eran. Me pareció que...

-¿Qué le pareció a usted?

-... que eran Tomás Vilosa y Rosendo Rioja.

Otra orden reservada fue transmitida a los ordenanzas de policía.

Practicose un minucioso reconocimiento del lugar, tomándose nota de los más pequeños detalles. Dos puertas violentamente abiertas, con las cerraduras rotas; la tapa del mostrador, levantada; restos de sustancias alimenticias, diseminados; vasos vacíos, que olían a cerveza y aguardiente; huella de haber sido registrados todos los cajones, encasillados y aparadores; en el cuarto, un cofre abierto y rodeado de ropas salpicadas de sangre, una tranca de madera en el centro del cuarto; un pico lleno de sangre en algunas pulgadas de su punta, tirado también sobre el pavimento; un puñal de tosco mango, con la hoja completamente limpia de toda mancha, que fue encontrado en el suelo cerca del charco de sangre; un cortafríos debajo del catre, manchado de sangre por encima y dejando en el gran reguero un trozo de pavimento limpio que correspondía perfectamente a las dimensiones del cortafríos, lo que probaba que éste cayó antes en el suelo que la sangre de la víctima; un sombrero de paja sin horma ni forro, sucio, con el vértice de la copa deshilachado y roto, habiendo servido, al parecer, para cubrir una cabeza muy grande; otro sombrero de paja mugriento, hallado en el suelo, también detrás del catre, y, por fin, otros objetos de más o menos importancia, como botellas vacías con indicios de haber servido de candelero, el ronzal en el clavo exterior y varios más que fueron recogidos y anotados.

Cuando levantó el juez el sombrero roto por el fondo, todos los presentes reconocieron su procedencia. En lo recóndito de las conciencias sonó el nombre de Gaspar..., pero todos callaron, y a las reiteradas preguntas del juez y del actuario no hubo uno que no negara aquel conocimiento.

-No lo sé...

-No lo sé...

-No lo sé...

Tal fue la frase sacramental que salió de todos los labios.

Ciro, ante aquel sombrero, tuvo un rayo de luz. El asesino había sido Gaspar. No podía dudarse. Recordó el joven la angustia de Silvina, el terror de que la vio poseída, su carrera cuesta arriba, sola, desolada... ¡Ah, qué misterio! ¡Qué terrible misterio! Mas él no se precipitaría, pensaría detenidamente antes de cantar; y sobre todo sucumbiría a cualquier sacrificio antes que comprometer a Silvina.

Y en el ánimo de Ciro no entraba ni por un momento la duda acerca de la complicidad de la joven. No, ella era inocente; el infame, el asesino era Gaspar.

Probose al cadáver el sombrero de Gaspar. Le bailaba en la cabeza. Insistió el juez. Acaso usara la víctima sombrero ancho. Más viose que la desproporción de medidas era notable. En cambio, cuando se hizo igual prueba con el sombrero hallado detrás del catre, no fue posible dudar: aquel sombrero pertenecía a la víctima.

Después fue reconocido el cadáver. Se le halló un agudo puñal escondido en la cintura y los bolsillos llenos de objetos que Andújar declaró pertenecerle.

De todo se tomó acta. Levantose un plano del teatro del crimen, registráronse las cercanías, cumpliéronse, en fin, severamente las formalidades de la ley.

Por la tarde, el Juzgado regresó a la población. Aparte de lo actuado, las primeras diligencias inspiraron al juez algunas previsiones.

En la comitiva hizo conducir presos a Andújar, al dependiente, a Ciro, a Tomás Vilosa y a Rosendo Rioja.

Una larga lista nominal de vecinos fue también tomada sobre el terreno, y con un arsenal de diligencias primarias y piezas de convicción, después de cerrar y sellar las puertas de la tienda y enviar delante un cortejo de labradores que conducía en parihuelas el cadáver, volviéronse los intérpretes de la ley al poblado.

Durante el regreso, el juez caminaba meditabundo. ¡Caso raro! ¡Incomprensible crimen! ¿Por qué dos puertas fracturadas? Si una sirvió para entrar y otra para salir, ¿por qué rotas las cerraduras de ambas? Para abrir por dentro una puerta, basta con levantar el pestillo y quitar la tranca de modo que la cerradura ceda, sin que se necesite romperla. ¿Para qué se rompieron aquellas dos cerraduras? Parecía probable que los agresores fueron varios y trabajaban en cuadrilla. La actitud ambigua de Andújar; su salida la tarde anterior, no bien explicada todavía; su regreso impasible; su poca curiosidad y zozobra ante el robo posible; las vacilaciones del dependiente; su indecisión para contestar; las miradas furtivas dirigidas a Andújar cada vez que era requerido por el juez; la coincidencia del encuentro del dependiente con aquellos dos hombres con quienes se cruzó en el camino, y, finalmente, las manchas, las indudables manchas de sangre en la ropa de Ciro, hicieron pensar al juez en la posibilidad de un atentado en cuadrilla.

Más enseguida desechaba la hipótesis. ¿Cómo pensar que Andújar se robara a sí mismo? ¿Cuál, entonces, había sido el móvil del crimen? ¿Matar al hombre hallado en el catre? Tal vez una venganza, una celada, una intriga para deshacerse de un enemigo... No, inconcebible. El muerto tenía los bolsillos llenos de objetos de la tienda. Luego el muerto era también agresor. ¿Entonces, por qué caer asesinado? ¿Una lucha surgida ante el botín? Tampoco. Tenía el muerto un puñal en la cintura: en el suelo fue encontrado otro puñal limpio de toda mancha. Si hubiera habido lucha se hubiese defendido, el arma hubiera sido hallada fuera de la vaina y acaso el otro puñal ensangrentado por haber sido agente de la muerte.

Lo indudable era que la muerte fue producida con el pico... Aquí otra duda. ¿Fue dado el golpe hallándose la víctima en pie y conducida después al lecho? ¿Fue herida estando acostada? La autopsia hablaría.

El juez se devanaba los sesos. ¡Qué laberinto! Indudablemente faltaban datos.

Fue el proceso llevado con actividad. Declaró media comarca, buscáronse antecedentes de los detenidos, hiciéronse careos, persiguiéronse varias pistas...

El juez, entregado durante varios días al asunto, no logró desenredar la madeja. Estaba solo, completamente solo: hubiera sido preciso adivinar...

En tanto, en la montaña, los ánimos fueron serenándose. Se sospechaba, se presentía, se sabía la verdad... A veces, al pasar, se miraba de reojo al asesino, pero nadie hablaba, nadie quería comprometerse.

Gaspar estaba retraído, formal. No bebía, trabajaba con asiduidad, hablaba poco y muy temprano encerrábase en la casucha.

Después de la noche célebre había pasado grandes sustos. Cuando en aquella hora aciaga, corriendo a campo traviesa por el bosque, llegó a la choza de Leandra, sentose jadeante en el suelo... ¿Qué había sido de Silvina? ¿La habría matado Andújar?

Recordó la noche en que, saliendo del baile de Vegaplana, la joven perdió el conocimiento... ¡Ah, quién sabe! Era posible que un desmayo la hiciera caer junto al catre en el momento de dar bajo su dirección el golpe. En ese caso ya volvería. Cada cual que corra con sus pies.

Lo importante, de momento, era desvanecer las huellas... Esperó mucho tiempo sin saber qué resolución tomar, en la incertidumbre de la suerte que le hubiera cabido a Silvina.

Al fin, por entre los cafetos, apareció la joven, que acababa de dejar a Ciro en las cercanías.

Ya más serena, costó trabajo a la joven separarse de Ciro. Él quiso detenerla a todo trance, obligarla a huir aprovechando la facilidad de la ocasión. Mas ella, irresoluta, siempre dominada por la tiranía influyente de Gaspar, negose a tamaña rebeldía; la aplazó para remota oportunidad, y escapó prometiendo a Ciro seguirle en otra ocasión.

Cuando la vio llegar Gaspar la impuso silencio: no eran momentos para comentarios. En voz baja refirió el resultado de la jornada.

Ella, estremecida aún de susto, quiso entrar en la casa. No la permitió Gaspar. En la tienda habíale visto el vestido lleno de sangre. Lo primero, dándole unos tirones, le arrancó de encima el vestido, después, en el colgadizo, la desnudó por completo.

Jugueteó la brisa nocturna con aquella desnudez, refrescando en la pobre mujer los ardores aún palpitantes de la emoción. La hizo lavar, y mientras ella penetraba en la casucha procurando, por encargo de Gaspar, no hacer ruido, él detrás de un árbol cercano, cavó y enterró el montón de ropas sangrientas.

Después, a dormir; a apretar los ojos para que las espantosas imágenes del pasado no ahuyentaran el sueño.

Silvina, cruelmente combatida por las emociones, estaba estuporada, casi insensible. Al tenderse, sin embargo, en su rincón, el recuerdo de las escenas de la tienda contrajo su semblante con la amargura de un sollozo; y enseguida el recuerdo de los amantes arrebatos de Ciro borró el sollozo y dibujó una sonrisa. Sonriendo, quedose dormida.

Desde aquella noche Gaspar no vivió tranquilo. Sentía necesidad de huir, mas ¿cómo? Estaba seguro de que mucha gente sospechaba de él gracias al maldito sombrero, y se reconocía entregado a todo el mundo, expuesto a la delación de cualquiera.

Su inquietud subió de punto cuando Galante, llamándole a solas, sin ninguna clase de explicaciones, le dijo:

-Cuidado; mucho cuidado... y mucho ojo.

Era indudable que le rodeaban grandes peligros. Si te prendían, ¿quién garantizaba la discreción de Silvina? Ella iría también a la cárcel, hablaría claro y entonces le fastidiaría para siempre. El único partido aceptable era huir. Lejos, bien lejos. Y su cavilación siempre terminaba preguntándose: ¿cómo huir?

En uno de aquellos momentos de reconcentración te pareció encontrar un asidero: la vieja Marta. Él, desde la noche del baile, había dado tres o cuatro asaltos al erario de la avara, pero sangrándolo siempre de sumas pequeñas. ¿Por qué no dar el escobazo final?

Tembló ante la idea de una nueva hazaña tan desgraciada como la otra; mas aunque hizo esfuerzos para disuadirse a sí mismo, acabó por convencerse de que sin dinero estaba imposibilitado para todo.

Con algunos pesos podría dar solución al conflicto. Ese proyecto se hizo en él idea fija.

Silvina lloraba con frecuencia a solas, sin que se diera cuenta de lo que con más agudeza la afligía. ¿Era el pasado, con sus remordimientos? ¿La vida infeliz que arrastraba? ¿La triste suerte de Ciro, inocente y encerrado en un calabozo?

Muchas veces pensó que no le sería difícil invertir los términos: explicar el origen de las manchas de sangre encontradas en las ropas de Ciro y sacarle de la cárcel, metiendo en su lugar a su marido.

Reconocía ella que su conducta no era buena, que no obraba bien. Procediendo con honradez debía decirlo todo, todo... Pero ¿qué sería de ella si hablaba? También ella era cómplice: había concurrido al escalamiento; había salido manchada de sangre, aún caliente. La prenderían, la sentenciarían como cómplice, como agresora. ¿Cómo explicar el dominio de Gaspar llevándola al crimen? ¿Quién habrá de creer que contra todas sus tendencias y contra todos sus instintos concurrió al atentado obligada por una voluntad más fuerte?

En su ignorancia no encontraba palabras para expresar tan encontrados sentimientos. Si la prendían, Ciro quedaría libre y ella, una vez más, veríase arrastrada por aquel hombre maldito, que la empujaría a un presidio, a una cadena por toda la vida...; y temblaba de espanto y callaba.

Cuando le confió Gaspar su proyecto de huir, sintió la limosna de un instante de alegría. Elevó el alma a Dios y suplicó fervorosa y contrita que el proyecto tuviera buen éxito. ¡Sola, sola sin él! Podía morir dichosa después de haber gozado un minuto de aquella soledad.

Leandra, como siempre, daba el fláccido seno a Pequeñín y lavaba en la piedra ancha y plana del río.

En aquellos días estaba recelosa, contemplativa, mirando a hurtadillas las evoluciones de Gaspar, observando a Silvina. Sospechaba, tenía indicios de que la atrocidad de la tienda le andaba cerca.

La noche del crimen oyó algo... Rumores inciertos; un regreso de velorio en el que Gaspar y Silvina no amanecieron; ruidos extraños en el colgadizo; respiraciones contenidas; Silvina levantándose al siguiente día con la camisa de que se había despojado antes de salir para Vegaplana, sin que la que llevó puesta y el vestido de color oscuro con que se atavió para el nocturno pésame se volvieran a ver en los rincones de la casa... Un conjunto de pequeños detalles de dudosa significación. Gaspar, al parecer tranquilo, aquietado, solícito, alejado del bullicio y con frecuencia meditabundo.

Ella sospechaba también, y callaba. El detalle del sombrero fue el golpe de gracia: en toda la casa no vio el sombrero usado habitualmente por su yerno, y entonces usaba uno nuevo, limpio, al que habían roto el fondo intencionalmente. Sí, Gaspar había sido el agresor; estaba convencida. ¿Y qué hacer? Sencillamente, callar. ¡Había ella callado tantas cosas en la vida; habíase mordido la lengua tantas veces! Una más no significaba nada. Resueltamente: callaría. La cosa no le importaba...

Montesa, por aquellos días, parecía una caja de truenos. ¡Que se viera, que se tocara el resultado de las blanduras! Mano abierta para aquellas gentes era lo mismo que jaula rota para lobos. Lanzaba unos ternos vibrantes que parecían condensarse en la atmósfera y, tomando forma de cohetes, ir a reventar contra las chozas y los bosques. Nada, aquello no era gente. Mientras no se aplicara el látigo como a los negros esclavos iríase de mal en peor.

De ese modo, en los trabajos, estuvo más déspota y genial que nunca... Los obreros más honrados, los más conocidos por sus virtudes, le merecieron duros reproches, y a los que faltaban en el cumplimiento de su deber los barrió al instante.

-¡Fuera, fuera gentuza!

Sentía el mayordomo indignación al contemplar terrenos sin cultivo, hermosas tierras suplicando labor, mientras la turba de los montes disipaba el tiempo en necios placeres o en estúpidas holganzas. No exceptuaba él, no distinguía entre los buenos y los malos. Todos, para él, eran iguales. Y en el fondo de tan grosera injusticia había un grito de honradez, de rebelde dignidad ofendida por el extravío de los otros.

Como después de las horas laborables su vida se limitaba a su hogar, enterábase poco de los comentarios del barrio, de las suposiciones, de las sospechas. Le impresionó el crimen en conjunto; en detalle no le preocupó.

En las cumbres de la finca de Galante, como un hurón, confinábase Marcelo. ¡Qué días, qué noches de angustia en su choza! ¡Qué dolor, qué inmenso susto cuando al conocer los resultados de la jornada se enteró de la prisión de Ciro! Su pobre hermano corría peligro... Pero ¿qué manchas eran aquéllas? ¿Sería su hermano también un canalla capaz del crimen? ¿Habríanle dado Gaspar y Deblás participación en aquel horror? No se resolvía a creerlo.

Quedábase muchos días en la choza, manteniéndose de algún fiambre, imposible para el trabajo, dominado por enfermiza laxitud.

Aparte de sus terrores, todo le era indiferente. A nada aspiraba, nada quería: vivir, sólo vivir, sin que le estremeciera el miedo, aunque no comiera más que un banano o algunas frutas silvestres.

En su soledad veíase perseguido por las zozobras. Eran diabliposas que le revolaban en torno, hostigándole con punzante insistencia.

Un día estuvo a punto de caer desmayado: el comisario interino le notificó que el juez le había citado para declarar. ¡Declarar, quién hubiera querido olvidarse de todo para no sufrir!

Mas no hubo evasiva: al siguiente día emprendió a pie la penosa caminata hasta el poblado, sin que se le ocurriera por qué había sido llamado.

La figura macilenta del joven inspiró lástima al juez. Le latían los vasos del cuello, sus ojos miraban con languidez de sufrimiento.

Como desde los primeros momentos la personalidad de Ciro se creyó la más importante en el proceso, hilose con él muy delgado. Obligósele a explicar, minuto por minuto, el empleo que dio al tiempo durante la noche del crimen.

Ciro se encerró en la mentira. Referir su encuentro con Silvina, su ronda desde las primeras horas de la roche, su retirada a la choza después de las cuatro de la madrugada..., jamás. Él no quería ni remotamente comprometer a la joven.

Así pues, respondió mintiendo: se había acostado la noche del crimen a las ocho de la noche.

Puesto en claro su método de vida, el juez necesitó oír la declaración de Marcelo, que había de confirmar, o no, lo dicho por Ciro.

-Oiga usted -dijo el juez-, su declaración es potestativa. ¿Comprende usted?

-Yoooo... -contestó Marcelo, abobado.

-Como es usted hermano del sospechado agresor, la ley le excusa de declarar en ningún sentido. ¿Quiere usted hacer valer ese derecho?

-A mí me digieron que tenía que venil...

-Sí, perfectamente. Pero ahora yo le aviso a usted la libertad en que está de irse como vino o de prestar declaración. Se trata de su hermano... ¿Qué elige usted?

-Pa mi gusto...

-¿Qué?

-Yo no he hecho mal a naide.

-No es eso. ¿Declara usted o no declara?

-Yo..., como usted quiera...

El juez, al verle indeciso, le inclinó a declarar.

-Bueno, pues diga lo que sepa; vamos a ver.

Y fue preguntando acerca de importantes puntos que se deseaba precisar.

No preparado para el caso, fue el joven sincero en el interrogatorio. Ciro trasnochaba con frecuencia y muchas noches no dormía en la choza.

-Según eso -dijo el juez-, la noche del crimen su hermano se recogió muy tarde, ¿verdad?

Ante tal pregunta, Marcelo vio un horizonte... En su torpeza había malicia; en su sinceridad, suspicacia. Comprendió la importancia de su respuesta y explicose por qué le habían llamado a declarar.

Las miradas del juez y el interés con que le escuchaban los presentes confirmáronle aquella importancia. Le ocurrió que, relatando lo cierto, quedaba para Ciro una laguna que llenar. ¿En dónde había pasado la noche? De ese modo podía comprometer a Ciro.

Vaciló un instante. ¿Qué había declarado Ciro? ¿Había dicho que regresó tarde o que se retiró temprano?

En la duda, tuvo por natural que su hermano hubiera tratado de sustraerse a toda sospecha.

-Esa noche -respondió Marcelo- mi hermano durmió conmigo.

-Bien, no durmió fuera... Pero ¿a qué hora se recogió?

-Anocheciendo.

-¿Le vio usted? ¿Está usted seguro de que era temprano?

-Sí, señor.

-Las noches en que regresaba tarde, ¿le oía usted llegar, despertaba usted?

-Sí, señor.

-¿Siempre?

-Siempre.

-¿No acostumbraba su hermano levantarse después de acostado y volver a salir?

-Nunca; una vez acostado, caía que ni piedra...

-Y cuando trasnochaba, ¿en qué empleaba el tiempo?

-Generalmente eso sucedía cuando tenía entre manos algún...

Marcelo se detuvo, sin atreverse a pronunciar el vocablo.

-¿Algún qué?

Todos los presentes sonreían; todos comprendieron.

-Vamos, diga usted.

-Pues... cuando tenía algún chivo...

-¿Alguna aventura amorosa?

-Anjá...

-¿Era eso frecuente?

-Las más de las noches.

-En suma; ¿qué hizo su hermano esa tarde, después que terminó el trabajo en la finca del señor Del Salto?

-Llegó a casa, se tumbó a mi lado y se durmió hasta los claros del día.

Cuando la declaración dio fin, respiró Marcelo libremente. Nada le pasaba, dejábanle en libertad.

Y volviendo a la montaña necesitó reponerse tres o cuatro días del cansancio producido por el viaje y las emociones.

Ciro, pasadas las sorpresas del primer momento, había conservado la serenidad. Quien no la hace que no la tema. Si no había cometido crimen alguno no tenía motivo para temblar.

Cuando le prendieron logró dominarse. El asesinato, no lo dudaba, era cosa de Gaspar; ¿pero qué papel jugó Silvina en el asunto? Estaba seguro de que ninguno. Tal vez el susto y la angustia que notó en ella aquella noche dependieron del conocimiento que tuvo del atentado, acaso al referírselo Gaspar.

De otro lado, perdíase en conjeturas. ¿Y las manchas? ¿En dónde se había manchado de aquel modo? Registraba rincones del recuerdo sin acertar.

Aceptó al cabo una hipótesis que tuvo por segura. ¡Bah!, eran manchas de plátanos. Sí, el plátano tiene una humedad que, puesta en contacto con las ropas, deja una mancha prieta. Eran, indudablemente, manchas de plátano. Como él anduvo aquella noche por platanales, nada tenía de extraño.

Por lo demás referir su infidelidad de aquella noche... ¡eso nunca! ¡Pobrecita Silvina! ¡Traerla poco menos que por el moño a la causa! De ninguna manera: antes que eso sufriría por ella persecuciones y cárcel. Convino, pues, consigo mismo en no mentarla, y declarando siempre con serenidad y firmeza aseguró que la famosa noche se había acostado muy temprano junto a su hermano, durmiendo tranquilo toda la noche.

Andújar tampoco tembló. Le pareció brutal que le prendieran, e ingresó en la cárcel seguro de ser excarcelado en breve. ¿Se había hecho sospechoso por algunos detalles? Pues sospechar no era comprobar; ya se convencerían de su inocencia.

De otro lado, los acontecimientos le hicieron cavilar mucho. No podía explicarse por qué su primo tuvo tan trágico fin. Si Gaspar era, como no lo dudaba, autor del asesinato, ¿qué pasó entre ellos? ¿Por qué Deblás, con los bolsillos llenos y con un puñal al cinto, había sucumbido en lucha con un mandria como Gaspar?

No veía claro, e inútilmente trataba de explicarse la intrincada urdimbre del crimen. De todos modos quedaba libre del célebre primo. En verdad que le perjudicaba mucho la clausura de la tienda, pero ya se repondría del perjuicio impulsando el nuevo negocio bancario y aumentando su predio con terrenos comprados a los colindantes; sobre todo el cerezal, el deseado cerezal de la vieja Marta, negocio que pensaba no dejar de la mano.

Marta, ante los acontecimientos, hizo aspavientos y maldijo de los malos.

El asalto de la tienda la impresionó, por la experiencia que su desconfianza adquiría. Ella estaba también expuesta a parecido atentado. Su dinero, repartido en montones, permanecía ignorado de todos; mas comprendía que en cualquier momento estaba en peligro de que le descubrieran los escondites, de que la despojaran.

Cuando se convenció de que había sido Gaspar el bárbaro agresor, no tuvo sorpresa. Conocía bien ella las prendas de aquel pillete y le creía capaz de todo.

Como el daño ajeno hace pensar con frecuencia en la propia seguridad, Marta perdió el sueño muchas noches pensando en que la hicieran víctima de otro atropello.

Contó y recontó mentalmente su tesoro; ideó nuevos y más recónditos lugares adonde cambiar sus montones; reconoció la necesidad de un recuento efectivo, para convencerse de que ni un solo céntimo faltaba en su erario. Se impuso, pues, una labor fatigosa en la que sufrió mil sustos imaginándose sorprendida a cada instante.

Entre unas piedras del bosque buscó su oro: contó onzas, medias onzas, centenes. Todo intacto. Más allá, entre unas malezas, contó, de bruces sobre la tierra, un paquete de pesos. Ni uno faltaba de su cuenta. Luego, junto a la gran ceiba, desenterró la tinaja... Contó una, dos, tres veces, sudando gruesas gotas, con el corazón oprimido, casi sin aliento. ¡Gran Dios, faltaba, faltaba dinero! Deteníase, meditaba sumando en la memoria las cantidades guardadas en diferentes épocas, y volvía a contar. Faltaba dinero. Los treinta y tantos pesos de aquel buen domingo hicieron subir el depósito a doscientos cincuenta, y ¡allí sólo había doscientos!

El día se nubló para Marta. Febrilmente ahoyó en otro lugar, cambió la tinaja; y jadeante, llorosa, con lágrimas de rabia, rebujose en su hamaca.

Voló entonces la imaginación. Era indudable que la habían robado, que la estaban robando, que la robarían el último ochavo. ¡Pasar una vida de escasez y miseria para que en un minuto la desvalijara un pícaro! Y cuando así pensaba el nombre de Gaspar le danzaba delante de los ojos como denunciándose a sí mismo.

No dudó: Gaspar había robado y matado en la tienda; Gaspar la robaría y la mataría a ella; todo el mundo conocía en el barrio al autor del crimen, y, sin embargo, el malvado estaba suelto, amenazando con la impunidad el sosiego de todos. Ella no podía vivir de aquel modo: cualquier noche la estrangularía Gaspar.

Así pues, la vieja aprestose a la defensa. Comprendió que no podría probar el robo de que había sido víctima, ni tampoco era conveniente vociferarlo, porque entonces todo el mundo sabría que ella enterraba dinero. No, lo conveniente era buscar medios indirectos...

Una idea satánica le ocurrió: puesto que Gaspar era el autor de la fechoría de la tienda; puesto que todos habían reconocido al dueño del sombrero; puesto que todos callaban..., ella hablaría, ella empujaría a la cárcel a aquel bribón y entonces respiraría tranquila.

Con vacilante paso dirigiose al cuartelillo, en donde, a pocas millas de distancia, estaba destacado un pelotón de la policía federal. Preguntó por el jefe y díjole que ella conocía al dueño del famoso sombrero y quería declarar ante el juez.

Fue conducida al poblado, y, a poco, sonó por primera vez en la causa el nombre de Gaspar.

La declaración de Marta produjo una orden de detención contra Gaspar, y dos o tres días después de la denuncia la policía buscaba en el barrio al célebre marido de Silvina.

Ya declinaba el día cuando por el cerro en donde estaba la casucha de Leandra subía la guardia montada.

Estaba Gaspar sentado en el umbral; Silvina y Leandra hormigueaban por allá dentro.

El rumor llamó la atención de Gaspar, quien asomándose a la ladera por donde serpeaba el caminillo vislumbró entre el follaje los uniformes.

Aquello no fue correr..., fue cuerpo disparado por el arco del miedo. Huyó Gaspar con velocidad inaudita. La montaña, con su laberinto de bosques y plantíos, fue el seno profundo en donde se desvaneció la criminal silueta.

Cuando los guardias llegaron a la casucha no hubo trazas del perseguido. Sorprendidas y llenas de temor, las mujeres no atinaron con una respuesta serena. ¿En dónde estaba Gaspar? No lo sabían.

La policía, conocedora del barrio, acostumbrada al laberinto de los montes, dio por cimas y hondonadas una batida. Gaspar no estaba en el barrio: nadie sabía su paradero.

Al día siguiente de esa pesquisa, Galante descendió al poblado y estuvo muchas horas en los muelles. Viósele departir en secreto con gentes de mar, platicando buen tiempo con el capitán de un balandro próximo a partir en viaje intercolonial.

Con exactitud nada se supo, más en la comarca todos afirmaron que Galante había embarcado a Gaspar, librándole de caer en manos de la justicia.

La requisitoria del juez no tuvo resultado. El más resistente cabo suelto, el asidero más firme a que la ley pudo asirse, había sido cortado en la sombra por Galante, por el rico propietario, por el futuro banquero que en la razón Andújar y Galante debía continuar representando en la colonia, en su país, en el mismo suelo en que naciera, el papel de maestro mudo; por el opulento corruptor para quien granulaban los plantíos y florecían los bosques.

La denuncia de Marta hubiera hecho luz; la protección de Galante, ahuyentando a Gaspar, borró la verdadera pista del crimen.

La verdad, la justicia, el bien de todos, sufrieron. Sólo medró la avara, viéndose libre de la presencia del malvado.

La causa no prosperó: un tumulto de indicios contradictorios la hicieron confusa y un móvil no descubierto inextricable.

De las innumerables declaraciones nada resultaba, como no fuera el convencimiento de que algo existía callado por todos.

Las contradicciones, los careos, las pruebas, nada dio resultado.

Los campesinos Rosendo Rioja y Tomás Vilosa explicaron el empleo de su tiempo, su presencia en las cercanías de la tienda y su encuentro con el dependiente. Fue imposible imputarles culpabilidad.

Andújar probó su coartada. Muchos le vieron en la población durante la noche del atentado. Depusieron varios amigos y conocidos del tendero: un almacenista, que declaró haberle dado hospitalidad; el cochero de un carruaje público, que a altas horas de la noche lo condujo a su alojamiento; el dueño de una casa de comidas, en donde cenó; y, finalmente, el mismo Andújar exhibió un recibo de depósito cuya fecha, tinta y carácter de la letra comprobaban que en los momentos en que se cometía el crimen el tendero contaba y depositaba una suma de dinero que debía quedar guardada en el poblado.

No vio claro el juez en aquellos hechos coincidentes: precisamente en la tarde antes del atentado, Andújar sustraía sus valores. ¿Fue casualidad? ¿Fue previsión? Sospecha insistente le cabalgó al juez en los espejuelos; más las hipótesis no tuvieron confirmación y las sospechas continuaron en su estado de aéreos fantasmas.

Acreditó el dependiente haber pasado toda la noche en su domicilio del monte. Su encuentro con los campesinos precisó la hora de la mañana en que se dirigió a la tienda; el segundo comisario declaró en menudos detalles la alarma que poseía el joven cuando fue a despertarle; la circunstancia de haber sido rotas las cerraduras en tanto que tenía el mancebo una llave con la cual, después de haber sido agresor, pudo abrir cómodamente la puerta, fue detalle de importancia que no permitió sospecha; así, de las sombras del proceso nada resultó tampoco contra el dependiente.

En el foco de la duda quedó Ciro. La declaración de Marcelo asegurando haber permanecido su hermano en la choza toda la noche; la declaración de multitud de campesinos afirmando que durante algún tiempo Ciro no había usado otro sombrero que el que llevaba puesto en el momento de ser detenido; la desproporción entre la medida del sombrero hallado en la tienda y la cabeza del joven; el no haber una sola manifestación testifical que le comprometiese, todo parecía alejar de él las sospechas. Sin embargo, las manchas de sangre mantenían la duda...

Ciro juró que aquellas manchas debieron ser producidas por la resina del plátano; mas al ser preguntado dónde, cómo y cuándo se manchó, nada pudo precisar.

Con firmeza, con acento honrado, declaraba: primero, que no podía explicar las circunstancias originarias de las manchas; segundo, que se inclinaba a creerlas producidas por el roce de sus ropas con semillas de bananas, que en aquellos días había ayudado a transportar; tercero, que no se había fijado en las manchas hasta el momento en que fueron descubiertas por el juez.

Aquella declaración, aunque incierta, formulada con acento seguro y tranquilo, llamó la atención del juez. Si es culpable, ¿por qué no miente? ¿Por qué se manifiesta indeciso y vacilante en un punto que tanto le compromete? Parecía aquello un alarde de honradez, un esfuerzo de hombría de bien que no quiere mentir ni aun en provecho propio.

El juez indagó la fecha del último lavado del traje de autos... Puesto que las manchas del banano resisten al agua, aquéllas, caso de ser antiguas, debieron existir antes del último lavado. Ciro citó el nombre de la campesina que lavaba la ropa; vino ésta y resultó que nada recordaba.

En tan profunda oscuridad sólo un camino de evidencia quedaba: la ciencia.

La ciencia fue preguntada, y en la trastienda de una farmacia, un farmacéutico y un médico entregáronse al análisis.

¡Qué dificultades, qué honduras! Desfiló un ejército de tubos, cristales y probetas; se consumió buena cantidad de alcohol, quemado en lamparillas de cristal que producían llamas azules; se derrochó caudal de tecnicismo, de esa palabrería fecunda llena de verdad y claridades que cimenta el edificio de la ciencia y que ante oídos profanos o necios parece un sánscrito ridículo y embustero, que nada dice, que nadie entiende, que sirve para que se den tono los que le hablen, que a los tontos mueve a risa, que hace a los ignorantes dudar y que conquista para los peritos o porque tienen calva, o se le ruedan los lentes, o son miopes, o les tiembla el pulso, buen caudal de escépticas y menguadas burlas.

Los dos profesores se abismaron. Fue cortado en pedacitos el traje de Ciro. Se habló de maceraciones; de la necesidad de descubrir la hematina; de la acción negativa del amoníaco; del valor positivo del calor; de la solubilidad en el agua de materias colorantes; de peróxidos de hidrógeno; de tanino; de protóxido de hierro; de alcoholes etéreos; de precipitados verdes, azules y negros; de precipitados plúmbicos; de hidrógenos sulfurados que dejaban en libertad el tanino de plátano... Fue gran contradanza de vocablos grecolatinos, de locuciones cabalísticas, de tecnicismos agrios y nigrománticos.

Al fin se llegó a la verdad. ¡De sangre, sólo de sangre humana y reciente eran las manchas del traje de Ciro!

La conclusión fue terrible para el joven. El resultado del análisis llevó al juez a un verdadero laberinto.

¿De qué crimen se trataba?

¿Pudo Ciro, en complicidad con el hombre que se halló muerto, romper dos puertas, fracturar un baúl, reñir con su cómplice, matarle de un golpe de pico y acostarle después en el catre?

Numerosas objeciones le ocurrieron. Si de aquel modo pasaron los hechos, ¿por qué Ciro no robó? En la tienda, con excepción de lo encontrado en los bolsillos del muerto, nada se echó de menos. Si el autor del asesinato fue Ciro, ¿cómo explica la lesión producida a la víctima?

La herida, según declaración pericial, dirigíase de izquierda a derecha, penetrando de delante a atrás. Si un pico se esgrime levantándose en alto y descargándole sobre el blanco; si la estatura de Ciro resultó menor que la del muerto; si el charco de sangre comprobaba que la herida había sido causada junto al catre; si los peritos declararon que el golpe fue producido estando acostada la víctima, ¿cómo explicar tan monstruosa lesión ocasionada por Ciro? ¿Es que el cómplice, armado de agudo puñal, se había reclinado en el lecho expresamente para recibir el golpe? ¿Es que entregábase al sueño cuando, después del robo, debía velar? Si la víctima fue atacada, ¿por qué no se defendió con su puñal? Si el agresor acometió por sorpresa o venció en la lucha, ¿por qué no producir la muerte con el puñal sin manchas hallado en el suelo? ¿Por qué ese puñal, no usado al parecer, estaba en el suelo en vez de permanecer en manos del agresor?...

Un dédalo, un verdadero dédalo que desveló muchas noches al juez.

Andújar y el dependiente fueron puestos en libertad. Después de la denuncia de Marta, la inútil requisitoria de Gaspar, los pésimos antecedentes penales que en él concurrían abrieron un nuevo camino, que fue cegado al instante por la fuga de aquél.

Al fin, los esfuerzos resultaron inútiles: el proceso se sobreseyó provisionalmente y Ciro fue puesto en libertad.

Cuando se vio en sus montañas nativas, el joven lo dio todo por bien empleado: Silvina era suya, solamente suya...

Capítulo IX

Había pasado un año y se estaba en plena vendimia.

Los cafetos inclinábanse bajo el peso de la dehiscencia, y la madurez bermeja de los frutos lucía al sol de otoño la magnificencia de sus galas.

En todas las fincas, la mano del hombre desnudaba las plantas acopiando los racimos; por todas las veredas discurrían obreros o recuas conduciendo a los caseríos la granería recolectada; en todas las hidráulicas rompíanse las cortezas que aprisionan los gemelares granos, lavábase el suero que los empapa, desecábase al calor solar su humedad íntima, y, ya secos, rompíaseles el pergamino envolvente, dándoles el brillo con que habían de presentarse en las lonjas de la especulación. Todo era vida, actividad, movimiento: la madre tierra dando el vigor de sus senos a la humana ambición.

En la granja de Juan del Salto la labor era incesante. ¡Gran cosecha había sido aquélla! Muchos obreros de distintas comarcas concurrían a engrosar las brigadas recolectoras, sumando al de todos su esfuerzo para que, rotos los pedúnculos por exceso de madurez, no cayeran, perdiéndose entre los pedruscos del monte las opimas cerezas.

Colgábanse los obreros al cuello con hojas secas de banano cestos de variadas formas, en donde iban depositando los granos. Ceñíanse a veces la cintura con cordeles o con lianas, o con fibras textiles de la emajagua del trópico. Iban descalzos; los más cultos, con zapatos de suela ferrada; las mujeres, con la falda recogida hasta cerca de las rodillas; los hombres, o con camisetas, que el sudor ennegrecía, o con el busto desnudo. Envolvíanse algunos la cabeza con pañuelos de colores vivos, otros la cubrían con sombreros de paja de grosero tejido, y así, en viviente vaivén, poblaban las vertientes, entregándose a la vendimia.

Redoblaba el interés el ahínco de todos. Familias enteras dejaban las chozas para tomar calle, para hacerse cargo de hileras de arbustos que debían desnudar.

Turba inquieta palpitaba en las montañas entre risas y canciones, como si la cosecha fuera de todos. Parecía aquello gran hormiguero acopiando entre el hojambre de las selvas.

En los declives y desigualdades del terreno el cuadro era pintoresco, poblado de rumores producidos por el crujir de los arbustos o por el choque de piedras al transitar los obreros, o por los roces que ocasionaba el esfuerzo de los campesinos para no perder el equilibrio.

Algunas chicas situadas en lo alto descuidábanse a veces y dejaban ver a los de abajo buena parte de sus piernas y rodillas, que aparecían y desaparecían entre el ramaje como figurillas indecisas.

Una brigada de muchachos enclenques ayudaba la labor de los adultos, recogiendo los granos caídos de los arbustos o derramados de los cestos. A veces, en un solo arbusto deteníase el obrero largo tiempo obligado por la copiosa fructificación; otras, doblaba los arbolillos, atrayéndolos para alcanzar los granos altos; enredábanse las ramas, y los arbustos producían marañas que impedían el tránsito.

Cuando algún obrero inexperto no rebuscaba bien en el ramaje, obligábale el mayordomo a retroceder y a arrancar las cerezas maduras que olvidaba; y cuando, atolondrándose la labor, se mutilaban ramillas quebrándolas, oíanse los acentos de reproche del vigilante. Si un obrero resbalaba en la vertiente, algunos reían, otros acudían en su auxilio, mientras el caído procuraba incorporarse y volver a su puesto. Era una labor ruda, difícil, peligrosa, que muchos campesinos acometían cantando en su jerga peculiar versillos de intención erótica o satírica.

Durante el día, el sol quemaba, tamizando su calor por el follaje y produciendo, con las humedades de la tierra caliente, una atmósfera intermedia en la que se percibían sensaciones de suave frescura alternando con ráfagas ardientes que tostaban la piel.

En el crepúsculo, cuando la tarde moría, en lo intrincado del monte apagábanse los vivos resplandores del día viajero, y mientras en el cielo navegaban nubes de cien colores, iniciábase para la tierra la era nostálgica de la noche con sus medrosos misterios y sus temidas soledades. Todo marchaba con el isocronismo del tiempo, como si el péndulo de este tiempo no balanceara un ápice más allá de donde las fuerzas de la vida lo impulsan.

Después medían los obreros el café recogido en la jornada. De los cestos pasaban los chorros de cereza a los sacos grises en donde debían ser conducidos a las hidráulicas. Los sacos, dos a dos, eran colocados sobre el lomo de pacientes mulas, y luego descendía el convoy con la premura del que ve cercano el término de sus faenas.

Entonces el eterno concierto de los campos levantaba una vez más su agreste salmodia, y cuando trasponía el sol las últimas sombras, imperaban las horas en que a sus regios éxtasis la Naturaleza se entrega.

Juan del Salto estaba por entonces en lo práctico. Saber qué caudal de hanegas se preparaba para la vendimia, activar la recolección; calcular sobre la base de los precios corrientes y las probables ganancias. Los positivismos le empujaban a un mundo lleno de sumas y restas.

Las impresiones que los acontecimientos del año anterior le causaran habíanse entibiado con los afanes del trabajo. Aquella historia sangrienta le preocupó sin sorprenderle. Muchas veces pensó en el cuadro de perversión que tuvo por escena la comarca, considerando siempre en las gentes la indiferencia lo mismo ante el bien que ante el mal, y con ella el silencio, las complicidades del silencio.

Vio Juan cómo la justicia ahondaba en la sombra buscando culpables y cómo retrocedía impotente ante aquel muro de pálidos sin precisa idea del mal, sin precisa noción del bien. Supo todos los detalles, conoció todas las sospechas, la nube pestilente llegó hasta la altura en que se alzaba su granja.

Entonces no pensó en los otros... Pensó en sí mismo, y sintió frío, amargura: un frío de remordimiento, una amargura de ánimo inquieto, descontento de sí mismo. Sí; él estaba en posesión de las sospechas y él también callaba... ¡El contagio, el terrible contagio impregnándole también con su destructora lepra!

En sus soledades vaciló cien veces. ¿Por qué no hablaba? ¿Por qué no sacudía la coyunda del odioso sistema y coadyuvaba al esclarecimiento de la verdad, refiriendo sospechas, comunicando antecedentes, indicando pistas? Sabía quién era Galante, quién era Gaspar, quiénes eran los personajes del bestial contubernio de la casucha de Leandra; conocía a fondo la pasión de riquezas de Andújar; sabía el nombre, la historia del muerto hallado en la tienda; tenía motivos para afirmar que Galante era un malvado, un peligroso criminal... Sin embargo, callaba. La justicia hacía preguntas que él hubiera podido contestar, y guardaba silencio. ¿Por qué obrar así? ¡Ah, él era como todos, uno de tantos, un mal ciudadano, un degenerado, un enfermo, un átomo de aquel gran estómago sin nutrición, sin regulador moral!

Entonces sufría un dolor acerbo: sentía vergüenza de sí mismo. Tenía conciencia de su misión, juicio exacto del deber, y hacía esfuerzos por sacudir la nube que le envilecía con su contacto. ¡Era preciso no vacilar, resolverse con energía, proceder con arreglo a su conciencia! El bien de todos le imponía un esfuerzo... Debía dejarse llevar por sus instintos, disponerse al sacrificio. Veía claro lo que otros desconocían, explicábase lo que otros no acertaban a comprender. Su deber era preciso, indudable...; ayudar la acción del bien, desgarrar el disimulo, aplicar el cauterio, arrostrar las consecuencias de su audacia, segar ortigas en el camino que debían seguir los hilos de lo porvenir.

Su dignidad, su orgullo, ordenábanle agitar la inercia de aquella masa, asirse al hilo de aquel infortunio y seguirle de nudo en nudo, removiendo las causas, hasta llegar a las iniciales, a los gérmenes de tanta desdicha. Luchar al precio del propio sosiego. Hacer una síntesis y arrojarla a los hombres de su tiempo, arponeando con ella el cuerpo del gigantesco monstruo del mal. Y cuando así pensaba, erguíase como si fuera ya cosa resuelta, como si toda vacilación hubiera terminado.

Pero entonces caía su mirada sobre el escritorio rebosante de mercantilismos; descubría en un encasillado el paquete de cartas de Jacobo; contemplaba en el exterior el mar de verdura que, rematando en las cintas, bajaba a refrescarse a la ribera del río. Y una visión le fascinaba: el colmo de sus esperanzas cristalizando en la realidad e iluminando la imagen del hijo ausente. ¿Para qué luchar?

Hablar significaba denunciar, perseguir, probar; hablar equivalía a dispendiar tiempo robado al trabajo en beneficio de los otros; hablar argüía crearse enemigos, imponerse dispendios, comprometer acaso el propio bienestar, exponiéndose a las asechanzas de los malos, armando el brazo que le asestara la cuchillada traidora, encendiendo la tea que produjera el desastre en sus edificios, afilando la hoz que talara sus campos, amasando la calumnia que le ofendiera con la tacha de indócil y sedicioso, dando margen, en fin, al menguado indicio que le hiciera sospechoso. ¿Y qué habrían de lograr sus esfuerzos? ¿El ímpetu de un individuo en un minuto de la vida de la colonia bastaría para curar la gran lacería? Sería arrastrado por la nociva corriente, hundido por las persecuciones, flagelado con las burlas de sus hermanos, de sus propios hermanos, ciegos aún, impenitentes todavía. Su esfuerzo sería perdido; haríase víctima sin beneficio de nadie. Aquéllas eran cruzadas que producían hondas perturbaciones, penosos disgustos, ciegas injusticias. No; su hijo le reclamaba, le imponía serenidad e indiferencia para llegar al fin práctico. Seguir otra conducta era crearse obstáculos, arriesgarse en quijotismos, emprender aventuras casi ridículas, comprometiendo lo porvenir de aquel hijo. Y de ese modo, el egoísmo lo obcecaba, le apretaba entre sus tenazas, le sellaba los labios.

En la casucha de Leandra había habido grandes cambios. La ausencia de Gaspar, llenando de júbilo a Silvina, preocupó a Leandra. ¡Era uno menos, uno menos que aportara recursos a la casa! ¿Qué haría Silvina sola? Como quiera que su marido fuese, siempre era un marido: las acompañaba, las servía de escudo; estando allí, siempre hubo un hombre en la casa.

Silvina no asintió a tal opinión... No; aquél no era marido, ni compañero, ni escudo, ni hombre: un infame, ¡sólo un infame!

Sentíase ella feliz sin él, sin la quemadura de aquella mirada imperiosa que la había hecho tan infeliz. Discurría a sus anchas por las veredas, bajaba al río, subía a la finca de Juan, hacía su gusto. ¡La felicidad de estar sola, la dicha de ser libre!

En su nueva vida tuvo una idea fija: Ciro. ¡Pobre Ciro! Cuando en él pensaba, sentía íntimo dolor. Decían que nada resultaba en el proceso contra él, pero seguía encarcelado. ¡Las manchas, tal vez las manchas! Y la idea de que con una sola palabra suya podría explicar el misterio y dar libertad a su amado la llenaba de pesadumbre.

Otras veces reaccionaba en ella la esperanza. Ciro volvería pronto, correría en su busca, y en compensación de tantos pesares la llenaría de caricias.

Un día, acompañada de Marcelo, bajó a la llanura y visitó en la cárcel a Ciro. Regresó confortada, risueña, llena de esperanzas. Ciro había asegurado que pronto sería libre, y para entonces prometió cosas muy gratas, muy dulces.

Durante el camino, Marcelo dirigió a Silvina miradas significativas... No podía olvidar lo que aquel domingo escuchó en el ranchón; Silvina fue cómplice en el crimen; que Gaspar prometió que ella daría la puñalada.

¿Fue? No quería saberlo, ni averiguarlo. ¿Le reportaría beneficio conocer vidas ajenas? Y, como siempre, hundiéndose en el silencio, un silencio a veces tímido, a veces malicioso.

Galante, por entonces, frecuentaba poco la casucha. Leandra estaba recelosa, inquieta, como quien espera una desgracia. La desgracia llegó: Galante dejó de ser el hombre, no volvió a la casa.

Después de muchas súplicas y parlamentos dignose contestar que no se contara con él. Todo había concluido: ya bastaba. Y Leandra, abandonada, vio frente a frente la cara del hambre.

Galante y Andújar, por aquellos días, preocupábanse con sus nuevos negocios. Aquellos en que iban a unir sus recursos, sus actividades, su inteligencia; en que iban a refundir en una sus ansias de medro, su afán de tocar el vértice de oro de la ambición.

La casa de comercio en proyecto era ya un hecho. Arreglaría cada cual sus asuntos particulares, prepararían las aportaciones metálicas correspondientes, tomarían medidas siempre necesarias al cambio de residencia.

En tal concepto, Galante quiso sacudir compromisos, estorbos... Era ya demasiado tanta gente sobre él comiéndole los flancos, tanta mujer pedigüeña llorándole lástimas. No; ya bastaba; buen dinero le habían costado aquellos enredos. Y el cínico, el descarado pasaporte, fue remitido a Leandra precisamente un día en que Pequeñín, calenturiento a causa de percances dentarios y de bruces en el suelo de la casucha, asordaba más que nunca el ámbito con su lloro sin lágrimas.

Leandra quedó desolada. Otra vez a luchar, otra vez a sufrir. Aunque había sido abandonada muchas veces, nunca su pesar fue tan hondo como entonces. Habíase portado bien con Galante, habíale complacido en todo; nada le negó, hasta el sacrificio de su hija. Y, sin embargo..., ¡le dejaba plantada, sin un céntimo, sin una caricia para Pequeñín! ¿Qué iba a ser de ella? Morirían de hambre, de necesidad.

La animó Silvina; las desgracias encalmaban sus antiguas discordias. Mejor era estar solas que mal acompañadas. Dios da para todos. No había que apurarse. Lavarían, cogerían calle, coserían, y, además, pronto estaría Ciro en libertad.

Al fin, un risueño día oyose por la vereda gran algaraza. Era Ciro, que acompañado de varios amigos subía a la casucha.

Le acababan de soltar. Como el proceso había sido sobreseído provisionalmente, le echaron a la calle.

Silvina y él abrazábanse estrechamente. Nada de nueva vida se habló; todo fue tácito. El joven quedó instalado allí.

Sí; él era todo un hombre, y aunque Leandra una vez habíale despedido con malos modos, él no guardaba rencor. Silvina, llena de felicidad, dejaba escapar suspiros, asentía a todo, celebraba con risas cuanto el joven decía.

Bajó Leandra la cabeza. Y bien, era igual. ¿Había uno que las mantuviera? Pues ya no eran tan desgraciadas.

Vivieron los jóvenes durante muchos días en la explosión de un gran júbilo. Andaban juntos, paseaban tarareando coplillas, cogidos de las manos, enlazados los brazos en las cinturas, saltando juguetones, riendo siempre. Era un idilio, un idilio que levantaba la cabeza de un pantano.

Cuando Ciro vio la estera, el viejo petate de Gaspar, sintió asco. De ninguna manera dormiría él allí: a tirar, a tirar río abajo aquel trasto. Como entre el maderamen de las chozas reptaban con frecuencia belicosos milpiés, escolopendras que con ondulante movimiento mostraban la repugnante estrangulación de sus anillos, Ciro quiso un lecho elevado, mejor defendido de la agresión de los insectos. Ingeniose; colocó sobre unos zócalos varias tablas e hizo un camastro. De ese modo estarían cómodos, tranquilos.

Más de una vez hablaron los jóvenes del asunto de la tienda... Ciro refirió sus alternativas, sus zozobras durante la causa.

Habían querido muchas veces tirarle de la lengua para hacerle hablar. Pero él, nada, ni palabra. Estaba convencido de que el asesino fue Gaspar y de que aquella noche Silvina estaba asustada ante la magnitud de los hechos. Pero calló, nada declaró ante el juez; por nada del mundo hubiera él comprometido a Silvina.

Ella le escuchaba y asentía. Mostrábase agradecida por la conducta del joven. Éste, en la soledad del camastro, planteó una noche el misterioso problema de las manchas. Ella, enlazada a su cuello, arrebatada por un ímpetu de franqueza, reveló el secreto. Y Ciro lo supo, lo comprendió todo al fin, sintiéndose emocionado ante el recuerdo de aquella noche de amor y de crimen.

Así pasaban los días. Él, encerrándose en la casucha al salir del trabajo; ella, pegada, cariñosa, admirando el comportamiento de Ciro en la cárcel, aquella conducta que tuvo mucho de hidalgo dispuesto a morir por su dama, viviendo, viviendo al fin placentera; y en medio de esa dicha, sintiendo a veces extraño malestar, recónditos indicios de enfermedad que el sosiego y la felicidad de su nueva vida no contenían.

La tienda de Andújar permaneció algún tiempo cerrada. Prefirió el tendero las pérdidas que el negocio paralizado le produjera, a confiar a manos extrañas la gestión de sus asuntos.

Cuando llegó al monte barrió las averías. Las provisiones pasadas y descompuestas fueron arrojadas por el barranco, en donde los perros de la comarca celebraron suculento festín. La vieja Marta rondó en torno de aquellos montones, mientras Andújar rondaba también en torno a ella.

Preocupábale el negocio del cerezal. Muy pronto debía trasladar su residencia al poblado; muy pronto liquidaría la tienda; muy pronto, habíale dicho Galante, quedarían las cosas listas para el nuevo negocio.

Era preciso, pues, que en breve el cerezal fuera suyo. Mas ¿cómo vencer la resistencia de la vieja?

Las cosas habían cambiado, sin embargo, en el ánimo de Marta. El robo de que la hizo víctima Gaspar la impulsó a un cambio de escondite; labor que fue penosa, llena de zozobras. Pensó ella que algún día moriría, ¿qué sería entonces de su finca? Recordó la manera como Andújar se hizo dueño de los terrenos del setentón, pensó que su nieto no había de sobrevivirla, pensó que mostrenco el cerezal caería en manos extrañas y, concibió una idea, una idea codiciosa. Mejor que terrones y pedruscos era dinero. Al morir ella, la tierra quedaría para quien se la apropiara; el dinero podía tocarse, amontonarse, esconderse; en caso de alarma, abarcarse entre los brazos para morir sobre el montón. Debía vender el cerezal...

Tal cambio de parecer favoreció los planes de Andújar. Pudieron entenderse, aunque no sin dificultades. El precio fue muy discutido; Marta, firme en su pretensión; Andújar, cediendo siempre.

Al cabo, llegose a un acuerdo: cuatrocientos pesos de contado, negocio escriturado y el estricto cumplimiento de una condición sin la cual Marta no cedió el negocio: la vieja se reservó el derecho por vitam de vivir en la choza. Ella viviría siempre allí; la cabaña sería suya, de su exclusiva propiedad; que cultivara Andújar los terrenos y aprovechase sus productos.

Andújar transigió. ¿Para qué necesitaba él la choza? ¡Bah!..., un manojo de hojas de palma. Además, la vieja viviría poco, y el tendero necesitaba que ella permaneciese allí, siempre allí, para evitar todo peligro de transporte, de cambio de botín. Él sabía que tarde o temprano el caudal llegaría a sus manos: era cuestión de paciencia.

Cerrado el trato, terminose el negocio. Al empezar la cosecha, el cerezal era ya de Andújar, y Marta, con pesadumbre, vio cómo en un par de horas los obreros de Andújar desnudaron sus cafetos, llevándose algunos quintales de cerezas que ella lloró como si hubiera sido prole querida, hijos de su corazón.

En tanto, el nietezuelo seguía apagándose. Algún tiempo después, ya no podía levantarse del lecho.

La consunción le había minado al punto de convertirle en esqueleto viviente. A las vecinas piadosas les partía el alma verle en tal estado de debilidad y miseria, y alguna de ellas llevó a una curandera, milagrosa en el barrio, que con aire solemne santiguó el vientre del niño.

El pobrecillo moría... Moría ya, rindiéndose en brazos del hambre, sistemática, lenta, cruel.

En diciembre, algunos vecinos avisaron al comisario, otro tendero que sustituyó a Andújar en el cargo pedáneo. El espectáculo de la choza no podía contemplarse sin lástima. Por caridad de Dios debía llamarse al médico, al médico del cabildo para que recetase, para que salvase, si llegaba a tiempo, al infeliz nietezuelo de Marta.

Produjo un parte el comisario, un campesino piadoso lo llevó al poblado, y sobre el doctor Pintado cayó la sobrehumana labor de dar vida a un moribundo.

Pintado se dispuso al trasmonte. Acompañábale el padre Esteban, que había sido llamado también a cumplir su ministerio junto al lecho de una campesina. Uno y otro, al conocer la necesidad coincidente en que estaban de repechar, armonizaron las cosas para salir juntos.

Ambos celebraron la excursión en compañía. Menos mal; la distancia era larga, el camino abrupto, el cómodo hamaqueo de las cabalgaduras, aunque no estropeaba, hacíase cansado. Luego era agradable caminar charlando, ofreciéndose mutuamente cigarrillos, comentando las últimas noticias políticas, contemplando el derroche de panoramas que los campos de la colonia ofrecían.

Llegaron al cerezal... El padre Esteban debía continuar monte arriba cierta distancia. Convinieron en reunirse después de terminada la misión que cada cual debía cumplir. Como era ya cerca del mediodía, algún fiambre comprado en cualquier tenducho les serviría de almuerzo. Luego, al terminar los quehaceres, como ya sería tarde, y por aquellos accidentados caminos, careciendo de mucha práctica, era peligroso regresar de noche, comerían en la granja de Del Salto y harían noche allí. A ese objeto enviose un aviso a Juan, noticiándole que aquellos dos bravos amigos del poblado irían con buen apetito y cansados de la jornada a comer con él.

El padre Esteban fuese detrás de su guía, y el doctor, invitado, penetró en la choza de Marta.

En un cajoncillo invertido sentose el médico, junto al montón de trapos en que yacía el enfermo.

Marta, con aire inquieto, como si temiera que la aparatosa escena le costara dinero, estábase por allí, a veces contemplativa, a veces haciendo visajes, mostrando pesadumbre y alarma por el estado del nieto.

En el exterior, junto a la puerta, se agolpaban algunos campesinos atraídos por la curiosidad o esperando turno para mostrar al médico sus lacerias.

Pintado tomó entre el pulgar y el índice una punta del trapajo que cubría al niño y, levantándolo, descubrió al yacente.

Viose un cuerpo esquelético, un manojo de huesos envueltos en una piel arrugada y fláccida.

Fueron preguntados los antecedentes. Apenas si pudo Marta comunicar algunos. No recordaba la edad del niño, no recordaba la duración de su lactancia, no sabía de qué enfermedad había muerto su madre.

Pintado no insistió. Sabía por antigua experiencia que allí, con frecuencia, las gentes no se fijaban en tales cosas. La clínica de los montes necesitaba ciencia y adivinación. Entonces contempló fijamente al niño, sintiendo asombro ante tanto desastre. Tomó entre los dedos un pliegue de la piel, le pulsó, le puso la mano sobre el corazón, le levantó un brazo, le entreabrió los labios. Volviose de mal talante e increpó al corro. ¿Para qué se le había llamado? ¿Era él, acaso, resucitador de muertos? Años hacía que aquel niño estaba enfermo, y se esperaba para llamarle a que estuviera moribundo. Dirigiose a Marta, habló de la alimentación, del régimen que se había seguido. Resultó que el niño no bebía leche ni tomaba caldo. Vivía a expensas de salcocho, del terrible insípido salcocho de plátano.

El enfermo, en tanto, dirigía tristes miradas al concurso. Sus ojos parecían dos lucecillas brillantes en el fondo de una cueva. Era una ramilla tronchada del gran árbol de la vida, un ser con derecho a vivir que la pasión y la miseria pisoteaban. Si hubiera podido resistir, si su organismo hubiera triunfado de la avaricia de Marta, aquella doliente infancia habría servido de base al hombre futuro. El niño hubiera entregado en manos de adulto la abrumadora herencia, la extenuación hereditaria, el sello mórbido, la dolencia física, el estómago atónito. Pero no..., el nietezuelo moría, la ramilla se desecaba, separada brutalmente del eterno tronco.

Pintado dirigía en torno miradas sombrías. Un triste convencimiento le dominaba: la impotencia.

Dio algunos consejos. Que cuidaran al infeliz enfermo: era hambre, debilidad antigua, lo que tenía.

Formuló... En una hojilla de papel que arrancó de un recetarlo pidió a la farmacia algunas drogas. Con aire displicente alargó la receta como quien está convencido de la inutilidad de lo que hace.

Sabía que todo era inútil; sabía que su misión quedaba incumplida; sabía que todos los presentes eran incrédulos o indiferentes; sabía, en fin, que si un alma piadosa no se prestaba en el acto a reclamar las drogas en el poblado, la receta permanecería una semana en el bolsillo de la abuela: hasta que se presentase uno que hiciese la caridad. ¿Qué les importaba un día antes o uno después? La alarma ante el peligro que amenaza a un ser querido; la premura para evitar los descalabros de la enfermedad; la inquietud hasta encontrar alivio para el enfermo, nada de eso comprendían, porque para temblar ante la muerte es preciso comprender la vida, saber lo que es vivir.

Y Pintado, meditando una vez más en el estoicismo de aquellas almas inmóviles, púsose de mal humor.

Luego, en el exterior, comenzó un desfile de enclenques, una tropa de pálidos pasó ante los ojos del médico, mostrándose a su inspección por casualidad; si el comisario no le hubiera llamado a la choza de Marta, aquel montón de blanquecinos no le hubiera consultado.

Para todos tuvo un récipe, un consejo. Que comieran, que comieran; que abrigaran su desnudez con vestidos higiénicos; que se guardaran de las inclemencias del tiempo; que bebieran aguas puras, que huyeran de los licores... Pintado hablaba como repitiendo una lección aprendida, como quien recita lo que sabe de memoria por haberlo declamado muchas veces.

A la consulta acudió Leandra, llevando a Pequeñín; Silvina, a quien el médico reconoció detenidamente; Marcelo, cuyo corazón auscultó con curiosidad; y con ellos otros muchos, cuarenta o cincuenta campesinos, que al tener noticias de la presencia del médico en la comarca se acordaron de que estaban enfermos.

Era ya de noche cuando en el comedor de Juan del Salto se hallaron reunidos los tres amigos.

Fue una comida alegre, jovial. Refirió el padre Esteban sus aventuras al recorrer los caminos de la cuchilla. Al pasar, aunque se proponía evitarlo, sus ojos se fijaban en el abismo, en el despeñadero, sobre el cual franqueaba la vereda. ¡Qué miedo! Caminar así no era caminar. Argüía Juan que todo era cuestión de costumbre; pero sus comensales optaron resueltamente por la proyección en las llanuras.

Departiendo siempre, comieron con buen apetito. Pintado bebía con deleite vasos de agua cristalina, mientras celebraba las selectas condiciones de aquel néctar. Lamentábase de no poder tenerla a mano. Juan explicaba la topografía del cauce que agua tan exquisita transportaba. Venía desde muy alto, desde cumbres muy abruptas casi inexplotadas, saltando de piedra en piedra, aireándose, saturándose de frescura, filtrándose siempre y regalando con agradable limpieza. Les ocupó buen tiempo el agua.

Discutieron luego las ventajas de la vida en el llano y de la residencia en el monte. Cada cual adujo sus impresiones y de ellas surgieron opiniones que obedecían a la novedad, a las impresiones, al capricho. Los del llano encontrábanlo allí todo sereno, delicioso, la vida de las montañas tenía atractivos, decían. Y Juan, explanando conocimientos prácticos, rebajaba los entusiasmos hablando de las inconveniencias de tal vida a centenares de pies sobre el nivel marino.

Después del café sentáronse en el balcón.

La noche era fresca. Estaban ya en diciembre, en el invierno del trópico: un invierno limitado a las horas sin sol, sin inclemencias, sin nieves.

Los comensales apuraban sus cigarros departiendo siempre, contemplando el cielo, henchido de refulgencia. El paisaje de los montes desvanecíase en la sombra: no era posible distinguir los contornos abismados en la negra difusión de la noche. Sólo el cielo se mostraba luminoso, con fulgores que acariciaban la mirada.

Entonces el doctor Pintado contó los afanes de su jornada, refirió sus impresiones. Había visto una vez más en su desnudez la gran laceria de las montañas; una enfermiza normalidad impuesta a las gentes por la sorda depresión de los organismos; una mentida salud alentando engañosa sobre el cuerpo destruido de una raza.

Habló en general... ¡Qué languidez en los semblantes, qué decoloración en los tejidos! Algunos, cuando sufrían ataques de disimulada fiebre, mostrábanse desteñidos, de terroso color, invadidos por amarilla palidez que apagaba la viveza de los semblantes. Y luego, ¡qué corazones!, ¡qué palpitar, o vicioso, o recóndito, o turbulento!, ¡qué crujidos allá adentro, en el seno del órgano en donde sólo debía resonar con suave roce el fecundo oleaje de la vida! Él, Pintado, se desesperaba, reconocíase impotente para derribar la formidable barricada de las supersticiones, de la indiferencia y de la incredulidad, sirviendo de ancha base al enfermizo desastre.

Luego puso ejemplos. Se refirió a un joven a quien la anemia había minado las fuerzas. Por las señas, Juan del Salto sospechó que se trataba de Marcelo, y, en efecto, así resultó, recordando el médico que en una época anterior, Juan le había recomendado a aquel joven. Disertó Pintado sobre el estado de aquel organismo, fijándose sobre todo en las funciones cerebrales. Dijo que en aquella cabeza había una extraordinaria miseria de sangre; que cualquier día podría caer en el estupor de mortal desmayo, o tal vez en la exageración de un delirio insensato. Todo dependería del estímulo que sobre el enfermo actuara.

Aludió al nieto de Marta. Era en él tan profundo el desorden físico, que todo esfuerzo resultaría impotente para restituirle a la vida. Más energía, más tensión vital, más fortaleza hubiéranse hallado en una hojilla de helecho que en aquel organismo. ¡Criminal abandono, verdaderos delitos escondidos en las profundidades de las sierras!...

Detúvose mucho aludiendo a otro caso que había despertado su interés: una muchacha apenas de dieciséis años atacada de epilepsia menor, enfermedad traicionera que se escondía y disimulaba primero para estallar después con rudeza de martillo y turbulencia de huracán. Pudo obtener algunos antecedentes. Aquella chica era casada desde los trece años. Su marido habíala abandonado, desapareciendo de la comarca, y por entonces vivía en concubinato con un mozo del vecindario, uno que le aseguraron estuvo preso. Supo que era hija de madre multípara, mas no logró averiguar nada referente a su padre.

Con tales datos, Juan pudo afirmar que se trataba de Silvina, y refirió su historia, que en parte conocía, sacando a relucir los ascos íntimos de aquel hogar.

Explanó Pintado sus opiniones en el punto.

Era bestial, feroz, inicuo lo que allí se hacía. Apenas a través de la niña se entreveía la mujer, le imponían el decúbito. La vida genésica prematura hería de muerte a la especie; la precocidad concupiscente la infamaba, la deprimía, diluyendo para la prole gérmenes de miseria física. Añadió que el útero era órgano sagrado, que la Naturaleza bendijo para que sirviera de piadoso claustro a la vida. Estrujarle, retorcerle, lanzarle a la actividad funcional exigiéndole una labor prematura era horrible... Aquello mataba los individuos, extenuando las familias; aquello poblaba el mundo de locos, de seres cerebralmente deprimidos.

En ese tema intervino el padre Esteban. Conocía tales atrocidades... Los hombres lanzábanse ciegos a la orgía concupiscente, y las mujeres sucumbían casi impúberes. ¡No las dejaban criar! ¡Corazones vacíos de las sensaciones del culto, cerebros exhaustos de la idea de Dios!

Por ahí, por ese punto, vino la contienda, y lo que había empezado serena plática fuese convirtiendo en viva controversia.

Al doctor Pintado no le había ocurrido nunca que la idea de Dios, metida en los cerebros montañeses, lograra vigorizar la debilidad física de la raza. Mas el padre Esteban discutió el asunto, explanando todo un sistema de diseminación de la moral y de la religión.

-Lo que no se enseña -decía- no puede practicarse. Ni los individuos ni los pueblos pueden adivinar cuál sea el buen camino. Es menester explicarlo, repetirlo, esculpirlo; empujar a la sociedad por ese camino, mostrándoselo con el grandioso y secular índice de las creencias. Por desventura no es así: la idea de la moral no llega a estas cordilleras...

-Y supongamos que llegara -argüía Pintado-, ¿basta, acaso, que el aire transporte simientes para que se levante el bosque?

-Con paciencia y con tiempo...

-No; para que se cumpla el fenómeno se necesita la concurrencia de otros factores. Para que la semilla prenda es necesario que caiga en terreno apto, dispuesto para recibirla. En caso contrario, la corriente del aire sería ociosa.

-Pero en fuerza de transportar semillas acaba por ser fértil la tierra antes estéril.

Escuchaba Juan sonriendo. Ya le había parecido a él muy extraño que el padre Esteban no hubiera armado la contienda. Y aquella noche el choque podía ser formidable, porque tenía que habérselas con Pintado, nada menos que con un convencido positivista que en asuntos referentes a la colonia era pesimista, con un pesimismo reacio a toda transigencia, no aceptando en sus juicios y opiniones más procedimientos que la disección, ni más dios que Claudio Bernard.

-Aunque el viento sople cien siglos -añadió el médico-, donde no hay órgano no hay función; donde no hay átomos no hay cuerpos.

-¡Donde no hay creencias no hay sociedad, ni funciones, ni cuerpos, ni átomos, ni...!

-Entendámonos -interrumpió Juan-; donde no hay salud no hay pueblos. ¡La moral! ¡Qué hermosa es la moral! La luz del ejemplo descendiendo hasta las últimas capas sociales; la virtud, el fanatismo del bien, cumpliéndose por todos hasta en los actos más insignificantes de la vida; ola de salud espiritual, corriente de belleza y de verdad fecundando el universo..., me parece bien. Más no confundamos. No alcanza la moral hasta los montes, es cierto; pero es porque la moral no tiene alas, porque camina abandonándose a su peso, descendiendo...

-Como quiera que sea -dijo el sacerdote-, las enseñanzas de la moral no llegan a estas gentes porque tampoco llegan las enseñanzas religiosas...

-Me conformaría -añadió Pintado- con que llegaran las sales de hierro y manganeso.

-¡Pero hombre, qué barbaridad! ¿Qué idea tiene usted del alma?

-También el alma necesita de reconstituyentes.

-¡Jesús!

-¿Por qué ese asombro?

-Por su materialismo.

-Y bien, es cierto; soy materialista.

-¿Y de ese modo, a fuerza de drogas, va usted a salvar esta generación?

-No; esta generación no se salva: está perdida...

-¡Cómo!

-Es menester escribir en su frente lo que leyó el Dante sobre la puerta de su célebre infierno: «Lasciate ogni»...

-¡Bah, bah!...

-Sí, perdida para siempre. Nuestros abuelos no pensaron en lo porvenir.

-Lo que está es perdida para Dios, eso es lo cierto. La inmoralidad, la disipación, el mal ejemplo, las atrocidades materialistas de ustedes, los neo-redentores de la tierra, he ahí lo que nos trajo a tal extremo. Pero todavía hay salvación. Con un riguroso régimen...

-¿Un régimen clínico?

-Un régimen espiritual, porque éstas son almas... Miren ustedes: Dios y la criatura viven en completa relación. Si se ofende a la criatura, se ataca a Dios; si se niega a Dios, se destruye a la criatura, se la deforma, se la empuja al mal, se la detiene en su marcha hacia el profeso. ¿Existe Dios? Pues la creación se impone, la reclama la razón; porque todo en la naturaleza existe, fíjense ustedes, existe, viene de otro. Es necesario que haya creador absoluto y criatura relativa; infinito y finito...

Pintado volvía la cabeza con desdén, mirando a otro lado. ¡Bah! ¡Buena iba a ser la sinfonía si no atajaban al padre Esteban! ¡Lo relativo! ¡Lo absoluto! Una de la sangre: he ahí un absoluto rellenando a un relativo. Mas el sacerdote continuaba enérgico, elocuente.

-Todo se descompone: en la inteligencia, por la ignorancia; en el cuerpo, por la enfermedad; en la voluntad, por el vicio. La relación íntima entre la criatura y su creador mantiene el equilibrio; en la inteligencia, con la sabiduría; en el cuerpo, con la salud; en la voluntad, con la virtud. Las relaciones entre Dios y su obra son vitales: atentar contra ellas es la muerte de la criatura. Ese admirable enlace es lo que se llama religión. ¡Religión! El hombre es un compuesto: espíritu y materia. Su fin, por consiguiente, es la perfección de esos dos componentes. De ese punto dimana la obligación que tiene el hombre de atender a su cuerpo, a su desarrollo, a su perfección y conservación; de ahí el deber de guardar los preceptos de la higiene, removiendo todo cuanto pueda perjudicar los componentes del cuerpo. Y vean, vean ustedes cómo la religión no sólo hace el alma, sino que también amasa los factores de ese problema físico en que usted, amigo Juan, tanto piensa.

-Yo no discuto las excelencias que cada escuela filosófica aspire a tener -dijo éste-. Me limito a estudiar el problema, a precisarlo...

-Desengañémonos: la cultura religiosa realiza esos milagros. Salud del alma, salud de la materia y...

-Esos fines -interrumpió Pintado- no se consiguen campaneando maitines o haciendo novenas a San Crispín.

-¡Pero, hombre!, ¿qué se ha figurado usted de mí? ¿Piensa usted, sin duda, que soy algún curilla fanático e ignorante? No, señor; yo soy, como usted, un hombre de ciencias, un observador, un analítico. ¡Las novenas! ¡Las campanas! ¿No se pone usted los lentes para ver mejor al enfermo? ¿Influye en su juicio clínico la intercepción de los vidrios? Pues bien: las novenas, los maitines, las campanas, el culto en general, no son más que cristales para que el hombre vea a su través la majestad del dogma, ya que la miopía de la ignorancia y del escepticismo hacen necesarios tan diáfanos cristales para ver a Dios.

-Vamos, pater, hablemos claro: los convencionalismos místicos no conducen a ninguna parte. El culto se complace en la pompa hueca de sus prácticas. Parece que vive de la forma: mucha rama y poco fruto.

-No, al contrario, mucho fruto, porque Jesucristo maldijo la higuera que no tiene más que hojas.

-La naturaleza vive de práctica, no de principios.

-Convenido. Más entiéndase que la religión-ciencia es eminentemente práctica. Véanse los Mandamientos de la ley de Dios, por ejemplo...; pues su infracción acarrea trastornos físicos, intelectuales, morales y, por ende, sociales. La religión es al progreso lo que el principio vital a los organismos. Llénese de alimentos el estómago de un cadáver: no habrá digestión; quítese la vida a un ser pensante: no habrá progreso. Y la vida viene de Dios..., luego Dios es progreso.

Apuró el sacerdote la materia. Volvió después a su plan difusivo de religión y moral, fundando el buen éxito en la constancia, en la acertada dirección escolar, en el buen ejemplo presentando los espectáculos del bien, en las misiones actuando con el catecismo, en el aumento del sacerdocio repartiéndolo por todos los confines de la colonia, en la profusión de los sacramentos, en las prácticas de la virtud, en fin, presentando la moral en imágenes.

Pintado argumentaba, discutía. Habló de un régimen económico que diese anchura al movimiento mercantil, que fomentase la agricultura engrandeciendo el comercio, que abriese caminos a la aspiración industrial, que explotase con beneficio del suelo productor los veneros de la espléndida comarca. Eso, eso era lo positivo. Lo demás, patraña. Oro, dinero; tal la palanca. El tubérculo que aprieta en su estroma la nutritiva fécula: dinero; la locomotora que recorre distancias: dinero; la cabeza del sabio concibiendo grandes ideas:

dinero; las sangrientas convulsiones sociales: dinero. Todo a valor positivo se reducía; todo cristalizaba en oro; todo cuajaba en riquezas materiales. Lo que no obedeciera a tal regla, que se arrumbase. ¿Queríanse sociedades cultas y libres?..., pues dinero, dinero y dinero.

Aceptaba el padre Esteban como útil, como necesario, el movimiento económico; pero creíalo de menos importancia que la santa depuración de las almas. En ese detalle, el médico repetía que, aparte de la urgencia de salud que tenían aquellas gentes, la mejor base de cultura era la riqueza pública, con la cual lográbanse poderosas conquistas intelectuales y materiales.

-No -insistía el sacerdote-, yo levantaría en cada montaña un templo...

-Pues yo, en cada cerro un banco...

-Pues yo -interrumpió Juan-, en cada valle levantaría un gimnasio... Los pueblos sanos llegan a la civilización y a la cultura antes que los deteriorados por las grandes depresiones del tiempo. Redímase físicamente la raza y pídase luego que aprenda, que imite, que siembre, que restaure, que negocie..., y también que crea, pater, que crea. Es más fácil que un pueblo surja civilizado y culto del gimnasio que del hospital...

El padre Esteban asintió, y como era erudito tuvo ocasión de disertar acerca de las civilizaciones griega y romana. Con verbosidad nerviosa y acento convencido trajo a colación el gran montón arcaico de las thermas, de los gladiadores, del disco, de las jabalinas, de la arquitectura ciclópea, rematando en el coloso de Rodas. Pero siempre coronando las grandezas humanas con el nimbo santo de la religión.

Juan intervenía, insistiendo. Para aquellas gentes, el primer esfuerzo redentor debía ser físico. Constituían un gran estómago que parecía exhausto por falta de nutrición. Formaban un conjunto social débil ante las causas mórbidas. Y ese conjunto, predispuesto al crimen por la depauperación orgánica, por la influencia venenosa del alcohol, proyectada a través de las generaciones; por la precocidad gestativa, deprimiendo la prole; por la insuficiencia de la alimentación; por la desproporción entre ésta y el trabajo físico exigido; por la intemperie; por la desnudez; por la acción atmosférica y la telúrica; por el abandono en que se consume.

Sí -decía-, si ese estómago social se nutriera, la raza mejoraría, las futuras generaciones fueran sanas y robustas, y, sobre el restaurado organismo de las nuevas generaciones, vendrían las conquistas de la civilización, de la cultura, de la moral, del progreso: ¡vida, mucha vida! Corrientes expansivas; energía en los dogmas higiénicos y áulicos; no pedir a ese pobre yacente el diezmo tributario, la limosna del hambriento, sino darle pan gratuito antes que mísero...: ¡calmar el hambre, en fin, de un pueblo opulento!

La conversación fuese hilando y cayeron en la política. Departiose extensamente. Los tres amigos estaban saturados de los grandes alimentos progresistas de la revolución de septiembre. El sacudimiento que llevaba a la nación a las grandezas de lo porvenir les había inspirado la reforma, la expansión colonial. Confesáronse los tres liberales. Anchura, sí, anchura en la vida política y en la económica. No más tutelas. Hablaron de derechos y de deberes, de amplitud, de igualdad, de necesidad de igualar ante la ley a todos los hijos de la nación, a todas las clases, a todos los individuos. Fue un derroche de ideas; convirtiéronse en legisladores y el régimen político fue discutido también.

Después, mientras el padre Esteban y Pintado abundaban en el asunto, Juan quedose meditabundo.

Por el hueco de la puerta escapábase un haz luminoso que, proyectado en el quinqué, evadíase por el balcón y doraba un pedazo de la montaña. Era un chorro de fugitiva luz iluminando con viveza la negrura del monte; encendiendo en él un espacio proporcionado al perímetro de la puerta y abarcando en la zona luminosa a una palma real que esbelta, sosegada, con serenidad de sueño, parecía mirar desdeñosa la irradiación que la favorecía, interrumpiendo, acaso, la calma de su misterioso sueño.

Algunos vespertilios entraban en la sala mariposeando con incierto vuelo y rondando en torno del foco de luz. Deteníanse, a veces, y plegando las alas reconocían con sus largas espiritrompas la aspereza de los objetos que no ofrecían ni néctar ni perfumes como las plantas.

Juan salió de su abstracción.

-Pero todo ese bien -dijo-, toda esa labor redentora tiene que fundarse en la solución del problema físico. Me preocupa, me preocupa profundamente: es la sólida base sobre la cual ha de fundarse lo porvenir de la colonia. Lo veo claro, evidente.

-Eso es discutible.

-No...

-Pueden hallarse en organismos enfermos cerebros caldeados por el genio.

-En lo individual, sí; jamás en lo colectivo. Ese problema es vital, importa mucho. Para convencerles podría hacer un símbolo...

Pintado y el sacerdote, que oían con interés a Juan, aceptaron jovialmente la proposición.

-Veamos.

-Sí, veamos.

-Figúrense ustedes una estatua colocada sobre un pedestal.

-Me la figuro.

-Adelante.

-La estatua es bella, la colmó el arte de encantos y permanece rígida en su inmovilidad de piedra.

-Bien, ¿y qué?

-Ésa es la raza.

-¡Hombre..., una raza de piedra!

-No he terminado.

-¿Continúa el simbolismo?

-Sí. Ahora coloquemos delante de la estatua a un artista que, deseando embellecerla y conservarla, se llame «Restricción».

El cura y el médico lanzaron una carcajada.

-¿Qué hará la estatua?

-Hombre... Pues me gusta; no hará nada.

-Permanecerá inmóvil.

-Naturalmente... Y aunque ese artista la sacuda y la hostigue, y la conmine a moverse dentro de la órbita que en torno del pedestal le trace, la estatua permanecerá estática.

-Eso no tiene vuelta de hoja.

-No comprendo adónde va usted a parar.

-Paciencia. Supongamos ahora que separamos al artista «Restricción» y colocamos en el mismo lugar a otro artista que se llame «Expansión».

-Bien; pero...

-Ese otro artista ensanchará la base, tejerá coronas de laurel para la frente de la estatua, la colmará de bienes, le dará alas... ¿qué hará la estatua?

-¿Qué ha de hacer? Lo mismo que antes.

-Exactamente lo mismo.

-Permanecerá inerte...

-Permanecerá inmóvil...

-Pues a ese punto quería venir a parar. Lo que se necesita es animar la estatua; corazón que palpite, alma que aliente, nervio que transmita la corriente volutiva, cerebro que piense. Sólo en ese caso apreciaría la estatua el alcance de cada uno de los artistas, sólo en ese caso sería apta para elegir entre ambos, para ser engrandecida o para engrandecerse ella misma. Pues si ustedes colocan a la raza en el pedestal de la estatua, resultará que lo primordial es alma, corazón, nervio, cerebro y voluntad; que lo importante es la solución del problema físico...

-¿Pero adónde nos lleva usted por ese camino? ¿A qué tremendo dédalo nos conduce? ¿Conque es lo mismo blanco que negro? ¿Conque es igual estacionarse que prosperar, expansión que restricción? ¡Palo si bogas y palo si no...!

-Vamos, pater; el asunto es muy sencillo. No hay dédalo, no hay confusiones: hay evidencia indiscutible, inmensa realidad...

-Más entonces, ¿cuál el régimen?

-Eso no se pregunta.

-Si la estatua ante ninguno se mueve, ¿cuál el justo, el fecundo, el bueno?

-Repito que eso no se pregunta...

-¡Cómo!

-Diga usted, doctor: ¿qué hace usted cuando asiste a un enfermo que respira difícilmente, que tiene disnea; a un asmático, por ejemplo?

-Pues todo aquello que facilite la respiración.

-Veamos.

-Aparte de la terapéutica, hay un conjunto de preceptos higiénicos que llenar.

-¿Cerrará usted puertas y ventanas, y...?

-No, hombre. Abriré de par en par los huecos que puedan facilitar la entrada del aire, del aire puro, sano, corriente; sentaré al enfermo para ensancharle el pecho y dar puntos de apoyo a los movimientos respiratorios...

—¿Ve usted, pater?

—Pero, caramba: eso es de sentido común...

—Perfectamente, y también lo otro, el régimen de la estatua. Si al pecho que respira mal se le da aire aun cuando transitoriamente no lo respire bien, a las razas inmóviles se les da libertad, expansión, aunque todavía no sepan removerse en la anchura. No se discuta el régimen; no se pregunte a la moral, ni a la filosofía, ni a las ciencias sociales, ni a la política, cuál puede ser el mejor régimen que impulse a un pueblo a las glorias de lo porvenir. Basta con preguntarlo al sentido común...

El símbolo ocupó buen tiempo a los disertantes. Rieron, celebraron con bromas la velada, discurrida insensiblemente componiendo el mundo. Habían volado por los cóncavos de la hipótesis, por los espacios de la teoría. Descendieron al fin a la vida real. Hubo sueño y se recogieron.

A poco, rebujáronse en sus frazadas. Hacía frío: un fresquillo que hincaba la piel invitando a envolverse, a recatarse en las tibiezas del lecho.

Antes de dormirse cada cual pensó en algo personal, práctico.

Recordó el padre Esteban que en su rito el siguiente día era el fijado para empezar ciertas piadosas novenas.

Pensó el doctor Pintado en sus enfermos, privados aquel día de su asistencia, y en la tontada del comisario, que le había hecho subir al monte para asistir estérilmente a un moribundo.

Y Juan sumó mentalmente las partidas de café recolectadas aquel día; calculó las que aún le faltaba recoger; pensó en las probabilidades de buenos precios. Luego pensó en Jacobo.

Capítulo X

En mayo, el cerezal de Marta lucía sus atavíos. Mostrábase dichoso, como si la felicidad le enviara la caricia de sus besos.

Todo parecía dormitar en la dicha, reclinarse en el sosiego, florecer en el bien. Sólo Marta sufría...

En febrero había muerto el nietezuelo: aquel espíritu sin vaso que no pudo retener por más tiempo las ligaduras terrenales. Rindiose el cuerpecillo en el polvo y el espíritu voló muy lejos, donde Dios le llamara, donde hubiera ventura bastante para compensar los dolores de su tránsito por la vida.

La piedad de los vecinos recogió los despojos. Envuelto en los jirones de una sábana blanca colocáronle en un ataúd de tablas toscas, y, descubierto, condujéronle al poblado. Cavaron en el cementerio parroquial una tumba anónima, pusiéronle en el fondo, y rellena la fosa, igualada con pala fúnebre la superficie del suelo, la tierra guardó el secreto. El secreto de una vida ignorada, de una existencia desconocida; de un alma triste que pudo sembrar en el viviente surco un grano de trigo, que tuvo derecho al amparo de todos, a que la mano social, desnudándose el guante del egoísmo, se alargara para ella; el secreto de un poema de desdicha, de una víctima inmolada por el crimen, por este terrible crimen que se comete sin conciencia de que se consuma.

Enterráronle... Nadie lo supo, nadie lloró. Al arrojarle en la huesa el sepulturero, ni aun tuvo curiosidad de verle el semblante.

Sufrió mucho Marta cuando quedó solitaria. Perdido su nieto, pudo apreciar el renacimiento de un afecto dormido. El contraste del no ser despertó en ella la sensación de aquel cariño; cariño extraño, inconsciente, de ser que ama sin colmar de bienes el objeto amado, que sin saberlo mortifica al ser querido, que no traduce en hechos el instinto del cariño; afinidad de la carne antes que palpitación sensacional del espíritu.

Por aquel tiempo sintió la anciana las inclemencias del asma: enfermedad en ella muy antigua, que renacía y se mejoraba con intermitencias; anhelo respiratorio de organismo caduco remolcado por un corazón en equilibrio que a cada instante amenazaba romper la compensación de un mal recóndito.

La muerte del nieto, la soledad, los terrores nocturnos pensando en su tesoro, el diario rastreo por las cuestas, y, sobre todo, el peso ya abrumador de los años, excitaron la vieja enfermedad y Marta viose obligada muchos días al fatigoso trabajo de ensanchar el pecho para que el aire penetrara. Las últimas jornadas habían sido laboriosas. La tinaja que ultrajó Gaspar fue cambiada de sitio, enterrada debajo de un cerezo, cerca de la casa. El montón de oro y el montón de pesos duros fueron transportados a la choza, y debajo de ella hundidos en la tierra en noches de zozobras, en horas de inquietud.

De ese modo Marta iba ahogándose poco a poco sobre su tesoro, en tanto que, desde el umbral, vigilaba siempre con ojillos brillantes el afortunado tronco que ocultaba la tinaja.

Los cerezos, entrelazando las ramas en el balanceo de las brisas y luciendo el vario matiz de su florescencia, entoldaban la choza, perfumaban el aire, filtraban los rayos del sol, alfombraban de menudas hojas el linde abarcado por su sombra.

Veíanse arriba el verdor, la viveza de los colores, la esbeltez del ramaje: vida, esplendores, alientos de felicidad, rayos del sol, enjambre de mariposas armonizando el conjunto por la garla bulliciosa de las aves. Debajo, el haz de pajuncia que formaba la choza; el zaquizamí vetusto de podrida base, de techumbre cribosa, de tabiques caedizos. Y mientras las rosáceas verdeaban arriba, ofreciendo su agradable fructificación, debajo oprimíase el pecho, sentíase tristeza, sombrío tedio, al contemplar aquella cripta en que alentaba un ser que, aferrado a la pasión, lograba resistir todavía la tracción incesante de la muerte.

Una noche, el asma arreció. Cabalgando en la hamaca, colgantes los hinchados pies, con el cuerpo echado hacia adelante y los brazos extendidos, Marta pasaba las horas buscando aire. Fue un insomnio abrumador, fatigoso. Mientras la disnea le apretaba el pecho, una idea fija le apretaba el pensamiento. ¡Ah!, lo que ella hacía era imprudente. Ya no podía moverse apenas y la tinaja corría peligro. Mejor era tenerla cerca, no verse obligada a caminar por el cerro para cerciorarse todos los días de que nadie había ahondado al pie del cerezo. Sentíase mal, muy mal; casi no podía llegar al colgadizo para hacer lumbre y salcochar los plátanos. Los viejos no servían para nada. Era menester repartir las migajas entre el cerdo y las gallinas, hacerse la comida, abrir y cerrar la puerta, ir a buscar agua al río... ¡Cuántos afanes! ¡Y sola, sola su alma con Dios!

Sus fuerzas no bastaban ya. ¡Si tuviera siquiera quien la acompañara! ¡No, por nada del mundo, compañía, no! ¿Para qué compañía? Los vecinos eran gente curiosa que la embromaban llamándola cicatera. Mejor estar sola. Mas para estar tranquila debía tener la tinaja más cerca, allí debajo, junto a sus otros ahorros.

Pensó en la muerte... ¿Por qué morir? Ella no le hacía daño a nadie... ¡Y tanto pillo gozando de salud! Quizás sus achaques no tenían importancia; con la ayuda de Dios se alentaría. Pero, ¿y si moría? ¿Todo su dinero en poder de otro? ¡No, cien veces no! No había economizado ella para que gozara ningún manganzón. Era preciso que nadie le hallara, que si cerraba el ojo, su fortuna se pudriera debajo de la tierra. No era tonta. Ya sabría arreglar las cosas para que nadie se diera gusto con lo suyo, con lo que era solamente suyo...

Dejose envolver después por la esperanza. ¡Bah!, ella había estado achacosa muchas veces y sin embargo vivía. Aquello no era nada. Quizás la humedad, el barrunto, aquel catarro de toda la vida. Lo importante era traerse la tinaja, recontar el montón y tenerla cerca...

Esperó el día. Galvanizada por tales ideas y apoyándose en el palo, salió de la choza y empezó a caminar con lentitud y dificultad.

El cerezo estaba muy cerca, ochenta o cien varas a lo sumo, pero situado en el declive del cerro, en lo más accidentado del terreno; sitio difícil, elegido expresamente por su desconfianza.

Mientras el terreno fue llevadero pudo con inseguro paso caminar. Cuando llegó a la cuesta se detuvo trémula, vacilante.

Sentose para reposar un momento. Algunas gallinas y un cerdo habíanla seguido. Acostumbrados a ser servidos todas las mañanas antes que nadie, piaban unas y gruñía el otro, como protestando del insólito abandono de aquel día.

Presa de mortal cansancio, trató de reponerse... La fatiga era intensa; sus párpados se dilataban como si quisieran abrir camino al aire; su vientre se agitaba haciendo esfuerzos de fuelle reacio; su pecho movíase apenas, imposible ya para sorber la vida del ambiente.

Pero allá, en la cabeza, una idea firme, imperiosa, le apuntalaba la vida. Llegar al cerezo, ahondar junto al tronco, beber acaso la salud envolviéndose en la imagen del tesoro.

Nueva energía la hizo levantar. Afirmó el palo, arrastró los pies, cambió varios pasos. El cerdo, siempre gruñendo, interponíase a veces, amenazando derribarla; las gallinas seguíanla picoteando el vestido, y la fecunda prole de alguna de ellas, formada por ocho o diez diminutos polluelos, revolábale en torno pedigüeña.

Junto al cerezo el monte se aplanaba, formando un pequeño remanso. Las ramas, naciendo del enano tronco, casi a flor de tierra, entoldaban el remanso.

Marta quería alcanzar aquel punto, reposar un tiempo y luego desenterrar el ídolo. Después, cuesta abajo, la proyección sería más fácil...

Mas el ansia continuó apretando. La fláccida piel del semblante comenzó a azular; copioso sudor empapó el cuerpo de la anciana; el corazón, palpitando con turbulencia, parecía querer escapar de su cárcel; un ademán instintivo le abría la boca para dar anchura al aire; las ventanas de la afilada nariz ensanchábanse a cada inspiración abriendo puertas a la vida, y las manos y los pies, temblorosos, eran ya impotentes para guardar el equilibrio. Sólo en el pensamiento el recio puntal; la idea insensata, la postrera llamarada de la pasión sucumbiendo rabiosa por no poder sobrevivir al cuerpo que por toda la vida la contuvo.

Al llegar al remanso, la anciana no pudo más. Vaciló, extendió los brazos hacia adelante, echó la cabeza hacia atrás, abrió desmesuradamente la boca y los ojos, exhaló un ronquido y cayó. Estaba muerta... muerta boca abajo, con el brazo derecho extendido en dirección al cerezo, con los dedos crispados, con la cabeza doblada sobre la espalda, con la barba apoyada en la tierra, con los ojos horriblemente fijos en el árbol.

Dos o tres días después, cuando, echándola de menos, los vecinos la encontraron en aquel lugar, retrocedieron con horror... La putrefacción había empezado, el aspecto de la muerta amedrentaba; el cerdo hozaba junto al cadáver, metiendo el hocico debajo del cuerpo, removiéndolo, empujándolo, como si quisiera obligarle a levantarse para cumplir el imperioso deber de saciar su gula.

En toda la comarca refiriéronse historietas. De la vida y muerte de la avara hiciéronse cuentos, acabando por tenerla en predicamento de bruja. Nadie se atrevía a acercarse al cerezal.

Sólo Andújar atreviose. Como por entonces vivía en la llanura, encargó con mucho interés al mayordomo que cuidaba su finca, le avisara todo lo que ocurriera a Marta. Era dueño de aquel terreno y necesitaba disponer de la choza en cuanto, por virtud de la muerte de la anciana, fuera suya.

Fue, pues, avisado y acudió presuroso dispuesto a operar una rebusca que supuso muy ardua.

Fue astuto... Él solo, rodeándose de precauciones, derribó la choza. Al desplazar los podridos estantes, que abarcaban escaso perímetro, notó la tierra removida y blanda. Cavó y surgió la ganancia en forma de oro y plata acumulados. Cuando regresó al poblado llevándose el hallazgo, hizo cuentas. La suma desenterrada ascendía a dos mil setecientos pesos; descontando los cuatrocientos que costó la finca el negocio produjo, pues, una ventaja de dos mil trescientos pesos. Todo, todo era ganancia.

Mas en el monte hubo también otro astuto. El mayordomo de Andújar, que no temía las brujas, observó las operaciones de su principal y rebuscó también. Entre los que hallaron el cadáver de Marta encontrose él. Fijose mucho en la disposición del cuerpo, extrañando que la anciana, enferma, casi moribunda, hubiese tenido, sin una razón poderosa, la humorada de aventurarse por el cerro; observó que aquel sitio no conducía a ninguno de los lugares habitualmente visitados por ella; notó, sobre todo, aquella mirada de ojos muertos que parecía enviar el último adiós a un ser amado.

El mayordomo era rústico, pero no tonto. Con probar, nada perdería. Puso manos en el empeño y la tinaja, la célebre tinaja que adoró Gaspar, mostró al mayordomo la tentadora boca abierta y el relleno vientre repleto de calderilla y plata.

Poco tiempo después el mayordomo dejó su puesto en la finca de Andújar y estableció en Vegaplana otro tenducho piadoso, otro agujero de embudo, otra ventosa para la comarca.

Los días pasaban por entonces sin variantes en la casucha de Leandra. Alguna que otra discordia íntima entre madre e hija que en breve se disipaba. Eso era todo.

Un aire de relativa felicidad flotaba en torno y en los linderos inmediatos a la casa en donde no se veían ni huerto ni flores: parecía reclinarse el ángel del sosiego.

Pequeñín correteaba desnudo, bullía por su cuenta, mostrando al sol la pálida flaquencia de su cuerpecillo. Ya no lloraba indefenso; entonces podía ya raspar en la cocina el fondo del envase en que se pergeñaba la comida, lamerse las manos hasta limpiarlas de la última partícula de golosina.

Leandra machucaba siempre en la ribera habitual montón de ropas. Sobre la piedra plana que seculares rodamientos colocaron en la orilla del río, pasábase buena parte del día enjabonando lienzos y enturbiando la corriente con residuos del desaseo y el trabajo.

En la casucha, Silvina refaccionaba la familia entregándose al aliño de la vivienda, a veces irritada por cualquiera futesa, sucumbiendo a veces a inexplicables tristezas, a veces deteniendo la labor para entregarse a considerar el paisaje sin comprenderlo y sin sentirlo.

Cuanto a Ciro, trabajaba unos días y otros holgaba. No era asiduo. El trabajo no actuaba en él con la imposición de un hábito; veníale al recuerdo cuando tenía limpio el bolsillo. Necesitaba atender a los gastos de la familia y cumplía de buen grado la obligación; mas como hubiera medio de eludir sin perturbaciones el trabajo, escapábase de él como colegial remiso.

Cuando tal sucedía, quedábase en la casucha y acomodábase en la hamaca, tentación de molicie, cuna de lanceo. Otras veces, sentábase en el umbral, echábase boca arriba en el pavimento y mientras Silvina, con sus menudos dedos, le registraba el cabello, quedábase dormido con la dicha del que tiene bastante para ser feliz y desconoce el mundo más venturoso.

Cuando había discordia, Ciro intervenía. Imponiendo silencio a Silvina y aplacando a Leandra, reíase de inmotivados enojos, ridiculizando las exageraciones. Era buen hombre, mas indeciso; sin mano que le ayudara a subir en la pendiente de esa bondad; recibiendo en el pecho el oleaje impetuoso que le hundía en el bajo fondo social.

En las semanas productivas, el domingo era gran día. Dábase un banquete, un copioso festín. Del guiso elegido comían en gran cantidad y llenábanse el cuerpo como si en la última semana no hubieran comido, consumiendo en aquel domingo la mayor parte de los recursos, viéndose obligados, después del dispendio, a vivir muy estrechamente en la siguiente semana. Veces hubo en que cobrando Ciro seis duros gastó cuatro en carne... Como jamás la comían, la gran fiesta, el gran honor, estribaba en aquel alarde de abundancia, que, al fin, se les hacía repugnante.

En aquel verano, platicaban un día al caer la tarde.

-Conque vean lo que se les ofrece..., ¿eh? -decía Ciro.

-¿A qué hora salen?

-Todavía oscuro.

-¿Pa volver por la tarde?

-Sí.

-Pues mira -dijo Leandra-, tráeme un medio de maná...

-Bueno.

-¿Van muchas bestias? -continuó Silvina.

-Llevo cuatro mulas de don Juan. Además, para que me ayude allá, Marcelo en el macho.

-Van por provisiones, ¿no?

-Sí... ¡Ah, mira! Vamos un bando, ¿sabes? De casa de Galante van dos peones con cinco mulas, y, además, de casa Andújar van dos más...

-¡Cómo gasta ese hombre! Está sembrando como agua.

-Déjale que gaste..., pa eso tiene ahora un almacén.

-¿Ha puesto tienda?

-No, mujer... Allá, a orillas del mar, ha abierto un almacén que está lleno de barriles y bocoyes. Afuera, encima de la puerta, ha pintado un deletrero.

-¿Y qué dice?

-Montesa, que bajó el otro día y lo leyó, dijo que a un lado dice Andújar y al otro Galante. Además, en el medio hay un garabato así..., miren...

Ciro, con su machete, dibujó en la tierra este signo: &

-Y eso ¿qué dice?

-Pues dice y que compañía.

Exagerando las noticias comentaron después la prosperidad de sus antiguos vecinos.

En la madrugada, aún de noche, despertose Ciro. Debía salir con las mulas desde la granja de Juan y veíase obligado a anticiparse a la hora de partida.

Cuando sacudió la modorra del sueño hizo luz, y Silvina, a quien despertó, diole la ropa, que él se vistió apresurado.

Ya dispuesto a salir, despidiose de Silvina, que, sentada en el camastro, le sonreía cariñosa. Acariciándola de buen humor, la besó, mientras ella, aprisionándolo entre sus brazos, le retenía juguetona, sin dejarle marchar.

Ciro trató de romper suavemente las cadenas que le retenían, y apelando a un recurso decisivo la cosquilleó por la espalda.

Silvina, dominada por la risa, abrió los brazos. Luego besáronse otra vez y él partió...

Antes del alba discurría ya la recua por el camino del poblado.

Once mulas cargadas de bananas y conducidas por seis campesinos festoneaban las ondulaciones de aquel camino, más propio para cabras y gatos monteses que para seres humanos.

El convoy conducía frutos de buena venta, pero su principal objeto era regresar con carga de provisiones y menudencias útiles a las fincas. Dejando en la llanura los frutos, cambiarían de carga para regresar al caer la tarde.

Era aún de noche y los conductores caminaban silenciosos. Como la temperatura les hinchaba el cuerpo con saetas de fría humedad, encogíanse sobre las albardas, dejando que las mulas sin jinete caminaran delante.

Ciro, el más jovial, arreaba de vez en cuando la comitiva, y Marcelo, caminando el último, arrebujábase friolento en un chaquetón de lana muy raído que perteneció a Juan del Salto y que después de pasar por dos o tres manos había llegado hasta el joven.

Temblando de frío hacía Marcelo sobrehumano esfuerzo para seguir a los otros. Dejándose vencer por el malestar que sentía, hubiérase quedado en la choza hasta muy alto el sol; mas era preciso trabajar, hacer algo, ganarse la vida. Era, pues, de la expedición; pero débil, lánguido, nostálgico.

El camino, extendido a veces a la vera del río, ondulaba otras trenzándose con él y obligando al caminante a vadearlo con frecuencia. En otros lugares no seguía los giros caprichosos del cauce, y entonces, abordando el monte, describía zigzags en las vertientes y remontábase hasta las cumbres para compensar las fatigas del viajero, ofreciéndole la esplendidez de los paisajes.

La gente de la recua había saltado del lecho a las albardas y emprendió la ruta sin ingerir ni una cucharada de alimento. En casos tales, la carencia de desayuno no preocupaba a los campesinos. Sabían resistir el hambre, conocían la virtud de no sentirla y, en todo caso, el camino estaba lleno de tendezuelas y ventorros en donde acaso no hallarían qué comer, pero sí con abundancia qué beber.

Al final de una empinada cuesta, en donde el camino volvía a encontrarse con el río, detuviéronse frente a un ventorro.

Alguien habló de echar un trago, un trago que calentase el estómago, vigorizando las fuerzas.

Todos acogieron la idea y saltaron de las cabalgaduras.

Todos, menos Marcelo. Él, desde su montura, rehusó el proyecto. Sólo, sí, tomaría un poco de café si lo hubiera.

Detrás del tenducho escuchábase el chisporroteo del hogar donde la infusión se preparaba, mas el tendero dijo que para beberla sería preciso esperar.

Los de la recua arregláronse pronto un desayuno enérgico: medio vaso de ron, que fue bebido sin pestañear.

Dispuestos a seguir viaje, les pareció perturbador detenerse. Debían avanzar, aprovechar el fresco de la mañana para hacer mucho camino. Así pues, si esperaban a que estuviera preparado el café, perderían tiempo.

Todos quisieron continuar sin demora, y Marcelo, sucumbiendo sumiso a la mayoría, siguió a los otros, resignándose al dolor de vacuidad de su desfallecido estómago.

A partir de aquel punto, el camino remontaba de nuevo. A veces, gritos especiales que lanzaban los campesinos servían de estímulo a las mulas o las atraían si se desbandaban.

Subiendo por un monte, y al mismo tiempo rodeándole, hicieron otra etapa de una hora, y al fin, en un lugar en que estaba el camino empantanado, hallaron otro ventorro.

Los de la cabalgata bebieron otra vez... Marcelo, contrariado por su mala suerte, supo que tampoco había café.

-Pero bebe algo, tonto... -dijo uno.

-¡Yoo...!, ¿pa qué?

-Porque te vas cayendo, hombre.

-Tú no debiste haber venido -añadió Ciro-, estás enfermo.

-¿Y qué diva a hacel? ¡No me voy a morir de hambre!...

-Lo que te faltan son fuerzas; come pan y queso.

-No..., no... Ahora no tragaría nada. Sólo una cosa caliente.

-¡Pues mucho me vas a ayudar de ese modo!

-Bebe, bebe algo -insistió otro.

-Mejor es que no beba -agregó Ciro-, la bebía le hace daño.

-¡Ca! La bebida no le hace daño a nadie.

-Te digo que sí...

-Pues que beba poco... No todos somos iguales. Unos resisten más que otros.

-Yo nunca bebo. ¡Dios me libre!

-Nosotros bebemos ron puro, ¿verdad? Pues tómalo tú con agua y na te hace. Al contrario, te alimenta...

-No..., yo no bebo ni picao. Lo que adré será tomar un poco de agua.

Como aquel sitio estaba un poco alejado del río, bebíase allí agua de una laguna próxima. A solicitud del joven diéronle un vaso lleno de un líquido pesado, salobre, indigesto. Bebió, hizo una mueca de disgusto y volvió a su montura.

Después continuó el viaje, siempre festoneando la base de los montes y repechando las alturas, o vadeando el río, o internándose entre barrancos en los cuales hacían prodigios de equilibrio las cabalgaduras.

Marcelo, con la cabeza baja y meditando silencioso, dejábase llevar por su mulo. Hubiera querido ser como los otros, que hacían de todo sin que les pasara nada. Por allí iban tan alegres, tan contentos, sintiéndose fuertes y felices alimentados con aquellos tragos sorbidos a pulso. ¡Qué dichosos! Es verdad que eran hombres atrevidos que tiraban del machete por cualquier cuestión, y que del resto vivían riéndose y embromando..., en tanto que a él no le gustaba más que estar quieto de buya, metido por los rincones. ¡Ah!, él estaba enfermo, muy enfermo. Una botella que le dieron para ver si se curaba la tomó tres días seguidos sin lograr buen éxito.

Los otros campesinos caminaban entre risotadas. El desayuno de alcohol les animaba con la falacia de su engañosa fortaleza, de su ruinoso bienestar.

Marcelo les veía con envidia. Mientras él iba penando, con la lengua pesada, con dejadez en el cuerpo, con dolor sordo en el estómago, ellos eran felices... ¡Hombres, verdaderos hombres! En verdad, lo que a él le pasaba era tener mala suerte. ¡No poder beber para sentirse activo, resistente! Quisieron que bebiera mezclando con agua el ron... ¿Y si le hacía el mismo daño que puro? No, estaba ya bastante escarmentado...

Al fin, después de tres o cuatro horas de jornada, llegaron a la llanura. Allí el camino era franco, fácil.

Cerca de la población ocurrió un nuevo alto. Detúvose el convoy en otra tienda, en donde los campesinos volvieron a beber.

Marcelo, más que jornalero en activo servicio, parecía un enfermo escapado del lecho.

Como se quejara de malestar, surgió de nuevo la discusión entre los montañeses. Debía beber... ¿A dónde iría a parar de aquel modo?

Marcelo pensaba en la probabilidad de beber impunemente aguando la libación. Nunca le había ocurrido aquel medio ingenioso de beber ¿Le haría daño si probaba? ¿Debía hacer la prueba?

Uno de sus compañeros diole entonces un vaso de ron con agua.

-Bebe..., no seas tonto. Vas ahí que pareces papel blanco.

-Parece imposible que seas tan flojo -agregó otro.

Marcelo vaciló. Tomó con la mano derecha el vaso y dirigiole una mirada recelosa.

De pronto le asaltó el recuerdo penoso: la borrachera de que fue víctima una tarde en la tienda de Andújar. Alargó asustado la copa... No, no bebería.

Le dejaron los otros la copa en la mano; nadie hizo caso de su ademán.

Entonces intervino Ciro.

Era verdad que su hermano tenía mala bebida, pero tal vez pasaba aquello porque bebía demasiado de una vez. Acaso bebiendo poco se fortalecería sin peligro.

Sí..., sí..., bebe. Eso no puede hacer daño a nadie. ¡Si casi too es agua!

-Así beben las mujeres y los muchachos.

-¡Pues!

-¡Pues!

-¡Ea! Bebe ese poco ahora, y ahorita, en llegando al pueblo, toma un bocado. Verás como te mejoras.

Volvió Marcelo a vacilar. El malestar que sentía, la deprimente influencia del sol, ya muy alto, agobiándole con sus ardores; la insistencia de sus compañeros; la gran esperanza de que aquel licor aguado no le hiciera daño; el deseo de sentirse activo y fuerte..., todo le animó a resolverse.

Bien, bebería; pero nada más que la mitad del vaso. Y resolviéndose al cabo, bebió cediendo con verdadera ansiedad.

Continuaron el viaje. Marcelo, sintiéndose mejor, acordó con Ciro los detalles de la faena a que debían aplicarse: descargarían rápidamente, dejarían descansar un rato las cabalgaduras y luego de nuevo a cargar para el retorno. Mientras los animales se deportaban, ellos comerían algo. De ese modo, ya despachados, reuniríanse todos a la salida de la población.

En un tenducho de los suburbios almorzaron, llenándose los estómagos de salazón y verduras. Marcelo, con el semblante animado, risueño y sintiéndose libre de precauciones, bebió otro vaso de agua alcoholizada.

Luego, con buen ánimo, ayudó a Ciro. La carga fue dispuesta sobre las mulas de modo que resistiera, en lo posible, los vaivenes de la marcha; cumplieron los encargos que les hicieran en el monte y dispusiéronse al regreso.

Todavía el sol quemaba cuando el convoy emprendió el retorno. Muchas veces deteníanse para componer las cargas, desniveladas por los accidentes del terreno, o para arreglar los cabezales de pita que servían de arnés a las mulas, o para ordenar la recua, desbandada por cualquiera circunstancia.

De esa manera les asaltó en el camino la silueta tentadora de una tienda. ¡A beber, a beber!... Bajáronse y hubo bromas para saber quién pagaría. Como los ochavos íbanse ya consumiendo, el dispendio hacíase cada vez más difícil. Sin embargo, aún había fichas...

Bebieron, pues. Marcelo no se acordaba del pasado: sentíase bien, fuerte, contento; casi se avergonzaba de ciertas debilidades. En aquella parada no discutió: bebió sin hacerse de rogar.

Sirviole el tendero medio vaso de aguardiente, y él, contemplando un instante con agrado el vaso, mojó en él los labios, paladeó el líquido, vaciló... Logró todavía ser fuerte: pidió y mezcló la libación.

Luego, cuando se reanudó la marcha, entonó una canción. Departían alegremente sus compañeros, y él, aprovechando una expansión del camino, pasó delante de todos.

A poco el terreno se hizo accidentado: entraban ya en la zona de los montes. Marcelo, al llegar a una cuesta, castigó de pronto a su cabalgadura. El burdégano, asustado, galopó cuesta arriba, mientras las piedras del declive rodaban con estrépito, cayendo como avalancha sobre los otros jinetes.

Ciro gritó energúmeno. No, dejarse de guasas; aquello no estaba bien; o había o no había formalidad; demasiado sabía Marcelo que don Juan encargaba siempre mucho cuidado con sus bestias.

Reía Marcelo en tanto. Él, antes que nadie, había llegado a lo alto de la cuesta. Cuanto a don Juan, bastante rico era para que le importase mucho que una bestia se le mancase.

Y de picarada en picarada, pronto fue Marcelo la nota alegre de la comitiva.

En una ocasión, al vadear el río, Ciro dio la voz de alto. A una de las mulas que iban a su cuidado habíasele desnivelado la carga. El accidente era enojoso: obligaba a echar pie a tierra en medio del río.

Malhumorado, Ciro subiose los pantalones y echose al agua. Varios le ayudaron, y pronto arreglaron la carga, asegurándola con más sólidas ataduras, conseguidas con una cuerda que Ciro, con el cuchillo que llevaba al cinto, partió en pedazos.

Durante el arreglo, Marcelo reía a carcajadas desde la orilla, ridiculizando los viajes de Ciro ante el molesto percance, que le contrariaba.

Ciro, en tanto, le reñía, afeándole sus burlas, censurándole que le hostigase en vez de saltar al agua para ayudarle.

La recua siguió caminando... Ya cercana la noche llegaron al tenducho situado frente al camino empantanado.

Marcelo saltó del mulo, y antes que nadie se apercibiese de sus actos bebió con aire risueño una buena dosis de aguardiente puro. Al tratarse de pagar escurrió el bulto, y lanzando groseras risotadas hizo que otro de los viajeros pagara el gasto.

Desde aquel momento, el joven se lanzó desatinado a las mayores extravagancias. El veneno alcohólico, obrando en él lentamente, produjo con disimulo el desastre: fuese elaborando poco a poco la perturbación hasta dispararle con fiereza en el ímpetu.

Entonces Marcelo se convirtió en el bufón de la partida. Caminaba delante haciendo chistes de los más pueriles detalles, estorbando la marcha regular de los otros, profiriendo gritos, castigando cruelmente y sin motivo a su inofensiva cabalgadura.

-¡Déjate de eso!..., ¡déjate de eso! -le gritaba Ciro-. ¡Esa bestia te va a tirar, te va a dar un mal golpe!

Pero él, entre el coro de risas y dicharachos, continuaba en su necia inquietud.

En un recodo asestó un rudo golpe al burdégano. Asustado éste, bajo el estímulo del dolor dio un bote, y Marcelo, no muy firme en su equilibrio, rodó por el suelo.

Cayó al borde de un precipicio, y los campesinos, alarmados, creyeron por un momento que se había despeñado, mas a poco viéronle revolcarse en el suelo, echando maldiciones y soeces palabrotas.

Saltando de su montura, Ciro corrió a él.

-¡Te lo dije! ¡Te lo avisé! Ésas son impropiedades..., eso no está bien...

-¡Cállate tú..., entremetío!

-¿Te has hecho daño?

-¡A ti qué te importa!

-Toma la mano.

Te ayudaré a levantar.

-¡Déjame!

-Pero no seas malcriado, hombre. Dame la mano, si no te puedes parar solo.

Marcelo púsose en pie de un salto.

-Tú no eres más que un mentecato -dijo-. ¿Quién te ha pedido lecciones? Yo hago lo que me da la gana, ¿sabes?

-Pero debes caminar con formalidad.

-Cada cual anda como quiere.

-Lo que pasa es que estás borracho y no quiero dejarte desriscar...

-¿Borracho yo?

-Sí.

-El que está metío eres tú. Mira, me voy cansando de aguantarte. Ya me tiés caliente con tanto consejo. ¡Déjame en paz!

-Pues camina como es debido. Eso no se hace en público.

-¡Quítate pa allá!

-Te digo que eso no se hace en público.

-Lo que no se debe hacer es fastidiar. Échate pa allá o te doy con mi foete.

-¡Dios te libre! Si levantas la mano...

-¿Qué?

-Déjate de guaperías.

-Guaperías, no...

Lo hago si me fastidias...

-No haces nada, hombre. Móntate y calla.

-¿Que me calle? ¿Qué me monte? ¿Que no hago na...?

-¡Marcelo!

-Pues mira...

Marcelo levantó el látigo, y hubiera descargado el golpe sobre su hermano si éste, más forzudo, no le sujeta por los brazos.

Algunos intervinieron para separarlos, mas no fue posible. Los dos hermanos, fuertemente asidos, riñeron, lucharon, enredándose en fratricida pugilato. Ciro, dueño de sí mismo, fue más fuerte; empujó con ímpetu y logró derribar a Marcelo. Cayeron ambos: Ciro arriba; Marcelo, abajo.

Ciro, triunfante, consiguió arrebatar el látigo a su hermano, y lo-grando su deseo, considerándole desarmado, mientras él rugía en el suelo trató de levantarse. Entonces Marcelo, iracundo, lanzó un grito de rabia, alargó el brazo, asió el cuchillo que Ciro llevaba al cinto, lo esgrimió en movimiento rápido y, en el momento en que aquél lograba levantarse, le clavó el cuchillo en el corazón.

Ciro lanzó un gemido, y abriendo los brazos se desplomó de espal-das. Estaba muerto.

Los campesinos retrocedieron espantados. Fue una desbandada...

Algunos instantes después, los de la recua habían desaparecido; las mulas, obedeciendo el hábito de hilera, siguieron adelante, el burdégano siguió también, trotando hasta desaparecer tras un recodo.

En el camino quedaron el cadáver de Ciro y su asesino, contemplándole. Marcelo tenía el pelo erizado, los ojos encendidos, el rostro sudoroso y el cuerpo trémulo. Miró todavía con aire agresivo el cadáver, miró en torno sin precisar con claro juicio su situación; dio algunos pasos, alejándose de Ciro; detúvose; volvió junto al cadáver sin resolverse a alejarse; vaciló... Al fin, huyó, tomando carrera cuesta arriba, y desapareció en el bosque.

Al siguiente día, otro proceso fue iniciado. Los documentos hallados en el bolsillo de la víctima la identificaron, precisando su nombre, la misión que se cumplía en el momento del crimen, el nombre de los que iban en la recua, la presencia en ella de Marcelo. Eran notas comerciales avisando a Juan del Salto la remisión de efectos en los cuales citábase el nombre de los dos hermanos; cartas que hacían referencia a las transacciones que acababan de hacerse; listas de las provisiones conducidas por las mulas.

Aquella vez la luz fue fácil. Multitud de testigos desfiló ante el juez, y aunque siempre hostiles a la verdad, las circunstancias del crimen obligaron a los declarantes a ser explícitos.

Nadie, sin embargo, pronunció el nombre de Marcelo.

Este, después del atentado, llegó jadeante a su choza.

Era ya media noche, y tan intensa la excitación del joven que, atontado, sin memoria, idiota, casi demente, arrojose sobre el pavimento y cayó en un profundo sopor.

Antes del mediodía, la policía rodeó la choza. Despertáronle bruscamente, y él, sintiendo en la cabeza el plomo de pavorosos recuerdos, prorrumpió en sollozos. ¡Ah, venían por él! Respondió al llamamiento sin negar su personalidad, y creyendo que la policía debía en aquel mismo instante juzgarle y castigarle, dobló los brazos en actitud suplicante, sollozó amargamente y con acentos de dolorosa desesperación confesó su delito. ¡Él había sido..., él había matado a su hermano!

Atáronle, y siempre sollozando dejose conducir. Las gentes, al verle pasar, no tuvieron lástima de sus lágrimas; volvían la cara con horror, le miraban con ira.

Al fin, la bartolina. La primera noche que pasó Marcelo en la incomunicación le envejeció. Creyó morir.

¡Cumplíase su aciaga desdicha! ¡La cárcel, el horrible antro donde la enfermedad mata pronto a los más fuertes, donde la piel se pone tiñosa y el cuerpo se agrieta y se hincha para manar agua infecta!...

Capítulo XI

Dos años después, Silvina vivía en una choza situada en las cumbres de la granja de Juan del Salto.

Las cosas habían variado mucho. Cuando Silvina supo el trágico fin de Ciro sintiose desgarrada por inmenso dolor. Dejose arrebatar por la desventura, gritando, maldiciendo, sollozando desconsolada. ¡Ingrato destino el suyo! Su vida junto a Gaspar habíale parecido un siglo; su felicidad junto a Ciro, un minuto.

Las primeras horas de aquel dolor fueron aciagas. Almas piadosas del vecindario acudieron a mitigar con palabras de cariño la amargura de tanto duelo, más todo inútil; Silvina fue sorda a los consuelos, hostil a las reflexiones. ¡Ah, pobre de ella! Aquel hombre tan generoso, tan bueno, que tanta ternura tuvo para ella, caía asesinado por su propio hermano, caía dejándola sola, abandonada en las miserias de una vida de privaciones y vergüenzas. No, ella no podía conformarse. Si Dios era justo, ¿por qué la maltrataba tan cruelmente? Quería morir, morir para curar la enconada herida de sus dolores, morir para acabar de una vez con los azares de su desventurada existencia. ¿Qué significaba ella en el mundo?... ¿Para qué podía servirle la vida?

Y joven, casi niña todavía, sentíase cansada de vivir, débil ante tanto infortunio, hastiada de tener en la cabeza pensamientos y en el corazón alientos de imposible dicha.

Leandra, en tanto, suspiraba lacrimosa, entristecida. Era verdad, era justo cuanto decía Silvina. ¡Terrible suerte la de ellas! Antes Gaspar, que se escapaba; después Ciro, que moría. Apenas si entre uno y otro habían mediado pocos meses. ¡Otra vez solas, desamparadas, sin defensa, sin hombre! Y Leandra también gemía y lloraba.

En medio de su duelo, Silvina tuvo un arranque. Aunque se le destrozara el corazón, aunque tuviese ella misma que pisotearlo, quería ver a Ciro.

El proyecto fue practicado enseguida. Acompañada de Leandra descendió a la llanura, apresurándose para llegar a tiempo.

Fue al siguiente día del acontecimiento, y habíase hecho ya la autopsia del cadáver.

Llegaron las dos mujeres al cementerio, y tendido sobre una tosca mesa vieron a Ciro.

Creyó Silvina morir, creyó enloquecer. Tenía el cadáver henchida la cabeza; la bóveda del cráneo había sido separada, y al aplicar después en su sitio el segmento levantado, veíase por la ranura la masa cerebral. El tórax también había sido abierto, y como la inspección pericial anduvo por los rincones de los órganos, al dejar las cosas dispuestas para el enterramiento, la pared del pecho no cubría bien el removido hueco, y podíanse descubrir pedazos de pulmón seccionados en varias direcciones, costillas divididas por la tijera disectora, y el corazón abierto en dos pedazos y atravesado por el puñal de Marcelo. Luego el vientre, que, aumentando el destrozo, había sido asimismo abierto, mostraba el laberinto de entrañas desplazadas y heridas en distintas direcciones por el bisturí del análisis. Todo revuelto, desconsiderado todo, por la impiedad de la autopsia.

Las dos mujeres recibieron profunda impresión. Leandra, pálida, fría, con los ojos secos, sentía el horror del espectáculo nunca visto. Silvina, presa de inconsolable llanto, tuvo para aumentar su desconsuelo ideas desgarradoras. ¡Pobre Ciro!... ¡Tan generoso, tan bueno, y destrozado de aquella manera, poco menos que partido en pedazos antes de hundirle en la tierra y dejarle descansar eternamente!

Después siguiole un período de tristezas. La soledad de la casucha y la estrechez de la familia renovaban a cada instante las heridas; mas en el correr del tiempo fuéronse entibiando los paroxismos y agudezas del dolor.

Leandra lavaba siempre; por entonces, con más ardor, con más afán, porque de aquel exprimir andrajos ajenos salía el mísero sustento de todos. Silvina, triste, muy triste, muy enferma. Sus lágrimas no eran ya ruidosas, con explosiones de dolor y de rabia, sino silenciosas, reflexivas.

Andando los días, las realidades de la vida trajeron ocasiones para las contrariedades y el reproche. Madre e hija, ante la escasez, sentíanse irritadas, abrumándose con su mutua presencia, chocando los caracteres por menudencias y pequeñeces.

Al fin llegaron a vivir en plena discordia: un sordo encono, una miserable hostilidad las agitaba.

Un día, inesperadamente para Silvina, instalose en la casucha un hombre, otro hombre, algún hambriento a cuyo señorío iba a rendirse Leandra.

Renacieron en Silvina pensamientos dormidos. ¿Y ella no era mujer también? Cuando pensó en la posibilidad de un nuevo lazo apoderose de ella un sentimiento de repugnancia. Ciro, sólo Ciro, vivía en su alma: ella no podía amar a nadie.

Mas Ciro había muerto, y aquel amor era un fardo de memorias que no retoñaban en la realidad, ni amasaban pan, ni procuraban bienestar. Ella era joven, bella todavía. Su madre, casi vieja, encontraba... ¿Por qué no habría de encontrar ella?

Continuó el tiempo su labor borrando siempre la intensidad de las impresiones, debilitando la firmeza de los propósitos.

Cierta mañana, después de una gran discordia, tomó Silvina una resolución. Inés Mercante habíala invitado a seguirle, y sin amor, sin apego, casi con repugnancia, fuese tras él, colgando el nido allá en lo alto, en lo desnudo de la vegetación, en lo bravío de la finca de Juan.

Por entonces estaba éste ausente. Jacobo habíase graduado, y el cariñoso padre no tuvo paciencia para esperarle: embarcose, voló a sus brazos, emprendiendo con él un viaje por Europa.

Montesa quedó encargado de la gestión agrícola de la finca, que un amigo de Juan administraba desde el poblado. El antiguo marinero estaba hinchado de orgullo, envanecido de amor propio, ansioso de cumplir sus deberes hasta un límite más allá de lo que pudieran exigirle. Tenía un mayordomo subalterno; daba órdenes terminantes, disponía sin consentir réplicas; dignábase en ocasiones ser amable como cumple a una autoridad suprema.

Andújar y Galante habíanse ya lanzado... La especulación les embriagaba, les arrastraba, les hundía en sus misterios, en sus tenebrosidades, en aquellas en donde sólo una luz brilla: el oro. De vez en cuando, Andújar visitaba su finca, y hacíalo afectando cierto desdén... Dados sus negocios comerciales, su estancia resultaba una pequeñez, un juguete.

Marcelo no se oyó condenar. Convicto y confeso, y antes de terminarse el proceso que se le siguió, en el cual no se consideraban atenuantes, sucumbió en la cárcel. Sobre el húmedo pavimento de una bartolina, respirando el envenenado aire carcelario, resistió poco, murió casi idiota. Sólo una alegría tuvo: la noción de que iba a morir. ¡A reposar tranquilo, a descansar al fin!...

Silvina, en su nueva vida, no aspiraba a mucho: que la mantuvieran, que la consideraran, que no la hicieran sufrir con malos tratamientos. Habíase creado una vida doliente sin que supiera con certeza dónde empezaba el dolor físico y dónde el dolor moral, y en esa vida de sollozos y tristezas quería paz, sosiego, una limosna de felicidad.

Pero Mercante, que no era cuerda de arpa, no vibraba acorde. Quiso una mujer y la encontró. Necio, vanidoso y pedante, no se había preguntado nunca lo que era una mujer. Tantas tuvo, tan pródigo fue en la disipación, que acaso llegó a pensar que era para ellas alto honor que él se dignara a protegerlas.

De ese modo, a la primera desavenencia que interpuso entre ellos la dignidad o la miseria, la mano del déspota se alzó villana, y sobre el semblante de la víctima cayó la bofetada del más fuerte.

Silvina se revolvió rabiosa. Recordó el despotismo de Gaspar encadenándola a sus pies..., entonces no era lo mismo. Sentíase ante Inés Mercante valerosa, enérgica, suficiente pata toda rebelión, bastante para toda fortaleza. Hubo una ruidosa quimera, después de la cual renació la calma. Luego, nuevas desavenencias y nuevas reconciliaciones: una vida de lucha coreada por el hambre.

Cierto día Silvina no pudo más... Lo que Inés acababa de hacer era odioso, repugnante. Habíase acostado Silvina, la noche anterior, estando él ausente; durmiose, y muy de mañana, al despertar, vio que otra mujer dormía junto a ella. ¡Ah, el desvergonzado de Mercante, durante su sueño, había llevado a la choza a otra mujer!

No lo permitiría. No estaba dispuesta a sucumbir a tanta mengua.

Indignose, gritó, lloró. Reíase Mercante de su enojo. Satisfecho de su hazaña, orgulloso de ser querido y disputado, gozaba con la escena. Y la otra mujer, dándose por aludida, aceptó la lucha. Riñeron ellas; agotados los insultos fuéronse a las manos.

Al fin las separó Mercante, dictando inapelable decreto. Las dos mujeres debían vivir allí, y la que no quisiera, que desfilara.

Desesperada y rabiosa, Silvina entregose al llanto. Bien, se iría. Todo antes que sufrir tamaña injuria.

Meditó, estudiando las circunstancias. Sólo un recurso le quedaba: Leandra. Su madre, que la hacía sufrir, que la contrariaba...; pero su madre al fin.

Y aquella tarde, descalza, despeinada, con un trajecillo desteñido y roto y un lío de andrajos en la mano, escapó de la choza de Mercante.

Cuando llegó a la casucha de Leandra no había nadie; el hombre de la casa, en su trabajo; Pequeñín, haciendo compras en el tenducho; Leandra, lavando en el río. Era el crepúsculo. El día balanceaba desfalleciente sus matices últimos, siguiendo al sol. La pomposa celajería que flotaba en el cielo cambiaba de colores según su situación: hacia oriente, luces que habían filtrado en el espacio tonos vivos hacíanla aparecer oscura, enlutada, gris; hacia el poniente, en donde aún fulguraba el sideral coloso, mostrábase rosada, encendida, con incrustaciones de brumas de oro y contornos de nácar. Una tarde poética, hermosa, colmada de esos inimitables encantos que no puede borrar la mano del hombre.

El paisaje parecía un festín de colores. El sol abrillantaba la tierra con rayos oblicuos, y deteniéndose sus fulgores detrás de los montes, resultaban los lugares cimontanos iluminados tan sólo por difusas claridades que se atomizan en el aire.

En lo alto veíase el cafetal de Galante, encapuchándose en el oscuro verdor de la montaña, disimulando sus contornos, hundiéndose en la homogénea amplitud de las vertientes, como si, fatigado el fulgor diurno, quisiera recatarse en la oscuridad y el sueño. Debajo, el caserío de Andújar, entonces triste, solitario, sin los rumores de la tienda, sin el bullicio que la especulación antes producía. Más allá, las míseras hacen duelas... Inseguros albergues levantados sobre frágiles cimientos; inestables mansiones, con esa inestabilidad nómada que no crea hogar por no tenerlo que transportar el día siempre cercano del cambio. Caserío inseguro, variable: allí donde hubo ayer un bosque, hoy se mira una choza, y donde ésta hoy se halle, se verá mañana un prado. Todo incierto, fugaz, pasajero: el árbol henchido de dulce fruta, cortado por la torpeza; la ingrata arborescencia que jamás florece, respetada por la incuria. Buenas gentes viviendo en el eterno trasiego de una existencia sin misión; rizomas yaciendo a flor de tierra sin ahondar con las raíces; seres de asombrosa conformidad dejándose arrastrar por el acaso como pujanza que arrebataba el viento.

Todos los detalles del panorama destacábanse en aquella tarde melancólica. El cerezal en su abandonada tristeza, el límite montuoso que ocultaba hacia el sur el caserío de Vegaplana, las audaces cúspides de las cordilleras envolviéndose la frente en unas nubes bajas o hiriendo las brumas con la agudeza de los picachos; la granja de Juan, reclinándose en el plano inclinado de los montes.

Y luego el río..., ¡siempre el río!..., discurriendo sonoro, acariciando las guijas del fondo, también coloreadas por el profundo vaivén de matices que languidecía en el ambiente. Árboles de la margen inclinábanse, sombreando la corriente; en los islotes formados por aglomeraciones de piedras crecían hierbecillas tímidas que en horas de enojo arrastraba el caudal; en las cascadas despeñábase la linfa, como irritada ante el dolor de la caída después de la placidez de los remansos.

Creyérase que era el río un ser viviente con un pasado escondido en las serranías; con un presente inconforme al recorrer la sinuosa cuenca; con incierto mañana, en el cual, turbio por los arrastres, colmado de impurezas de la tierra, debía precipitarse en el adulto reservorio del mar.

Era un sempiterno quejumbroso; un ser palpitante contemplando con miradas cristalinas el dolor ribereño; un viajero infatigable que, testigo de ese dolor, no tenía ni voz ni palabras para revelarlo a lo porvenir cuando se precipitara en el océano del tiempo. Vivía entre ambientes de frescura, sobre lechos de cristal, arrastrando sus rumores el haz de lamentos caídos en la corriente, formando con su murmullo la amarga síntesis de un dolor sentido por una multitud de corazones...

Al ver la soledad de la casucha arrojó Silvina el lío sobre el pavimento y, sujetándose a los dos arbolillos tantas veces testigos de sus éxtasis, suspiró dolorida, recorriendo con la mirada el panorama.

Escuchábase el chapoteo que Leandra producía al azotar la ropa con un pedazo de madera, y de vez en cuando las crepitaciones del agua exprimida de los lienzos que retorcía la mano de la lavandera.

Silvina, toda corazón, fue entonces toda pensamiento. Dejose llevar al mundo de los recuerdos, y cada uno de éstos hería su sensibilidad con una emoción intensa, como si en aquel instante acabaran de suceder los hechos recordados.

Primero recordó sus candorosos amores con Ciro, las infamias de Galante abusando de ella, el horror de su casamiento con Gaspar, los terrores sufridos bajo el dominio de éste, las bajezas de Galante obligándola a vergonzosa sumisión, y, lleno de lágrimas el rostro, sollozó amargamente.

Recordó después las amenazas, los empujones, los golpes de Gaspar; la terrible resolución de aquella lúgubre noche de la tienda, el espanto que sufriera al darse cuenta de los detalles del crimen, la escena con Ciro en la montaña, confusamente entrevista, revivida no con la dulzura de una grata memoria, sino como silueta de medrosa aventura; y, por fin, sus horas de dicha junto a Ciro después de la fuga de Gaspar, la profunda sacudida experimentada con la muerte de su amante, sus luchas con Leandra, sus repugnancias junto a Mercante, considerando en aquel día, en aquellos momentos, sus dolores físicos, el malestar, la inquietud de enfermiza decadencia que la desfallecía, aumentando su cansancio de la vida.

Lloró mucho tiempo, mientras el día, envolviéndose en los cendales del crepúsculo, desmayaba tristemente.

De pronto experimentó algo acerbo..., una sensación extraña que no logró explicarse, porque al instante de percibirla perdió la conciencia de sí misma.

Vio en lo alto de la montaña una franja de luz, pareciéndole que un incendio fulguraba súbito; terminó la expiración de un sollozo con un quejido prolongado, echó la cabeza hacia atrás y cayó...

Era el paroxismo, la fulmínea epilepsia, la terrible neurosis convirtiendo en fortaleza la debilidad de su organismo enfermo.

Cayó al borde de la vertiente. Hubo un momento en que, rodando sobre sí misma, bajo el estímulo convulso, se alejó del borde; pero, tras un instante de quietismo, rodó de nuevo, retorciéndose, sacudiendo con espasmo voltaico el cuerpo, y contrayendo en horrible mueca el semblante volvió a colocarse en la arista del abismo.

Agitose allí sobre el peligro como escombro que el acaso empuja o el acaso detiene. Tembló sobre la muerte, abandonada a sí misma, detenida por carnalidad o empujada por el fatalismo.

La crisis fue homicida. Retorciose una vez más, perdió el equilibrio y precipitose...

La vertiente, llena de árboles y malezas, abrió camino al cuerpo, doblándose los tallos verdes, entreabriéndose las marañas, quebrándose las hierbas secas, desplazándose los hacinamientos de pajuncias que formaban lecho en el declive.

Caía con la pesadumbre de lo que no ha de levantarse más. Rodaba volteando sobre sí misma, chocaba contra los obstáculos, rebotaba de piedra en piedra, deteníase un punto en el tronco de algún árbol hasta que la pesantez la empujaba de nuevo; arrastraba en la caída montones de piedras, más piadosas que los hombres, como si quisieran, en fúnebre cortejo, acompañarla hasta el fondo.

Despeñábase, dejando rastro sangriento, un surco rojo. Era la vida volviendo a su origen, los alientos prestados reintegrándose a la tierra, la materia devolviendo sus despojos a la gran cuna común.

Así, malherida, con los huesos rotos, desfigurada, llena de sangre, Silvina cayó como masa informe sobre la piedra lisa y plana en que lavaba Leandra.

Irguiose ésta aterrorizada. Miró un instante, y ese instante bastó para que de la inmensa desventura se diera cuenta. Lanzó un grito. ¡Era su hija!... ¡Silvina, que se había despeñado por el risco!

Y en pie, llevándose las manos a la cabeza, gritó desolada pidiendo socorro, clamando misericordia.

En tanto, el cadáver de Silvina, destrozado sobre la piedra, parecía un alto relieve tallado en el granito.

La luz ya tenue de la tarde dábale apariencias de escultura sepulcral, de busto yacente que recordara a la más doliente víctima del más impío de los dolores.

Al caer, el brazo derecho quedó sumergido en el agua, y como la corriente era viva y aquel miembro liviano, el caudal le mantenía en semiflotación y le agitaba, moviéndole con cierto vaivén, jugueteando con él, como si, mojándole y sacudiéndole en la inquietud de las ondas, quisiera estrechar aquella mano fría y darle, envolviéndola en frescura, el último adiós.

Así estaba mutilada, inerte, la hija a los pies de la madre, la hechura junto al artífice, el jirón junto al andrajo, el engendro junto al materno claustro, en donde con inconsciente bestialidad la formara el acaso.

Leandra, en pie, con los ojos muy abiertos y la respiración anhelosa, mirábala estupefacta, y en aquella actitud veíasele el abultado seno que satisfizo el hambre primera de Silvina; los cabellos encanecidos ya, más por los afanes que por los años; el voluminoso vientre, tantas veces henchido por la maternidad, tantas veces por la Venus prolífica consagrado, tantas veces retorcido por el formidable dolor que puebla el mundo.

Allí la víctima, la resultante, el sedimento depositado en el bajo fondo social, la maternidad sin alma, la pecadora sin pecado, la culpable sin culpa, la criminal inconsciente, la que, habiendo recibido al nacer el abyecto empujón, había también empujado a los seres que de ella nacieron.

A los gritos de Leandra acudió gente: los vecinos, los que retornaban del trabajo o transitaban por las veredas, algunas campesinas que también lavaban en la orilla.

Entre los comentarios de todos y los desgarradores gritos de Leandra cumpliose la misión que en casos tales la caridad y la desventura exigen.

Anocheció... Sombrío soplo, apagando la vida del día, adormeció la tierra. Las campiñas entornaron los párpados; los bosques confundiéronse en la distancia; las cumbres borráronse en la altura; el cielo ennegreciose en la inmensidad. En el misterio de la noche, Dios sollozaba.

Cuando los últimos clamores de la desgracia desvaneciéronse a lo lejos, el lugar quedó solitario.

Sólo el río quedó murmurando inquieto, siempre sonante, como si arrastrara en su corriente el prolongado lamento de un dolor sin bálsamo, como si llevara disuelto en su linfa el llanto de una desdicha que nadie enjuga, que nadie consuela, ¡que nadie conoce!...

FIN

www.ingramcontent.com/pod-product-compliance
Lightning Source LLC
Chambersburg PA
CBHW071337280526
45787CB00001B/123